Jan Fitschen

WUNDERLÄUFERLAND KENIA

Jan Fitschen

WUNDERLÄUFERLAND KENIA

DIE GEHEIMNISSE DER ERFOLGREICHSTEN
LANGSTRECKENLÄUFER DER WELT

Fotografie

Norbert Wilhelmi

INHALT

WARM-UP

DAS LAND　　　　　　　　　　　7

KILOMETER 1　　Ein Auf und Ab　　　　　　　　　　9
KILOMETER 2　　Der steinige Weg zum Erfolg　　　15
KILOMETER 3　　Staub und Matsch　　　　　　　23
KILOMETER 4　　Höhenluft　　　　　　　　　　29

ERNÄHRUNG　　　　　　　　　　37

KILOMETER 5　　Ugali　　　　　　　　　　　　39
KILOMETER 6　　Beilagen und Bio-Power　　　　45
KILOMETER 7　　Mystische Nahrungsmittel　　　53

TRAINING　　　　　　　　　　　61

KILOMETER 8　　Trainingsrhythmus　　　　　　63
KILOMETER 9　　Der Dauerlauf　　　　　　　　69
KILOMETER 10　Lockerer Dauerlauf (Easy Jog)　75
KILOMETER 11　Bergläufe und Kraftausdauer　　81
KILOMETER 12　Intervalle　　　　　　　　　　87
KILOMETER 13　Der lange Dauerlauf　　　　　　95
KILOMETER 14　Nüchterner Erfolgskurs　　　　103
KILOMETER 15　Hasen in freier Wildbahn　　　109
KILOMETER 16　Verletzungspause　　　　　　115
KILOMETER 17　Fata Morgana　　　　　　　　123
KILOMETER 18　Der Plan des Champions　　　129

DAS LEBEN IM LÄUFERLAND　　139

KILOMETER 19　Das Leben eines Läufers　　　141
KILOMETER 20　Die Trainerfrage　　　　　　　151
KILOMETER 21　Besuch beim Physio　　　　　157
KILOMETER 22　Meister der Regeneration　　　165
KILOMETER 23　Musse statt Mattscheibe　　　171
KILOMETER 24　Ein Kenianer kennt keinen Schmerz　177
KILOMETER 25　If you feel bad　　　　　　　183
KILOMETER 26　Junge Beine　　　　　　　　189
KILOMETER 27　Schulische Wurzeln　　　　　195

KILOMETER 28	Barfuss übers Stoppelfeld	201
KILOMETER 29	Die Liebe zum Schuh	209
KILOMETER 30	Kenias schnelle Frauen	217
KILOMETER 31	Dopingkontrolle	229

KÖRPERBAU 235

KILOMETER 32	Der Körper eines Athleten	237
KILOMETER 33	Supermodels	241
KILOMETER 34	Hungerhaken	247
KILOMETER 35	Die Läufer-DNA	253

MOTIVATION 261

KILOMETER 36	Schweiss in der Regenjacke	263
KILOMETER 37	Glatzenschneider	269
KILOMETER 38	Kühe oder Kohle	277
KILOMETER 39	Hakuna matata	283
KILOMETER 40	Das grosse Rennen	289
KILOMETER 41	Der Glaube versetzt Berge	295
KILOMETER 42	Die Läufer-Lawine	301

KILOMETER 42,195

| | Der persönliche Erfolgsmix | 311 |
| | Die 42 Schlüssel zum Erfolg | 313 |

ABENTEUER KENIA: SPORT, SAFARI UND STRAND 317

	Keine Panik	323
	Safari-Tipps	327
	Kleine Packliste	337
	Relaxen am Strand	341
	Allgemeine Ratschläge	345

	Index	352
	Danksagung	354
	Impressum	357

Iten, Kenia, morgens um kurz nach 6:
ein Dauerlauf im Wunderläuferland

WARM-UP

DIE »NACHT VON BORGHOLZHAUSEN«,

ein mittelgroßer Volkslauf am Teutoburger Wald in Nordrhein-Westfalen. Eine Stunde und fünfzehn Minuten vor dem Start. Es soll nur ein Trainingslauf werden, aber ganz weit vorne landen will ich trotzdem. Langsam beginnt das Warmlaufen. Auf einmal halten zwei Kleinbusse direkt vor mir. Die Türen springen auf und heraus kommen 23 Kenianer – nicht unbedingt im Stile einer Taskforce, sondern sehr viel entspannter, aber dennoch mindestens genauso beängstigend. Auch Coolness ist ein Zeichen von Überlegenheit. Mir schlackern die Knie!

Kurze Zeit später. Der Startschuss fällt. Ich gebe alles, Vollgas bis ins Ziel. Soweit die Beine tragen. Genau wie meine Mitstreiter. Fast alle Läufer wollen schließlich im Wettkampf möglichst schnell sein.

Egal, ob es darum geht, ein wenig abzuspecken, einfach etwas fitter zu werden, sich selbst ein schönes, neues Ziel zu setzen oder einfach zu gewinnen. Im Wettkampf stehen der Spaß und das Tempo im Vordergrund. Auch der Freizeitläufer mit zwei Trainingseinheiten pro Woche will testen, was er draufhat. Mir mit 12 Einheiten pro Woche geht das nicht viel anders. Und heute bin ich richtig schnell. Glaube ich zumindest. Bis ich merke, dass ich sie wieder ziehen lassen muss, die Jungs aus Ostafrika, im speziellen die Gazellen aus Kenia. Ich schnaufe wie ein Walross und fühle mich wie einer dieser Exoten, der zu den Olympischen Spielen nur eingeladen wird, damit er hoffnungslos hinterherhinkt, damit alle TV-Zuschauer sehen können, wie groß der Abstand zu den Topathleten ist. Und das auf heimischem Boden, in meiner Lieblingssportart, wo ich doch eigentlich ziemlich gut bin. Wie so oft ist »gut« aber eine Frage der Perspektive. Wie machen die Kenianer das bloß? Ob beim BMW Berlin-Marathon, in Frankfurt oder auch bei vielen kleineren Läufen, immer sind sie vorne. Von den zehn schnellsten Marathonläufern aller Zeiten sind acht aus Kenia, von den Besten fünfzig stammt mehr als die Hälfte aus diesem Wunderläuferland und alle übrigen zumindest noch aus Afrika. Sie rennen mit einer Lockerheit, mit einer Leichtigkeit, es ist unglaublich. Ich bin mir sicher, dass die Wettkämpfe so noch mehr Spaß machen. Dahinschweben, scheinbar ohne echten Bodenkontakt. Locker über den Vorfuß, und atmen höre ich auch keinen. Dabei sind nicht etwa immer einer oder zwei Ausnahmeathleten zu sehen. Nein, oft genug sind es Namen, die ich nicht kenne. Ich sehe neue Gesichter bei jedem Rennen. Es ist beeindruckend. *Ach ja: In Borgholzhausen bin ich damals über 10 Kilometer auf Platz 5 gelandet. Es war nur ein kleiner Volkslauf. Das war wenige Wochen vor der Europameisterschaft 2006, die ich damals gewann – wenn auch ohne Kenianer als Konkurrenten.*

Start Nacht von Borgholzhausen 2006

Ein Jahr später. Ich werde um 6:30 Uhr von einem krähenden Hahn geweckt. Aus dem Bett herausquälen, die Augen reiben und erst einmal klarkommen. Ach ja, ich bin da: mitten drin im Wunderläuferland. Iten, die Heimat und Trainingsstätte vieler Tausender kenianischer Läufer, soll auch mir Beine machen. Drei Wochen Trainingslager liegen vor mir. Mit dem Höhentrainingslager bin ich ja bereits vertraut. In Arizona, in Südafrika und auch in der Schweiz haben meine Vereinskollegen und ich schon viele, viele Kilometer abgerissen und versucht, den Körper durch die Höhenluft an eine bessere Sauerstoffaufnahme anzupassen. Jetzt kommt der nächste Schritt. Es kann ja nicht nur allein an der Luft liegen. Sonst wären auch Nepalesen, Tibeter, so manche Mexikaner oder Peruaner Weltklasseläufer. Da muss es noch mehr geben. Ich bin gespannt, welche Geheimnisse die staubigen Straßen Kenias und die Kochtöpfe der Läufer-Camps für uns bereithalten.

Wir müssen Augen und Ohren offen halten, um möglichst viel in Erfahrung zu bringen. Zum Glück kommen hier wie überall auf der Welt die Läufer gut miteinander aus. Das erleichtert uns die Sache ungemein. Ruben Schwarz, mein Wattenscheider Vereinskollege, ist mein Begleiter für Kenia. Mit Ruben trainiere ich auch in Wattenscheid mehrmals pro Woche. Er ist Medizin-Student und Hindernis-Läufer und damit auf einer Strecke zu Hause, auf der die Überlegenheit der Kenianer genauso stark ins Gewicht fällt wie beim Marathon. Gemeinsam gehen wir auf Erkundungstour. Schon beim ersten Spaziergang außerhalb unseres Camps bekommen wir von den lokalen Athleten, die wir treffen, eine Einladung zum gemeinsamen Dauerlauf. »We'll show you around.« Puh, ein tolles Angebot, aber machen die uns jetzt nicht gleich total fertig? In den ersten Tagen in der Höhe musst du extrem aufpassen, dass du den Körper nicht überlastest. Ganz moderates Tempo und vielleicht sogar nur Spaziergänge sind hier das Mittel der Wahl für den erfahrenen Sportler. Ist es wirklich eine gute Idee, sofort mit den Superstars der Laufszene über die Äcker zu preschen? Hängen wir dann nicht spätestens nach drei Kilometern im Maisfeld fest und finden nicht mehr zurück? Bei aller Lockerheit – der deutsche Läufer ist meist doch erst einmal etwas vorsichtiger, wenn es um neue Erfahrungen geht.

Das Gute an unseren Camps ist unter anderem, dass sich dort noch andere Europäer aufhalten, die uns beruhigen. So finde ich den Mut, mich auf einen ersten gemeinsamen Dauerlauf einzulassen.

Es ist ein moderates Tempo angesagt. Wir staunen über das sehr hügelige Gelände, über die sandigen Laufstrecken und über die vielen, vielen Athleten, die uns entgegenkommen. Unsere kenianischen Kollegen

Vorbild einer ganzen
Nation: Kenias Läufer

geben uns sehr schnell ein Gefühl dafür, was es heißt, hier ein Läufer zu sein. Voller Stolz sagen sie »I am an athlete«, was hier soviel heißt wie »Ich bin Profi-Läufer.« Egal, ob jemand unterwegs ist, um den nächsten Weltrekord zu brechen oder ob er sich wirtschaftlich gerade so über Wasser halten kann: In Kenia hat der »athlete« die gesellschaftliche Anerkennung, die bei uns wohl nur der Chef eines DAX-Unternehmens genießt. Am Ende dieses ersten Trainings in Kenia ist klar: Es ist nicht nur die Höhenluft, es ist nicht nur die Genetik, es sind viele, viele kleine Besonderheiten, die den Erfolg der Kenianer ausmachen. Einiges von dem, was uns erzählt wird, scheint eher ins Reich der Legenden zu gehören und lässt uns schmunzeln. Viele andere Ausführungen regen jedoch zum Nachdenken und Nachahmen an.

Und genau darum geht es ja. Die alles entscheidende Frage lautet: Warum sind die viel schneller als wir? Wie kann das sein, wo wir doch auch viel und hart trainieren, auf unsere Ernährung, den Schlaf und viele weitere Faktoren achten? Was machen die hier anders? Was steckt

Tempoläufe mit Ruben Schwarz auf
dem berühmten Camariny Track

dahinter, was ist das Geheimnis des kenianischen Laufwunders und vor
allem: Was können wir uns davon abgucken?

Wir wollen schließlich auch besser werden, möchten auch so locker
aussehen bei Kilometer 9. Auch wir würden gern bei Kilometer 41 dem
Ziel entgegenstürmen, statt uns über die Ziellinie zu schleppen. Was
kann ich als Profi verbessern, und was kann ich mir als Freizeitläufer
abschauen? Gelten die kenianischen Tricks auch für den Hobbyläufer mit
zwei Einheiten pro Woche, oder gehören mindestens vier ambitionierte
Einheiten in den Trainingsplan?

So viel bereits vorweg: Es gibt vieles, was wir uns hierzulande abschauen
können, manches, was sich leider unmöglich kopieren lässt, aber auch
einiges, was man am Besten einfach bleiben lässt, wenn einem etwas
an der eigenen Gesundheit liegt.

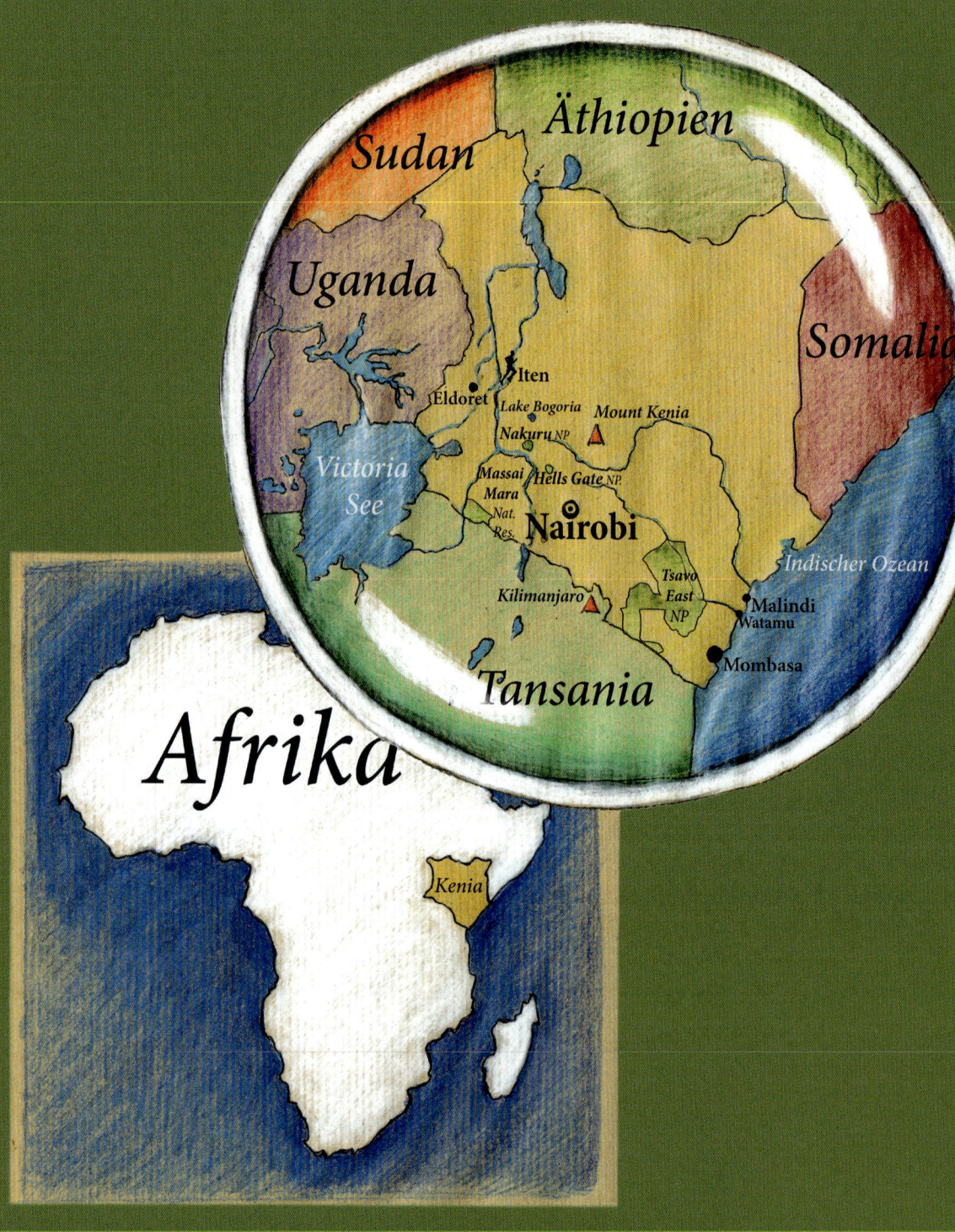

Sudan

Äthiopien

Uganda

Somalia

Iten

Eldoret

Lake Bogoria

Mount Kenia

Nakuru NP

Victoria See

Massai Mara Nat. Res.

Hells Gate NP.

Nairobi

Indischer Ozean

Tsavo East NP

Kilimanjaro

Malindi

Watamu

Mombasa

Tansania

Afrika

Kenia

DAS LAND

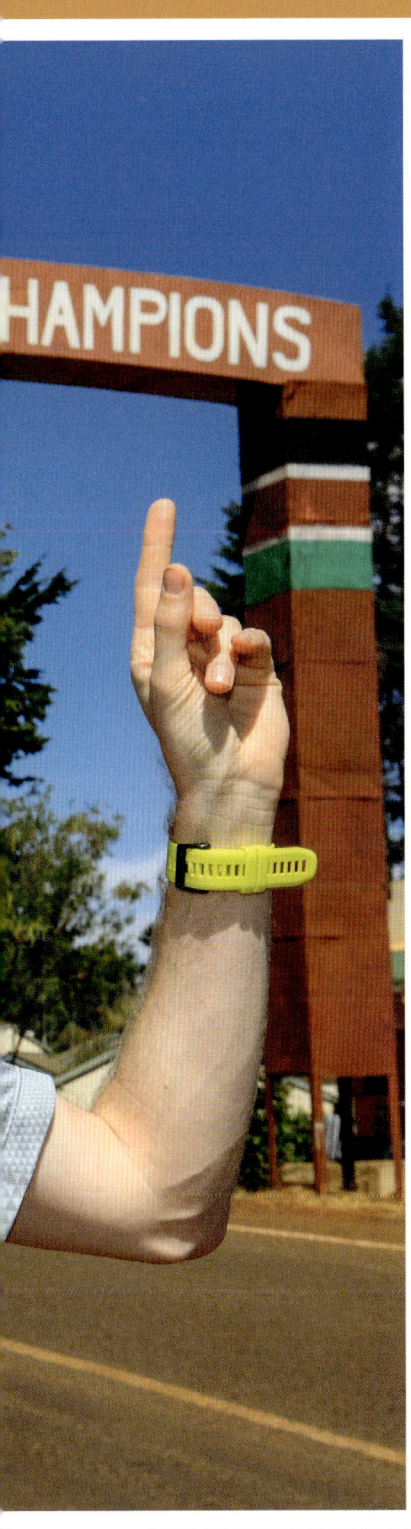

KILOMETER 1

EIN AUF UND AB

Ein kurzer Rückblick auf gestern: Die Anreise ist bereits ein erstes kleines Abenteuer. Völlig übernächtigt kommen wir mit Kenya Airways in Nairobi an, und zunächst rennt der Beamte an der Passkontrolle mit unserem Ausweis davon. Will er uns nur zeigen, dass auch er, wie alle Kenianer, ein superschneller Läufer ist? Nein. Seine zerknirschte Miene und der seltsame Blick lassen auf anderes schließen. Wir sehen in seinen Augen doch nicht etwa wie Terroristen aus? Hilfe, was passiert jetzt?

Ungeschickterweise haben wir voller Stolz ins Feld »Beruf« des Einreiseformulars »Student/Runner« eingetragen. Schließlich sind wir ja zum Trainieren hier, und nicht wie diese ganzen Touristen nur zum Fotoschießen. Wir sind Läufer und kommen in das Land der Läufer, um von ihnen zu lernen – und um uns auf ihrem Boden mit ihnen zu messen. Eine große Herausforderung, die jeden Laufsportler reizen würde. »Eure Sportler sind weltberühmt und ein Aushängeschild des Landes.« Das wollen wir gleich klarstellen.
Warum also die Blicke der Beamten und warum die Diskussion, von der wir nichts verstehen? Die Beamten unterhalten sich auf Englisch, doch in einem sehr seltsamen,

stark gewöhnungsbedürftigen Dialekt. Anfangs halten wir die Sprache fälschlicherweise für Swahili.

»Hier lang, da lang, bitte warten«, heißt es. Am Ende stehen wir schließlich völlig verwirrt im Eingangsbereich. Drin im Land sind wir jetzt. Wir versuchen auch gleich, allen Passanten eine Laufstrecke zuzuordnen. Der da: Marathon. Der da: 800 Meter. Und diese ganze Gruppe dort: hmm, doch eher Kugelstoßen. Der Flughafen von Nairobi ist offensichtlich kein Tummelplatz für die Läufer des Landes.

Langsam werden wir extrem unruhig. Unsere Pässe liegen noch immer bei irgendeinem Einreisebeamten in der bürokratischen kenianischen Verwaltung. Wir werden bestimmt gleich verhaftet. Nach einer Stunde ist dann aber plötzlich alles in Ordnung, wir bekommen ohne weitere Erklärung die Pässe wieder. Die Reise geht weiter von Nairobi nach Eldoret.

Schnell ist die Geschichte wieder vergessen. Erst sehr viel später in Iten werden wir erfahren, dass man sich in einem Touristen-Visum besser nicht als professioneller »Runner« outet. Denn das Laufen ist hier ja tatsächlich ein Beruf und nicht wie bei uns, unabhängig vom Niveau, eben »nur« ein Hobby. Daher kommt hier mit etwas Pech der Einreisebeamte auf die Idee, nach einem Arbeits- und nicht nach einem Touristenvisum zu fragen. Uff, Glück gehabt. Das hätte ein kurzer Ausflug werden können.

Beim Inlandsflug nach Eldoret und auf der anschließenden einstündigen Fahrt nach Iten mustern mein Trainingskollege Ruben und ich neugierig die Landschaft. Keine Löwen, keine Giraffen, aber eine Menge Hügel. Es geht ständig bergauf und bergab.

Eldoret, die viertgrößte Stadt Kenias, 2.100 Meter über dem Meeresspiegel gelegen, ist bekannt für ihre vielen Läufer. Hier fallen sie jedoch nicht so auf, denn bei ca. 250.000 Einwohnern herrscht ein ordentliches Gedränge, und die Camps der Läufer befinden sich ohnehin außerhalb der Stadt. Verständlich. Wenn wir in Deutschland die Möglichkeit dazu haben, trainieren wir ja schließlich auch lieber außerhalb der Städte.

Für uns geht es von Eldoret mit dem *matatu*, dem Mini-Bus, weiter nach Iten.

Der Weg führt über eine Teerstraße mit Schlaglöchern, in denen ausgewachsene Elefanten ihr Nickerchen halten könnten. Wir fahren vorbei an Maisfeldern, kleinen Hofanlagen mit Strohhütten sowie an Kühen und Ziegen. Alle abzweigenden Nebenstraßen sind ungeteert. Sand und Staub, soweit das Auge reicht. Lehmroter Sand. Der sieht auch weiter unten einfach gut aus. Irgendwie wild und nach Arbeit. Es geht weiter bergauf. Dabei fällt uns immer wieder das wellige Profil der Umgebung auf.

Schließlich sind wir angekommen. In Iten empfängt uns ein riesiger Bogen, der sich quer über die Straße spannt. Darauf der Willkommensgruß: »Welcome to the home of champions.« Das sagt schon alles. Was könnte besser den Stolz des Landes auf seine Sportler zum Ausdruck bringen?! Hier wird nicht nur eine kleine Straße am Stadion nach einem bestimmten, erfolgreichen Athleten benannt. Nein. Hier ist ganz unbescheiden der ganze Ort die Heimat der Champions. Und was soll man sagen – Recht haben sie.

In Iten leben angeblich 50.000 Menschen, die alle zu laufen scheinen. Der Ort selbst ist sehr klein und nur auf dem Markt typisch afrikanisch-wuselig. Die meisten der Bewohner leben offensichtlich auf den Farmen der Umgebung. Denn Landschaft und Landwirtschaft gibt es hier reichlich. Es ist irgendwie gar nicht so, wie ich mir Kenia vorgestellt habe. Es ist hier viel grüner. Es gibt nicht nur Steppengras und ab und zu einmal eine Akazie. Nein, kleine Felder – vornehmlich mit Mais und Gemüse – wechseln sich ab mit vereinzelten Baumgruppen. Und dazwischen immer wieder kleine Höfe.

Mittlerweile ist es spät geworden. Die Anreise von Deutschland aus dauert alles in allem 24 Stunden. Eine große Zeitumstellung gibt es nicht, doch für den ersten Dauerlauf in Kenia war es leider zu dunkel. So beziehen wir also unser Quartier im Camp von Lornah Kiplagat, Weltmeisterin und kenianische Legende. Wir ziehen das Mückennetz über die Betten und träumen von tollen Trainingseinheiten sowie großen Siegen.

Das Geländeprofil: Komplett flach ist es hier nirgends.

Der nächste Tag. Unser erster Tag im Land der Laufwunder. Wir haben die Anreise gut überstanden. Schon sehr früh am Morgen werden wir von den Hähnen der benachbarten Bauernhöfe geweckt. Es geht los! Das Trainingslager kann beginnen …

Ein schnelles Frühstück und kurze Erkundungsgänge sind für uns der Auftakt, dann wird gelaufen. Wir schnüren das erste Mal die Sportschuhe, um mit unseren neuen kenianischen Freunden die Gegend zu erkunden. Dabei bekommen wir direkt einen Vorgeschmack auf eine wichtige Zutat des kenianischen Erfolgsrezeptes:

Die leichten Hügel, die aus dem Auto so schön anzuschauen waren, scheinen nun beim Laufen zu ausgewachsenen Bergen zu mutieren. Das hängt auch mit der Höhenluft zusammen. Flache Strecken lassen sich, solange man noch nicht an den geringeren Sauerstoffgehalt der Luft angepasst ist, einigermaßen bewältigen. Anstiege hingegen werden zu echten Herausforderungen.

Und hier scheint es tatsächlich keine einzige Runde zu geben, die auch nur einigermaßen flach ist. Es sind nicht die Alpen, aber Hügel um Hügel ziehen sich die Staubpisten in die Länge.

Ich denke mir: »Das kann doch nicht sein.« Wir keuchen wie die Dampfwalzen und müssen uns quälen. Die Stücke, bei denen es bergab geht, scheinen grundsätzlich kürzer zu sein als die Bergauf-Passagen. Haben wir, die wir uns doch für begnadete Lauftalente halten, schon am ersten Tag in Kenia das Laufen verlernt? Die bis zu 200 Kilometer pro Woche, die wir im Training zu Hause abspulen, sind offensichtlich wirkungslos gegen die Macht der kenianischen Höhenluft. Die Beine sind schwer, die Sonne brennt, und wir sind innerhalb kürzester Zeit völlig aus der Puste.

Die Tour macht trotzdem Spaß, keine Frage. Wir lachen über uns selbst. Denn schnell wird klar, dass wir schon bei dem allerersten »lockeren« Läufchen einen Teil von dem gefunden haben, was wir hier suchen: Das Streckenprofil ist eine der Erfolgskomponenten kenianischer Läufer.

Hier in Iten ist es nicht möglich, bei gleichbleibender Belastung vor sich hin zu traben. Immer wieder muss die Schrittfrequenz an das Bodenprofil angepasst werden. Mit Druck aus dem Fuß den Hügel hinauf und dann locker und ohne zu viel Stoßbelastung für die Knochen wieder hinunter. Tempo und Einsatz müssen ständig angepasst werden. Komfortzone? Fehlanzeige!

STÄRKERER ABDRUCK DURCH HÜGELIGES PROFIL **TIPP**

Der Laufsport ist immer auch ein kleiner Kampf gegen die Bequemlichkeit. Definitiv nichts für faule Leute. Ein Läufer bekommt nichts geschenkt. Der eine hat mehr Talent als der andere, aber trainieren müssen wir alle. Wer ständig nur in seiner Komfortzone unterwegs ist, kommt nicht in Form. In Bochum bin ich eine Zeit lang immer schön um den Kemnader Stausee gelaufen. Eine 10-Kilometer-Runde, topfeben, und am Ende des Programms stehen dann tolle, schnelle Zeiten im Trainingstagebuch. Das kann aber nicht Sinn der Sache sein. Es ist wichtig, variabel zu trainieren und dem Körper immer neue Reize zu bieten. Dafür eignen sich, wenn es die Umgebung vor Ort zulässt, unter anderem Dauerläufe im hügeligen Gelände. Durch die unterschiedlich steilen und langen Passagen bergauf und bergab wird der Körper stark gefordert. Auch Laufstil und Schrittlänge verändern sich positiv. Das wiederum führt zu einem effektiveren Laufstil, zu mehr Dynamik und damit zu einem Leistungsfortschritt. Zu steiles Gelände gilt es jedoch zu meiden. Zumindest, wenn es darum geht, sich auf flachen Strecken zu verbessern. Bei einer geplanten Teilnahme an einem Berglauf ist das natürlich anders. Doch insbesondere zu steile Passagen bergab können durch die stärkere Stoßbelastung die Muskulatur schädigen.

Laufanfängern empfehle ich, für die ersten Schritte zunächst möglichst flache Strecken zu wählen. Dann fällt das Laufen leichter und die ersten Erfolge stellen sich schneller ein. Ins Gelände sollte nur gehen, wer sich bereits eine gewisse Basis erarbeitet hat.

Als wir diesen ersten Lauf hinter uns haben, stehen wir noch lange im Halbschatten herum und dehnen die Muskeln. Dabei unterhalten wir uns mit den vielen anderen Läufern aus aller Welt, die ebenfalls in unserem Camp wohnen und trainieren. Alles dreht sich ums Laufen: »Was sind deine Bestzeiten, was sind deine Ziele, wie können wir eventuell gemeinsam trainieren?« Man versteht sich. Und es sind nicht nur »Profis« unterwegs. Nein, auch »Recreational Runners« (Freizeitläufer) finden sich in Iten ein, für ein ganz besonderes Trainingserlebnis. Die wichtigste Erkenntnis aus der Plauderei, die uns allen Mut macht: Die Hügel werden uns schon bald flacher erscheinen.

Auch an diese Art des Dauerlaufs gewöhnt sich der Sportler natürlich. Nach einer Woche in Kenia sind die Berge wieder zu Hügeln geschrumpft, und wir wissen, mit wie viel Kraft wir den jeweiligen Anstieg angreifen müssen. Was aber bleibt, ist die Gewissheit, auch zu Hause immer wieder neue Strecken und Geländeprofile ausprobieren zu müssen. Jede Einheit zählt, und ein Dauerlauf in hügeligem Gelände ist die natürlichste Art des Intervalltrainings, die es gibt.

KILOMETER 2

DER STEINIGE WEG ZUM ERFOLG

HINTER MEINEM BEGLEITER Ruben und mir liegen ein Mittagsschlaf und ein erstes, sehr einfaches Mittagessen. Eines ist schon jetzt klar: Viel zunehmen werden wir hier nicht. Und Ablenkung gibt es auch herzlich wenig. Dafür umso mehr Konzentration auf das Wesentliche: laufen, laufen und nochmals laufen.

Bereits beim zweiten Lauf des Tages trauen wir uns, zusammen mit echten Kenianern zu trainieren: Bestärkt durch die zwei Holländer Matthijs und Pim, die wir im Camp kennengelernt haben, gehen wir auf das Angebot unserer neuen einheimischen Freunde ein. Das erste »Einlaufen« am frühen Morgen war soweit ja ganz in Ordnung. Außerdem sprechen so gut wie alle Kenianer neben ihren Stammessprachen und Swahili ein recht gutes Englisch. Das macht die Sache deutlich einfacher. Das Englisch der Einheimischen klingt in unseren Ohren ein wenig nach lustigem Singsang, unser Schulenglisch bringt wiederum die Kenianer zum Lachen. Der englische Wortschatz der Läufer erstaunt uns, bis wir lächelnd darauf hingewiesen werden, dass Englisch die offizielle Amtssprache ist. Schon die Kinder lernen die Sprache in der Schule. Das erklärt auch, warum die Kids am Wegesrand uns stets voller Stolz mit einem »How are you?« begrüßen. Sind sie etwas größer und mutiger, wird dies noch mit einem »My name is ...« ergänzt. Hier wird das Erlernte sofort getestet.

Und wir antworten nicht minder stolz mit den einzigen beiden Wörtern, die wir auf Swahili kennen: *habari* oder *jambo*. Die beiden Grußformeln kommen für die Kinder meist völlig unerwartet und sorgen immer sofort für eine dementsprechend große Begeisterung.

Gut, es geht wieder auf die Piste. Wir haben dringend darum gebeten, ein moderates Tempo anzuschlagen. Das heißt ganz konkret: 5:00 Minuten pro Kilometer, also 12 km/h. So langsam laufen wir zu Hause nie. Doch wir bewegen uns in großer Höhe, sind nicht angepasst und haben einen Heidenrespekt, um nicht zu sagen ... richtig Schiss – vor allem vor den Belastungen, die hier in den kommenden Wochen noch auf uns warten.

Zu unserem Erstaunen sind die Jungs aber vollkommen relaxt. Da drückt keiner aufs Tempo, keiner will uns auf den Prüfstand stellen, alle sind völlig entspannt. Wer hätte das gedacht: Kenianer, die langsam laufen? So etwas bekommen wir in Deutschland schlichtweg einfach nie zu sehen. Irgendwie hatte ich immer den Eindruck, die könnten gar nicht so langsam laufen wie wir. Bisher sind sie mir nämlich immer nur davongerannt – egal, ob bei großen Meisterschaften oder bei kleinen Volksläufen. Zugegeben: Da sieht die Zielvorgabe auch anders aus als heute.

Wir schleichen also im landesuntypischen moderaten Tempo über die Staubpisten. Die Hügel rauf und wieder runter. Es geht schon wieder nur

Zieht man den Socken herunter, so zeigt sich der Staubabdruck.

bergauf und bergab. Weit und breit ist kein flaches Streckenstück zu sehen. Das mit dem Streckenprofil war also heute früh tatsächlich kein Zufall. Das ist hier einfach so.

Und auch, dass es fast keine Teerstraßen gibt, war kein falscher erster Eindruck. Alle Laufstrecken sind extrem sandig und teilweise sehr steinig. Da heißt es bei jedem Schritt aufmerksam sein. Das ist nicht immer einfach, wenn man sich gerade gut unterhält und außerdem möglichst viele Eindrücke von der Landschaft mitnehmen will. So passiert es, dass ich natürlich irgendwann mittendrin umknicke und fluche. Mein Gegenmittel in diesem Fall: einfach versuchen weiterzulaufen. Nicht unbedingt der Rat, den einem der Hausarzt geben würde. Aber irgendwie musst du ja ohnehin nach Hause kommen. Solange es nicht ganz so schlimm ist, habe ich außerdem immer das Gefühl, dass das Weiterlaufen hilft, größere Schwellungen zu vermeiden.

Trotzdem ist dies nicht gerade der Einstand, den man sich im Trainingslager wünscht. Zum Glück ist es letztendlich nur halb so wild. Dazu weisen unsere kenianischen Trainingskollegen darauf hin, dass der unebene Boden natürlich auch für eine enorme Kräftigung der Fußmuskulatur sorgt.

Wenn der Fuß bei jedem Schritt zusätzlich arbeiten und den Boden ausgleichen muss, so entwickelt sich über die Jahre ein ganz anderer Abdruck als beim reinen Asphalttraining, wo die Fußmuskulatur verkümmert. Von den Kenianern scheint nie jemand umzuknicken, und der Laufstil der meisten Athleten ist einfach fantastisch. Diese Kraft aus dem Fuß, diese Lockerheit, dieser Abdruck – einfach spitze. Kein Wunder, dass sie so grazil laufen können, und das auch noch nach über vierzig Kilometern. Jeder Stein auf ihren unzähligen Trainingskilometern hat dazu beigetragen, diesen Stil zu perfektionieren. Jedes Loch im Boden sorgt für blitzschnelle, unbewusste Reaktionen und Flexibilität.

Fuß-Kräftigung und Koordination bei jedem Schritt, dank Kenia-Piste

TIPP STABILE FÜSSE DURCH UNEBENEN BODEN UND KRAFTTRAINING

Die meisten Läufer sind beim Training ohnehin am liebsten auf Wald- oder Feldwegen unterwegs. Allerdings hat nicht jeder direkten Zugang zu solchen Strecken. Deshalb laufen wir in Deutschland leider viel zu oft auf Asphalt. Das führt letztendlich dazu, dass unsere Fußmuskeln immer mehr verkümmern. Dem kannst du entgegenwirken, indem du gezielt auch abseits der Wege läufst. Neben vielen Rad- und Fußwegen findet sich beispielsweise ein schmaler Rasenstreifen, auf dem es sich wunderbar und ohne große Stoßbelastungen laufen lässt.

Das reicht jedoch aus meiner Sicht nicht aus. Daher empfehle ich ein laufspezifisches Kräftigungsprogramm zur Stabilisierung der Fußmuskeln.

Diese Fußstabilisierung ist jederzeit im Wohnzimmer vor dem Fernseher möglich. Du benötigst dazu nur wenige, sehr kostengünstige Geräte. Auf die Art kannst du spielerisch etwas für deine Fitness tun. Ein Medizinball eignet sich beispielsweise nicht nur für die Rumpfkräftigung. Arbeite zunächst mit der Wand als Stütze und stell dich auf den Ball. Mach eventuell sogar ein paar leichte Kniebeugen. Das ist eine Top-Übung zur Stärkung des Gleichgewichts und zur Fußkräftigung.

Auch ein Balance Board ist ein gutes Trainingsgerät. Allein, auf dem Brett zu stehen, ist schon schwierig genug. Steigere dich nach einigen Versuchen, indem du beispielsweise das ganze Gewicht auf die Zehen eines Fußes verlagerst. Du wirst schnell merken, wie sich die Koordination verbessert.

Als Einsteigerübung reicht es aber auch aus, sich jeden Abend beim Zähneputzen auf ein Handtuch zu stellen, und dann zu versuchen, dieses mit den Füßen zu greifen und zu falten.

Der Kreativität sind keine Grenzen gesetzt, wenn es darum geht, die Fußmuskeln zu stabilisieren – so, wie es die Kenianer jeden Tag auf ihren Steinpisten tun.

Fußstabil auf dem Wackelkreisel: möglichst stabil in verschiedenen Positionen stehen und diese dann wechseln

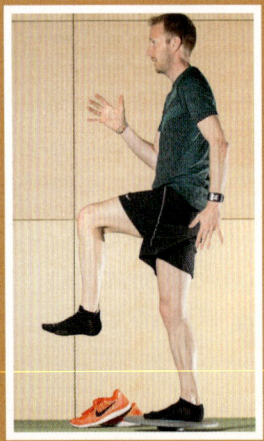

Der Medizinball zweckentfremdet: Trainer Tono Kirschbaum gibt Hilfestellung

Wackelige Angelegenheit – genau wie das Laufen auf den kenianischen Holperpisten.

Und noch eine Steigerung mit zusätzlicher Kräftigung der Oberschenkel: leichte Kniebeugen

Dass die Kenianer im Crosslauf – bei Wettkämpfen über Stock und Stein – durch das Training auf ihren Sand- und Steinwegen nahezu unschlagbar sind, leuchtet ein. Doch auch beim Marathon, wo fast immer nur auf Asphalt gelaufen wird, bringt diese Art der Fußkräftigung einen entscheidenden Vorteil beim Abdruck und bei der Verletzungsvorsorge.

Ausschließlich auf Staubpisten zu trainieren ist eventuell aber auch nicht das Optimum für einen Straßenläufer. Einige Tage später nämlich unterhalte ich mich mit Renato Canova über genau dieses Thema. Die italienische Trainerlegende lebt seit Jahren hier in Kenia. Er hat unter anderem Mo Farah, den Olympiasieger über 5.000 und 10.000 Meter, sowie den deutschen Top-Läufer Philipp Pflieger und unzählige andere europäische und kenianische Topathleten trainiert und beraten. Er empfindet es als Problem, dass seine Athleten nur auf Sand laufen und schimpft sogar darüber, dass sie regelrecht Angst vor den Teerstraßen haben. Ihrer Meinung nach bringt Asphalt nur Verletzungen und kaputte Knochen mit sich. Ohne dieses Vorurteil könnten sie aber noch erfolgreicher sein, da sie dann auch mehr an das Rennen auf der Straße gewöhnt wären. Von dieser Seite habe ich das noch nie gesehen. Ab und zu auf Asphalt unterwegs zu sein, ist also doch wohl nicht ganz verkehrt. Nur sollte es eben kein Dauerzustand sein.

Bei späteren Laufcamps in Iten werde ich übrigens feststellen, dass der Fortschritt in dieser Region vor allem durch mehr und mehr Asphalt zu erkennen ist. Zunehmend verschwinden die Sandpisten und zumindest bei intensiven Einheiten nehmen die Sportler diesen neuen, schnelleren Untergrund gerne an.

Wenn möglich jedoch auf Nebenstrecken, denn...

Wer einmal gesehen hat, wie in Kenia Auto gefahren wird, weiß auch um das zusätzliche Gefahrenpotenzial des Trainings auf der Straße.

Unseren gemeinsamen Dauerlauf beenden wir statt nach den geplanten 12 erst nach 15 Kilometern. *Hakuna matata* heißt es immer wieder, nimm's leicht. Eine Einstellung, auf die wir später noch zu sprechen kommen. Dass mein Fuß eigentlich schmerzen müsste, habe ich am Ende der Tour bereits wieder vergessen. Wir haben uns super unterhalten, und das Tempo war tatsächlich bis zum Schluss sehr angenehm. *Pole, pole* – sachte, sachte. Es geht tatsächlich. Auch abseits der steinigen Wege haben wir von den Jungs viel erfahren und gelernt. Die Fremdenführung gab es gratis dazu.

Solche steinigen Fußmuskel-Trainingsstrecken, wie wir sie heute erlebt haben, gibt es bei uns nicht überall. Außerdem habe ich bei mir beobachtet, dass ich häufig auch aus Bequemlichkeit dann doch gerne auf den geteerten Rad- und Fußgängerwegen laufe. Das ist sicher nicht optimal. Mir bleibt wohl nichts anderes übrig, als eben doch ab und zu ins Gelände auszuweichen und mein Training durch spezielle Fußkräftigung zu ergänzen. Das Prinzip funktioniert hervorragend. Bei den Kenianern habe ich ja gesehen, wie viel eine stabile Fußmuskulatur einem Läufer bringen kann. So fällt die Überwindung zu entsprechenden Trainingseinheiten auch nicht mehr ganz so schwer.

Das war ein ereignisreicher Tag. Als es um 20:30 Uhr dunkel wird, vermisst keiner von uns den heimischen Fernseher. Wir sind heilfroh, am Abend einfach ins Bett fallen zu dürfen, um bis zum nächsten Hahnenschrei von steinigen ostafrikanischen Pisten zu träumen.

KILOMETER 3

STAUB UND MATSCH

SCHON AM TAG der Anreise habe ich mich darüber gefreut, dass hier in Kenia vieles anders ist, als ich es mir vorgestellt habe. Andere Erwartungen haben sich wiederum bestätigt.

Der Staub zum Beispiel. Kenia war und ist für mich schon immer ein Land des roten Staubes. Sandpisten, soweit das Auge reicht. Davon haben mein Trainingspartner Ruben und ich schon bei den ersten Läufen reichlich gesehen. Der rote Sand bleibt nicht nur als Erinnerung im Kopf hängen, sondern auch in den Laufklamotten. Sogar nach der Rückkehr färben die Sportklamotten das Wasser beim Waschen noch rot.

Der rote Sand kriecht überall hin. In die Haare, in die Shirts und ganz besonders natürlich in die Socken. Läufer, die zum ersten Mal ein Trainingslager in dieser Gegend besuchen, erkennt man daran, dass sie als Einzige hier noch mit weißen Socken unterwegs sind. Der erfahrene Besucher Kenias begeht diesen Fehler sicher nicht. Der Staub ist wie die kenianischen Läufer: sehr, sehr hartnäckig und nur schwer abzuschütteln.

Ich bin immer noch stolzer Besitzer mehrerer ehemals weißer doch jetzt leicht rot gefärbter Sockenpaare. Mit diesen Socken war ich vor sieben Jahren zum ersten Mal in Kenia.

Der rote Sand bringt neue Herausforderungen mit sich. Wer sich hier nach dem Training ähnlich flott wie zu Hause duscht, kann sich sicher sein, dass an den Knöcheln noch immer größere Staubreste haften. Denn nicht nur im Stoff, sondern auch auf der Haut ist der Staub hartnäckig. Ein völlig neues Duschgefühl: nur abbrausen reicht nicht, schrubben ist gefragt.

Ganz besonders lecker: Nach dem Training zieht sich über die Schneidezähne schon mal ab und an eine rötliche Linie. Beim Atmen saugen die Läufer den Staub ein, und der bleibt dann eben gern auf den Zähnen kleben.

Ein weiteres Beispiel für eine bestätigte Erwartung sind die Lehmhütten. Für uns ist es unglaublich, dass es tatsächlich noch jede Menge Menschen auf der Welt gibt, die sich ihr Dach über dem Kopf aus Ästen und Erde selbst bauen. Das ist von unserem Leben so unglaublich weit weg, dass ich zunächst kaum meinen Augen traue, als wir aus dem Auto heraus die ersten dieser Hütten sehen. Bei den Dauerläufen stellen wir fest, dass das in ländlichen Regionen Kenias tatsächlich die ganz normale Behausung darstellt. Wir stellen uns natürlich die Frage: Wie lebt es sich in solchen Hütten?

Wir werden von unseren Laufkollegen eingeladen, die uns ihr Heim zeigen wollen. Sie wohnen in Lehmhütten, die auf einem Hof stehen. Die ganze Familie lebt in einer Hütte in einem Raum. Die Betten stehen an den Wänden und sehen ebenfalls deutlich anders aus als bei uns. Nicht jedes Familienmitglied hat ein eigenes Bett. In der Mitte des Raumes befindet sich die Kochstelle. Die Toilette ist ein kleines Nebengebäude mit Loch im Boden, zum Glück weit genug abseits. Hühner und eine Kuh laufen frei umher, und rund um den kleinen Hof liegen die Maisfelder der Familie. Auch etwas Obst und Gemüse bauen sie an. Die Hütte selbst ist am spannendsten. Dass die Lehmkonstruktion hält, verwundert uns. Was für ein hervorragendes Baumaterial hier eigentlich zum Einsatz kommt, lernen wir erneut »auf die harte Tour« ...

Am zweiten Tag unseres Trainingslagers – zum Glück erst nach der Hofbesichtigung – regnet es. Ja, auch das gibt es: Regen in Kenia. Fast immer nur zur Regenzeit, sodass das Trainingslager sehr gut planbar ist. Aber wenn der Regen einmal früher kommt, wird es verdammt unangenehm. Dann gibt es keinen normalen Niederschlag, sondern es gießt wie aus Eimern. Gleichzeitig wird es dann auch noch ziemlich kalt. Die Laufstars kommen alle aus den Hochebenen und generell gilt: je höher, desto kühler. Hier lässt es sich meistens von den Temperaturen her hervor-

INFO

Hier findest du einige grafische Darstellungen zum Wetter in Eldoret/Iten für die eigene Reiseplanung. Eine gute Zeit fürs Trainingslager sind meiner Erfahrung nach die Monate November/Dezember (die kleine Regenzeit). Wenn du sicherstellen willst, dass du nicht weggeschwemmt wirst, solltest du deinen eigenen Besuch von Januar bis April planen. In diesen Monaten herrschen die idealen klimatischen Bedingungen vor.

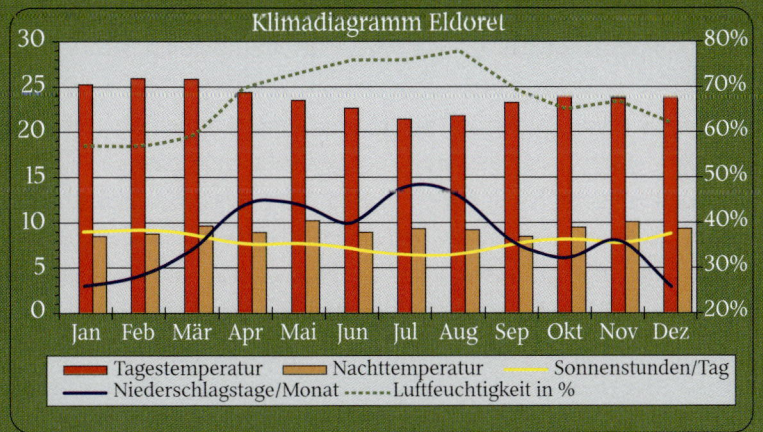

Lehmhütten dieser Art sind noch immer häufig zu sehen

ragend trainieren. Nur bei Regen wird es fies. Scheint die Sonne, sind die Temperaturen im perfekten T-Shirt-Wetter-Bereich. Wenn du nicht gerade zwischen 11 und 15 Uhr unterwegs bist, ist es auch nicht zu warm zum Laufen. Das hätten wir uns übrigens auch nicht träumen lassen. In Kenia, so hätten wir immer gedacht, ist es überall brüllend heiß. Und so staunen wir ganz schön, als mit dem Regen die Kälte kommt und wir im Zimmer eine Heizung vermissen.

Es hilft aber nichts, denn trainiert wird bei Regen natürlich trotzdem. Und wie: Das Joggen wird zum Abenteuerlauf. Die zahlreichen Sandpisten unserer Trainingsrunde verwandeln sich in Matschwege und zeigen ein ganz anderes Gesicht. Das ist aber gar nicht mal so schlecht. Wenn wir jetzt von einem Auto überholt werden, müssen wir nicht jedes Mal 10 Minuten lang die Luft anhalten, um nicht den halben Straßenbelag in der Lunge zu haben.

Heute haben wir dieses Problem nicht, denn heute regnet es. Überall liegt Matsch. Und was für ein dicker Morast. Der Lehm ist rötlich, rutschig und: Er klebt wie verrückt. Wir haben ständig einen dicken Batzen am Schuh hängen. Selbst die schönsten und schnellsten Rennschuhe werden zu Wanderstiefeln. Da ist nichts mehr mit locker laufen, da ist Kraft gefragt.

Wer hier aufwächst und ständig auch in der Regenzeit trainiert, läuft jedes Mal wie mit Gewichtsmanschetten. Es gibt keine Möglichkeit, sich dem zu entziehen. Laufspezifisches Krafttraining auf ganz natürliche Art und Weise.

Dieser Matschtag war die absolute Ausnahme. Trotz der vielen Kenia-Trainingslager, die ich über die Jahre mitgemacht habe. Nachmittags kommt sogar schon wieder die Sonne zum Vorschein. Sie lässt die Wege abtrocknen, und es wird auch wieder wärmer. Bis es allerdings wieder richtig trocken und staubig wird, dauert es zum Glück noch eine Weile. So genießen wir die frische, klare Luft. Ein völlig neues Laufgefühl hier oben.

Wenn ich jetzt über das Wetter und seine Auswirkungen auf das Training nachdenke, komme ich zu einer unerwarteten Erkenntnis: Vielleicht haben wir hier an dieser Stelle sogar einen Vorteil gegenüber den Kenianern. Regnet es bei uns nicht ständig, zumindest gefühlt? Ist nicht jeder Dauerlauf eine Chance, durch Pfützenspringen und regenschwere Laufschuhe ein Spezialtraining zu absolvieren? Und was, wenn Schnee liegt? Das sind doch noch extremere Bedingungen, die einen noch besseren Trainingseffekt ermöglichen. Wie immer gilt also auch hier: Du musst das Beste aus der Situation machen.

Der heutige Dauerlauf, für den ich beim Anblick der Regenwolken zunächst überhaupt nicht motiviert war, hat uns wieder um eine Erfahrung reicher gemacht. Mit dem hiesigen Lehm lassen sich nicht nur komplette Häuser bauen. Er eignet sich zudem auch hervorragend als Fundament zum Aufbau kräftiger Beine. Zu Hause werde ich als neue Trainingsform den Gummistiefel-Dauerlauf über frisch gepflügte Felder etablieren und mich weiter über meine rötlichen Kenia-Socken freuen.

Die Heimat der kenianischen Läufer:
dem Himmel so nah und dadurch extrem dünne Luft

KILOMETER 4

HÖHENLUFT

DIE REGENWOLKEN des Vormittags haben sich verzogen und die Pfützen werden weniger. Ohne den ganzen Matsch an den Schuhen sollten Ruben und ich nun beim zweiten Dauerlauf des Tages total locker und deutlich schneller sein. Und doch sind wir nicht wirklich flott unterwegs. Ganz bestimmt nicht gemessen an kenianischen Maßstäben, aber auch nicht im Vergleich zu unserem heimatlichen Tempo.

Wir sind noch immer langsam und schnaufen trotzdem deutlich lauter als gewohnt. Das liegt an der Höhenluft, einer der wohl offensichtlichsten Vorteile kenianischer Läufer. Um das zu erkennen, muss ich nicht lange forschen. Die Höhenluft ist das Allheilmittel des Ausdauerathleten. Sie soll denselben Effekt mit sich bringen wie die verbotenen künstlichen chemischen Substanzen, die sich die schwarzen Schafe unter den Sportlern in die Adern pumpen. Die Höhenluft ist der Turbolader für den Kreislauf. Übers Höhentraining gibt es Tausende Veröffentlichungen und Untersuchungen, die belegen, wann und wie es einen Leistungsschub liefern kann. Dennoch lässt es sich wegen der sehr individuellen Reaktionen des einzelnen Sportlers auf den Trainingsreiz nie hundertprozentig planen. Beim Höhentraining läufst du immer Gefahr, gnadenlos zu übertreiben und dir damit die Fitness komplett zu verderben. Außerdem ist es für uns immer mit einem enormen Aufwand verbunden: Reisestress, eventuelle Zeitumstellungen, ungewohntes Klima, neue Ernährungsgewohnheiten, andere Hygiene-bedingungen usw.

Für unsere kenianischen Laufhelden stellt sich das Ganze etwas anders dar. Sie leben von Geburt an auf den Plateaus des Landes in Höhen von 2.000 bis 3.000 Metern über dem Meeresspiegel. Hier sorgt die dünnere Luft dafür, dass bei jedem Atemzug weniger Sauerstoff in die Lunge gelangt als bei uns auf Meereshöhe. Der Körper reagiert auf diese Sauerstoffknappheit, indem er mehr rote Blutkörperchen bildet. Diese sind für den Sauerstofftransport verantwortlich und daher für uns Aus-dauerathleten besonders wichtig.

Bei jemandem, der nicht so weit oben groß geworden ist, nimmt die Anpassung einige Tage in Anspruch. So fühlt sich der Betreffende in den ersten Tagen in der Höhe zumeist unheimlich müde und erschöpft. Der Sportler japst teilweise wie ein Fisch auf dem Trockenen.

Je häufiger jemand Höhentraining macht, desto schneller gelingt jeweils die Umstellung des Körpers. Und die Kenianer? Die müssen sich gar nicht anpassen, sondern haben den eingebauten Turbo im Kreislauf.

Seinen wahren Nutzen zeigt das Höhentraining dann bei Wettkämpfen auf Meereshöhe. Bei der Rückkehr nach dem Trainingslager zurück ins Flachland steht nämlich den Muskeln deutlich mehr Energie zur Verfü-gung, da der Sauerstoff leichter transportiert werden kann. Und das führt dann zu einer verbesserten Ausdauer. Das klingt jetzt alles sehr theore-tisch. Doch wer es einmal ausprobiert hat – und sei es nur beim Skifahren oder Wandern –, der weiß, wie unglaublich Höhenluft wirken kann.

In den ersten Tagen wählen wir daher bei unserem Höhentraining auf-grund der Anpassungsphase ein entspanntes Lauftempo, das ich per-sönlich jedoch trotzdem unheimlich anstrengend finde. Dabei kommt es mir so vor, als hätte ich auf dem 8-Stunden-Flug das Laufen verlernt. Die Erfahrung zeigt aber glücklicherweise, dass diese Schwächephase normal ist – auch, wenn es mir schwerfällt, es zu akzeptieren.

Da heißt es also locker bleiben und die Trainingsbelastung mit Hilfe von Pulsmessern überwachen. Das verdammte Ding piepst die ganze Zeit. Besonders, sobald es ein wenig bergauf geht. Pulsobergrenze über-schritten, Alarm, Alarm. Da lachen die Kenianer, wenn wir von Piepstö-nen begleitet wie Schnecken den Hügel hinaufkriechen. Wir stellen daher den Ton unserer Pulsmesser aus oder wir laufen einfach langsamer.

Dennoch ist es gut, dass es diese Technik zur Kontrolle gibt. Denn wie gesagt rächt es sich, wenn du in den ersten Tagen des Trainingslagers übertreibst. Wer Pech hat, kommt dann aus dem so provozierten Formtief monatelang nicht mehr heraus.

Wie so oft liegen also der erhoffte Gewinn und das hierzu notwendige Risiko nah beieinander. Das ist einfach ein Teil des Höhentrainings.

In der Höhe bergauf und bergab. Hier die Trainingsgruppe der Weltrekordlerin im Marathon Brigid Kosgei

Was den Kenianern durch ihre natürliche Umgebung in die Wiege gelegt wird, versuchen übrigens Sportler andernorts mit technischen Mitteln auszugleichen. Vor einigen Jahren war ich im Trainingslager in den USA – ja, auch in Amerika, in dem Fall Flagstaff/Arizona, gibt es tolle Möglichkeiten zum Höhentraining. Dort bot sich mir die Gelegenheit, das Nike-Läuferteam in Portland zu besuchen. Hier trainieren die zurzeit erfolgreichsten Läufer nicht afrikanischer Herkunft, wie Mo Farah und Galen Rupp. Rupp, ein weißer Athlet, wurde unter anderem 2012 Olympiazweiter über 10.000 Meter. Der Höhenflug des Teams kommt nicht von ungefähr.

Die Verantwortlichen arbeiten nämlich mit simuliertem Höhentraining. Dafür haben sie sich ein ganz normales Einfamilienhaus zur Höhenkammer umgebaut. Alle Wände wurden mehrfach mit Latexfarbe gestrichen, die Fenster zusätzlich von innen mit Plastikfolie verklebt. Und das nur, um das Haus (oder zumindest Schlaf- und Aufenthaltsräume)

bestmöglich abzudichten. Die Luft im Inneren ist etwas ganz Besonderes: Ihr Sauerstoffgehalt wird vorher durch Geräte und Filter künstlich
verringert. Die 16 Kompressoren bringen die ganze Hütte zum Brummen.
Die Athleten schlafen und wohnen dadurch in einer künstlichen Höhe
von umgerechnet 3.000–4.000 Metern. Ein total abgefahrenes Konzept.
Und was macht das Nike-Team, wenn es ins Höhentrainingslager fährt?
Ganz einfach: Dann kommen die Kompressoren mit und es wird im Hö-
henzelt geschlafen. Sie trainieren also wie wir auf 2.000–2.400 Metern
Höhe, schlafen jedoch auf 4.000 Metern.

Ich frage mich, ob wir durch solch ein System auch besser werden
könnten. Aber woher nehmen, wenn nicht stehlen? Ein Budget in Höhe
von über einer Million Dollar für Höhenzelte, Kompressoren, Hausbau
und so weiter steht uns leider nicht zur Verfügung.

Nichtsdestotrotz habe ich das mit dem Aufbau der privaten Berghütte in
Bochum mit einfachsten Mitteln einmal versucht: Das Schlafzimmer unserer
Wohnung habe ich immer und immer wieder mit Latexfarbe gestrichen,
alle Fenster mit den unmöglichsten Materialien verklebt und dann den
Höhenluftkompressor, der im Wohnzimmer vor sich hin ratterte, per Was-
serschlauch an das Schlafzimmer angeschlossen. Leider war entweder die
Leistung des Kompressors zu schwach oder ich hatte das Zimmer nicht gut
genug abgedichtet. Auf jeden Fall entsprach die Luft in meiner künstlichen
Bergsteigerhütte maximal der Höhenlage von 1.000 Metern, was nicht als
hochalpin durchgeht und für eine Höhenanpassung zu wenig ist. Außer-
dem war meine Frau mit dem Experiment der künstlich herbeigeführten
Sauerstoffverknappung nicht sehr glücklich. Ganz unrecht hatte sie nicht.
Denn bei einem Ausfall des Kompressors wäre es trotz eines vorhandenen
Sicherungssystems in dem Zimmer vermutlich sehr stickig geworden.

Auch mit natürlichem Höhentraining habe ich zusätzlich zu den
Kenia-Trainingslagern viel herumexperimentiert. Vor der EM 2006 zum
Beispiel ging es für vier Wochen ins Trainingslager nach St. Moritz. Erst
Training im Tal auf 1.800 Metern Höhe, dann als zusätzlicher Anreiz noch
zwei weitere Trainingswochen auf 1.800 Metern, dazu aber Übernach-
tung im Berghotel Mouttas Muragl auf 2.450 Metern. Zum Mittagsschlaf
und abends fuhr ich immer brav mit der Zahnradbahn hinauf auf den
Berg. Die restliche Zeit verbrachte ich mit den Trainingskollegen im
Tal, um dort die Waldwege unsicher zu machen. Keine Ahnung, ob das
im Rennen für den entscheidenden Kick gesorgt hat. Das weiß man nie.
Auf jeden Fall hatte ich das Gefühl, dass der Schub da war, als ich ihn
brauchte.

Ein effektives Höhentraining findet gewöhnlich in Lagen von 1.500–2.500 Metern über dem Meeresspiegel statt. Aufgrund klimatischer und geografischer Einschränkungen (es darf beispielsweise nicht zu kalt oder zu bergig sein) gibt es weltweit nur eine kleine Anzahl an bekannten Trainingsgebieten. In Flagstaff/Arizona, Boulder/Colorado, Mexiko oder eben Kenia treffen sich die Sportler im Frühjahr und im Herbst. In St. Moritz hingegen finden sie sich im Sommer ein. In diesen Hochburgen treffen die Läufer beim Training nicht selten auf andere Ausdauersportler aus aller Welt.

Je höher ein Standort gelegen ist, desto weniger Sauerstoffteilchen befinden sich in der Luft. Deshalb steht dem Sportler in den ersten Tagen in der Höhe zunächst auch nur weniger Sauerstoff im Blut und Muskel zur Verfügung. Der Athlet fühlt sich müde, kann aber dennoch oft schlecht einschlafen. Besonders das Treppensteigen wird unglaublich anstrengend. Der Körper stellt sich auf diese Sauerstoffknappheit ein, indem er vermehrt rote Blutkörperchen produziert. So hebt er die Sauerstoffversorgung auf das gewohnte Maß an.

Die Anpassungsphase, in der nur sehr moderat trainiert werden sollte, geht über bis zu zehn Tage. Das gesamte Höhentrainingslager dauert gewöhnlich drei bis sechs Wochen. Schließlich muss nach der Anpassungsphase noch genug Zeit sein, um den Körper auch stärker zu fordern.

Selbst erfahrene Sportler tendieren dazu, die Signale ihres Körpers in der Höhe falsch zu deuten und dadurch ein Übertraining zu riskieren. Aus diesem Grund empfiehlt sich für alle Athleten eine Kontrolle der Einheiten durch Pulsuhren. Dabei können die Pulswerte des heimischen Trainings als Referenz dienen.

Pendelt sich der Puls beim gewohnten Dauerlauf in der Heimat bei 140 Schlägen pro Minute ein, so sind diese 140 Schläge eine Orientierung für den Dauerlauf in der Höhe – auch, wenn das Tempo dadurch extrem niedrig wird. Das fällt schwer, ist aber extrem wichtig, um den Körper nicht zu sehr zu schwächen. Der Puls beim Training zu Hause sollte in den ersten Tagen die Intensität des Höhentrainings bestimmen.

Viele Effekte des Höhentrainings sind nicht direkt messbar und wissenschaftlich nachweisbar. Auch die Wirkungsdauer lässt sich nur schwer bestimmen. Es ist davon auszugehen, dass direkt am ersten oder zweiten Tag nach einem Höhentrainingslager oder aber ab dem zehnten Tag nach der Rückreise die besten Ergebnisse erzielt werden. Ich persönlich erreiche die besten Wettkampfzeiten bei Strecken bis 10.000 Metern mit 11 Tagen und beim Marathon mit 3 Wochen Abstand. Auch für den Freizeitsportler gibt es Möglichkeiten, durchs Höhentraining besser zu werden. Ob kurze Aufenthalte in künstlicher Höhe etwas bewirken, wie sie in vielen Höhenkammern zum Beispiel auch in deutschen Städten (Essen, Köln,

München etc.) möglich sind? Darüber gehen die Meinungen auseinander. Wer jedoch die Zeit hat, im Sommer für einige Tage zum Trainieren beispielsweise nach St. Moritz ins schöne Engadin zu fahren, kann nicht nur wunderschöne Laufstrecken erkunden. Dort kann man auf 1.700–1.900 Metern über dem Meeresspiegel auch eine moderate Höhenluft schnuppern, die dir den Einstieg in diese spezielle Trainingsform erleichtert.

Du hast Lust auf Abenteuer und wünschst dir mehr als ein »normales« Trainingslager bei dünner Luft? Dann empfehle ich dir Iten in Kenia. Dieser Ort ist noch weit höher gelegen. Die Reise bedeutet allerdings deutlich mehr Aufwand als etwa ein Abstecher in die Schweiz. Im Gegenzug warten dort auf dich unbeschreibliche Erlebnisse am spannendsten Standort der Welt fürs Höhentraining.

Natürlich wollte ich davon noch mehr. Die Devise damals: je höher, desto besser. So zog es mich im nächsten Jahr auf den Diavolezza nahe St. Moritz. Wieder Training im Tal und Übernachtung auf dem Berg. Diesmal jedoch lag das Hotel auf 3.000 Metern. Und da die Seilbahn hier nicht so lange in Betrieb war, hatte ich oben auf der Dachterrasse mein Rennrad auf die Rolle gespannt. Mancher lockere Nachmittagsdauerlauf wurde also durch eine Radtour auf 3.000 Metern über dem Meeresspiegel ersetzt – traumhafte Kulisse, frische (wenn auch sehr dünne) Luft und erstaunte Blicke der Touristen und Bergsteiger inklusive.

Spaß gemacht hat es, aber die Wettkämpfe danach waren grottenschlecht. Es ging nichts mehr. Ich erlebte völlig desolate Rennen und den absoluten Leistungsknick. Ich wollte die Saison schon für beendet erklären, als bei einem allerletzten Versuch die Formkurve auf einmal wieder steil anstieg: Ich lief Bestzeit und das völlig unerwartet. Wie gesagt: Der Einsatz von Höhentraining ist sehr, sehr schwer zu dosieren und zu kontrollieren. Das Experiment mit der Nachtruhe auf 3.000 Metern Höhe habe ich so schnell nicht wiederholt.

Für meine kenianischen Kollegen hier in Iten stellen sich all diese Fragen gar nicht – die richtige Dosierung, der richtige Abstand zwischen Höhentraining und Wettkampf und all die anderen Überlegungen. Sie rennen einfach drauflos und zünden im Flachland ihren natürlichen Turbo. Und wenn sie im Sommer ihre Camps in Europa beziehen, sieht man sie auch häufig durch die Wälder und Seen von St. Moritz rennen. Denn dann ist der Aufwand für Hin- und Rückreisen nach Kenia etwas zu groß.

In der Anfangsphase bei »Kilometer 4« unseres Trainingslagers heißt das für Ruben und mich erst einmal weiterhin, dass wir schnaufen wie zwei alte Dampfloks. Dem Kenia-Express können wir vorerst nur staunend hinterherblicken, wenn er an uns vorbeirast. In einigen Tagen aber, nach der Anpassungsphase, dürfen wir mutiger sein. Dann können wir uns an den Fahrplan des Kenia-Express heranwagen.

ERNÄHRUNG

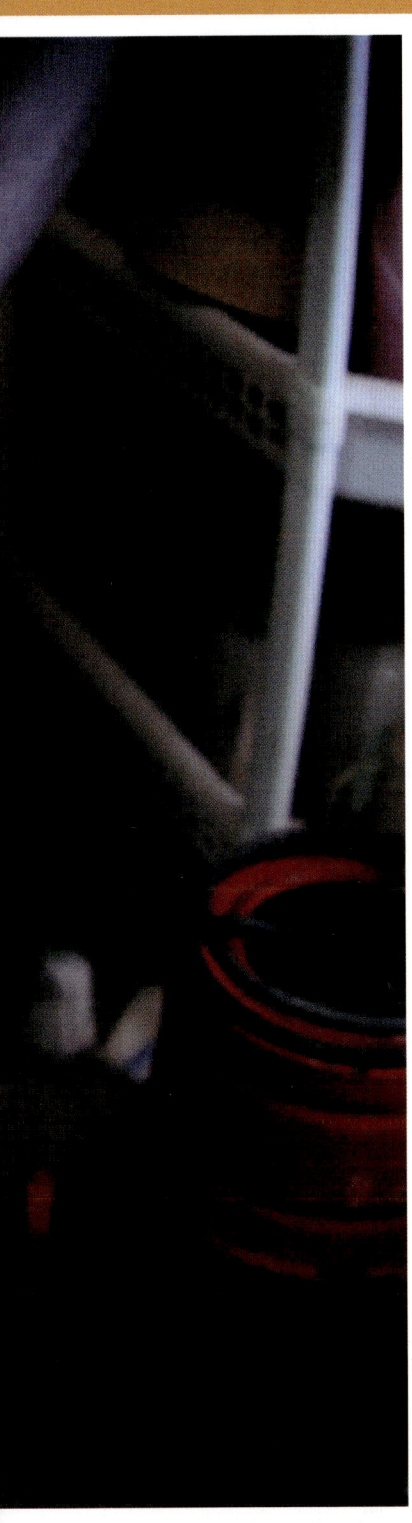

KILOMETER 5

UGALI

DER DRITTE TAG in Iten. Die Anpassung verläuft gut, die Müdigkeit lässt nach. Auch die lange Anreise ist längst vergessen, und wir genießen unseren Aufenthalt bei aller Trainingsanstrengung doch in vollen Zügen. Sicher, viel Abwechslung gibt es nicht: Wir schlafen, wir laufen, wir essen. Das war's. Keine große Safari, keine wilden Tiere oder süßen Äffchen am Wegesrand. Unser Kenia sieht anders aus, als das der »normalen« Besucher in diesem Land.

Trotzdem haben Ruben und ich das Gefühl, alles viel intensiver zu entdecken. Wir laufen durch die Gegend und fahren nicht mit dem Auto. Alleine dadurch kommst du dem Land deutlich näher. Wir reden mit den Einheimischen und spüren hier eine Verbundenheit, wie sie nur unter Läufern herrscht. Wir sind keine Fremden, wir sind Läufer. Wir haben alle das gleiche Ziel: schneller werden, besser werden, gewinnen. Der Kenianer, genauso wie wir *mzungus*, wie die Weißen genannt werden. Das verbindet. Hier kämpft man nicht wie im Wettkampf gegeneinander, hier kämpft und lacht man miteinander. Wir schlafen, laufen und – was noch besonders auffällt – wir essen viel. Wer zwei Mal am Tag über die Staubpisten rennt, verbrennt eine Menge Energie. Das wird uns auch heute wieder spätestens eine halbe Stunde vor der offiziellen Mittagsstunde bewusst. Der Hunger meldet sich. Voller Vorfreude sitzen wir wie immer zehn Minuten zu früh am Tisch. Die anderen Sportler im Camp können darüber nur lächeln. »Nein, das Essen kommt erst um 12, da könnt ihr machen, was ihr wollt.« Na ja, einen Versuch ist es wert, und wir sind noch nicht lange genug hier, um so schnell aufzugeben. Der Saal füllt sich schließlich und das Essen wird aufgetischt. Überraschung! Es gibt *Ugali* – wie jeden Tag.

Auch in der Schule wird Ugali serviert. Dann allerdings in größeren Portionen

Natürlich haben wir schon vorher einmal etwas von diesem geheimnisvollen Powerfutter gehört. Jeder Kenianer wird dir auf die Frage nach seiner Leibspeise antworten: »*Ugali!*« Probier es ruhig selbst einmal.

Ugali ist nichts anderes als Maismehl, das mit Wasser zubereitet und zu einem zähen, matschigen Teig verkocht wird. Kein Salz, kein Pfeffer, kein Geschmack. Serviert wird es als riesiger Klumpen, der aussieht wie ein Pudding. Davon schneidet sich jeder mit einem Messer ein Tortenstück ab. Gegessen wird die Speise – zumindest bei den Kenianern – mit

UGALI

Du möchtest testen, ob das Geheimrezept kenianischer Läufer wirklich schneller macht? Unser kenianischer Koch rückte nach langem Hin und Her die folgenden Informationen heraus:

ZUTATEN
- Maismehl (Es ist eher weiß als gelblich. Notfalls klappt das Ugali aber auch mit normalem europäischem Maisgries.)
- Wasser

ZUBEREITUNG

- Wasser in eine Pfanne geben und zum Kochen bringen.
- Das Wasser sollte maximal ¾ der Pfanne füllen, damit das *Ugali* aufquellen kann.
- In das kochende Wasser langsam das Maismehl einrühren. Die Mengen dabei nach Gefühl so aufeinander abstimmen, dass die Masse einen dicken Brei ergibt. Dann bei geringer Temperatur weiterkochen, bis sich eine feste Substanz bildet.
- Weiter ziehen lassen und die Masse umdrehen, um sie auch von der anderen Seite 1 Minute lang zu erwärmen.
- Zudecken und weitere 3–5 Minuten ziehen lassen.
- Deckel entfernen und 1 weitere Minute ziehen lassen.
- Auftragen.

Nicht vergessen: *Ugali* wird ohne Salz und Pfeffer serviert und mit den Händen gegessen.

den Fingern. Immer wieder hören wir, dass uns *Ugali* garantiert schneller macht, uns Kraft gibt und überhaupt die Wunderwaffe schlechthin ist. Wir sind daher hoch motiviert und schaufeln die Maispampe in uns hinein. Der fehlende Geschmack ist uns egal. Es soll ja nicht schmecken, sondern schnell machen. Wir sind nicht zum Genießen hier. Trotzdem mogeln wir ein wenig und verfeinern unser *Ugali* kulinarisch höchst wertvoll mit Salz und Ketchup. Hoffentlich schwächt das die Wirkung nicht zu sehr ab.

Fragt sich nur: Warum muss es ausgerechnet *Ugali* sein? Das Gericht hat nichts mit einem ausgeklügelten Ernährungsplan zu tun. Die Antwort: Wie so oft in Kenia arbeiten die Leute mit dem, was sie haben. Und oft genug haben sie eben nicht viel. Mais jedoch, den gibt es reichlich. Die unzähligen Kleinbauern haben ihre Felder immer direkt am Haus. Dort wird mithilfe der ganzen Familie Mais angepflanzt, geerntet, in einer nahegelegenen Mühle gemahlen und schließlich verspeist. Das ist günstig, einfach und wird schon so gemacht, seit die Engländer, die ehemaligen Kolonisten Kenias, den Mais eingeführt haben.

Der Nährstoffgehalt? Soweit ganz gut: ungefähr 64 Gramm Kohlenhydrate, 9 Gramm Eiweiß und nur 4 Gramm Fett pro 100 Gramm Mais. Das ist nicht schlecht – auch, wenn ein deutscher Ernährungsberater für Sportler vermutlich einen sehr viel höheren Eiweißanteil empfehlen würde.

Ein großer Vorteil des vielen Trainings: Es schmeckt einem fast alles. Und da wir viele Kilometer fressen, wird das *Ugali* für uns ebenfalls zum Leibgericht. Auch wenn es weiter nur den Mais zu essen gibt: Wir werden trotzdem weiterhin schon 10 Minuten zu früh im Speisesaal auftauchen.

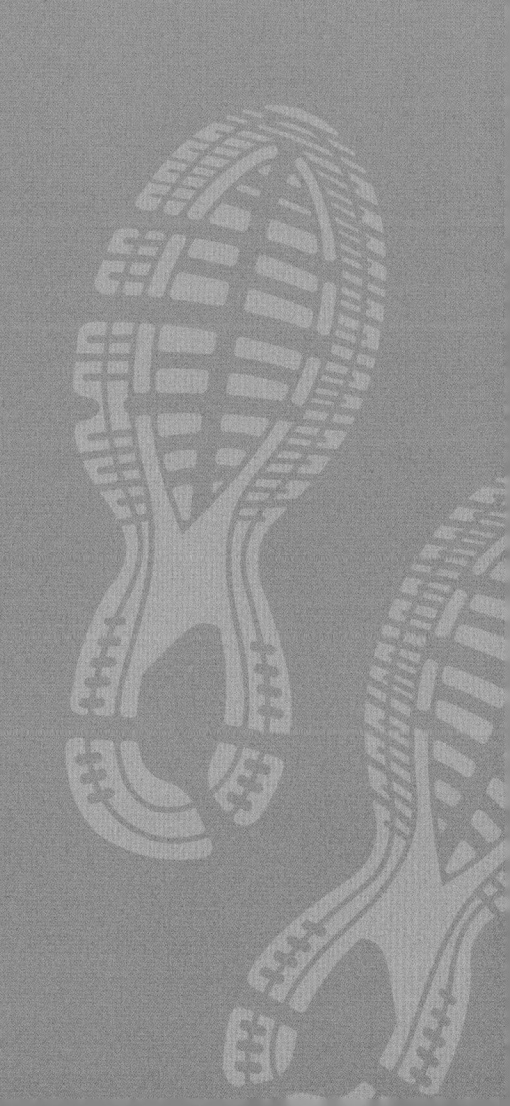

Im *sukuma*-Feld

KILOMETER 6

BEILAGEN UND BIO-POWER

UGALI IST NATÜRLICH nicht der einzige Powerstoff, der für Energie in den Beinen der Laufgazellen sorgt. Was dabei auffällt: Die Hauptgerichte scheinen nach unseren europäischen Maßstäben immer nur aus Beilagen zu bestehen. Neben dem *Ugali* ist *Sukuma Wiki* dafür das beste Beispiel. Der Name *Sukuma Wiki* kommt aus dem Swahili und bedeutet soviel wie »push the week«. Das Gericht wird nämlich die ganze Woche über gegessen. Erst am Wochenende darf sich der Sportler dann endlich mal wieder ein Stück Fleisch gönnen. Als Mischung aus Spinat und Grünkohl, so muss man sich dieses Gemüse vorstellen. Und oft wird dann statt des Sukuma Wiki auch noch Managu serviert, welches ähnlich aussieht, aber teilweise sehr bitte schmeckt. Je nach Art der Zubereitung. Außerdem ist die Konsistenz eher ungewohnt. Beides ähnelt optisch Spinat, ist dafür jedoch viel zu hart. Also sehr schön exotisch und mysteriös. Der Koch verfeinert das Gemüse mit Tomaten und Zwiebeln und diesmal tatsächlich auch mit Salz und Pfeffer. In der Form ist es dann auch ganz gut genießbar. Es peppt das fade *Ugali* unheimlich auf.

Wie bereits angesprochen, geht bei uns der Trend in der Ernährungswissenschaft dahin, auch Ausdauersportlern mehr Eiweiß zu empfehlen. Mais enthält wie beschrieben recht wenig Eiweiß. In der Nahrung der Kenianer sind insgesamt gesehen aber doch mehr Proteine enthalten, als es die bisherigen Ausführungen vermuten lassen. Nur, dass die Proteine in Kenia (anders als bei uns) nicht hauptsächlich vom Fleisch stammen. Das ist in Kenia nämlich teuer. Wenn jemand schon einmal eine Kuh besitzt, soll die auch möglichst viel Milch geben, Nachwuchs kriegen und so den Wohlstand mehren. Auf dem Teller landet das Tier aber normalerweise nicht.

Sukuma Wiki, Kräuter und vieles mehr: Auf dem Markt wird einiges angeboten

In unserem Camp gibt es daher nur ab und zu Fleisch. Und da es sehr zäh ist, haben wir den leisen Verdacht, dass uns hier nur Tiere serviert werden, die ihre besten Zeiten schon hinter sich haben.

Ab und zu gibt es auch mal ein Stück Ziege oder auch Schaf, doch auch das sehr selten. Wir müssen also einfach einmal eine Zeit lang ohne viel Fleisch auskommen. Dem Kenia-Besucher wird immer wieder bewusst, dass wir in Deutschland in vielen Dingen doch sehr, sehr verwöhnt sind.

Das wenige Fleisch, das in der Küche landet, wird übrigens nicht gebraten, sondern gekocht. So ist der Fettgehalt in allen Speisen extrem gering. Auch das viele Gemüse landet im Kochtopf. Tendenziell wird in Kenia meiner Erfahrung nach das Gemüse eher gedünstet statt in der Bratpfanne zubereitet. Eine kleine Ausnahme bildet da das *Sukuma Wiki* (s. Rezeptteil des Kapitels).

Direkt vom eigenen Feld statt aus dem Gewächshaus: reichlich Obst und Gemüse

Häufig finden wir Hülsenfrüchte wie Bohnen oder auch ab und zu Linsen auf dem Teller. Diese zeichnen sich durch ihren hohen Eiweißgehalt aus. Auf die Art nehmen die Kenianer also den wichtigen Muskelbaustein auf. Das »Arme-Leute-Essen« passt übrigens auch wieder gut (wer hätte es gedacht) zum *Ugali*.

Wir essen übrigens auch heute wieder mit Messer und Gabel. So ganz will man dann doch nicht auf seine Gewohnheiten verzichten. Das *Ugali* ist okay, das *Sukuma Wiki* (oder Managu) bitter, alles im grünen Bereich.

Bei einem späteren Besuch war ich einmal mit Freunden in einem Camp untergebracht, in dem außer uns nur kenianische Athleten wohnten. Auch hier war der Speiseplan genau wie oben beschrieben. Was jedoch auffiel: Die Teller der Kenianer waren schon beim ersten Gang unglaublich voll. Natürlich wurde mit den Händen gespeist. Ich kann von mir behaupten, sehr viel und sehr schnell essen zu können, besonders nach einem guten Training. Was wir aber bei den Jungs dort gesehen haben, war einfach irre. So schnell habe ich noch nie einen Menschen solche Mengen in sich hineinschaufeln sehen. Dagegen erscheinen selbst die größten und stärksten Kugelstoßer und Diskuswerfer unseres Landes zurückhaltend – und die können normalerweise nicht nur werfen, sondern auch futtern wie die Weltmeister.

In Deutschland machen sich alle Sportler vom Freizeitläufer bis zum Profi sehr viele Gedanken über die richtige Ernährung. Was darf/soll ich essen, wie viel und welche der tausend Zusatzpräparate soll ich nehmen? Diese Fragen stellt sich in Kenia niemand. Es wird gegessen, was da ist. Und zum Glück ist das meistens gesund. Schokolade? Fehlanzeige. Softdrinks? Heiß begehrt, jedoch kaum zu bezahlen.

Ganz besonders wichtig aber: Alles hat eine super Bio-Qualität. Der Mais und das andere Gemüse kommen vom eigenen Acker. Hier sind keine Chemikalien und künstlichen Dünger im Einsatz. Fürs Düngen ist ganz allein die hauseigene Kuh verantwortlich.

Dazu gibt es Obststände an jeder Straßenecke. Frisch vom Baum haben Mangos und Papayas einen völlig anderen Geschmack als die unreif geernteten Früchte, die bei uns zu kaufen sind. So süß und saftig kannte ich sie vorher nicht. Wirklich unglaublich lecker. Bananen werden den Vorbeifahrenden an den vielen Verkehrsberuhigungsschwellen durchs Fenster gereicht. So kann es passieren, dass eine Mahlzeit auch schon mal komplett aus Obst besteht.

TIPP BIO-ERNÄHRUNG

Eine Ernährung, die ausschließlich auf biologisch angebauten Produkten basiert, macht dich noch nicht zum Weltmeister. Sie enthält aber einen geringeren Anteil an Schadstoffen, zusätzliche Vitamine und ein größeres Angebot an Mineralstoffen. So trägt sie dazu bei, dass du Stress im Beruf und anstrengende Trainingsbelastungen besser verkraftest. Da wir nicht wie in Kenia alles selbst anbauen können und so keine genaue Kontrolle über die Herkunft unserer Lebensmittel haben, müssen wir uns auf die verschiedenen Gütesiegel der Hersteller verlassen. Am glaubwürdigsten sind meiner Erfahrung nach noch immer die Produkte, die in Reformhäusern oder Bio-Supermärkten angeboten werden. Da es letztendlich auch oft eine Kostenfrage ist, wie viel und wie oft du dort einkaufst, muss jeder seinen eigenen Bio-Ernährungs-Mix finden. Auf jeden Fall kann es nie schaden, die Produkte beim Einkaufen ein wenig bewusster auszuwählen.

SUKUMA WIKI MIT BOHNENSAUCE

SUKUMA WIKI

Für einen ersten geschmacklichen Eindruck tut es auch Blattspinat.

ZUTATEN
- Sukuma-Blätter (alternativ, falls nicht erhältlich, Spinatblätter)
- Zwiebeln
- Öl
- Salz
- Tomaten (optional)

ZUBEREITUNG
- Die Blätter zerkleinern.
- Das Öl in der Pfanne erhitzen.
- Die Zwiebeln hinzufügen.
- Kurz köcheln lassen, das *sukuma* hinzugeben, vorsichtig wenden und nach Geschmack salzen.
- Eventuell zerkleinerte Tomaten hinzugeben, je nach Geschmack.
- Etwas Wasser hinzugeben und weitere 3 Minuten köcheln lassen.
- Servieren und zusammen mit dem *Ugali* genießen.

BOHNENSAUCE

ZUTATEN
- Getrocknete Bohnen
- Zwiebeln
- Tomaten
- Öl
- Salz
- Bindemittel (Stärke, Soßenbinder)
- Wasser

ZUBEREITUNG
- 500 Gramm Bohnen in 2 Litern Wasser über Nacht einweichen lassen.

- Dann die Bohnen ca. 30 Minuten in der Pfanne kochen lassen.
- In einer weiteren Pfanne 3 EL Öl erhitzen. Die Zwiebel- und Tomatenstücke hinzugeben.
- Bohnen hinzufügen und weitere 10 Minuten kochen lassen.
- Salz dazugeben, abschmecken und mit Soßenbinder andicken.

Natürlich bekommen wir mit dieser Ernährung mehr Vitamine ab. Klar, dass die so wichtigen Mineralstoffe mit diesen Lebensmitteln besser verfügbar sind. Und auch ganz logisch, dass man auf die Art auch schneller wird. Wer sich gut ernährt, regeneriert effektiver, kann in der nächsten Einheit wieder härter trainieren und ist letztendlich auch im Wettkampf erfolgreicher.

In Deutschland musst du deutlich besser aufpassen, wie du deinen Teller füllst. Die ungesunden Verlockungen sind im heimischen Supermarkt ungleich größer als auf einem kenianischen Acker. Ein Kenianer mit genug Geld in den Taschen würde sich in Europa auch deutlich ungesünder ernähren. Da heißt es beim Einkaufen und Kochen: Stark bleiben! Genau wie im Training …

Der bleibende Eindruck, wenn man mit den kenianischen Athleten spricht: Hier überlegt niemand, was er essen darf und was nicht. Vielleicht auch, weil Kenianer durch das lokale Angebot weniger Versuchungen ausgesetzt sind als wir Europäer. So erklärt sich auch die Aussage eines unserer Top-Läufer im Trainingslager, die sich mir ganz besonders eingeprägt hat: »You know my friend, food does not make you fast, training does.«

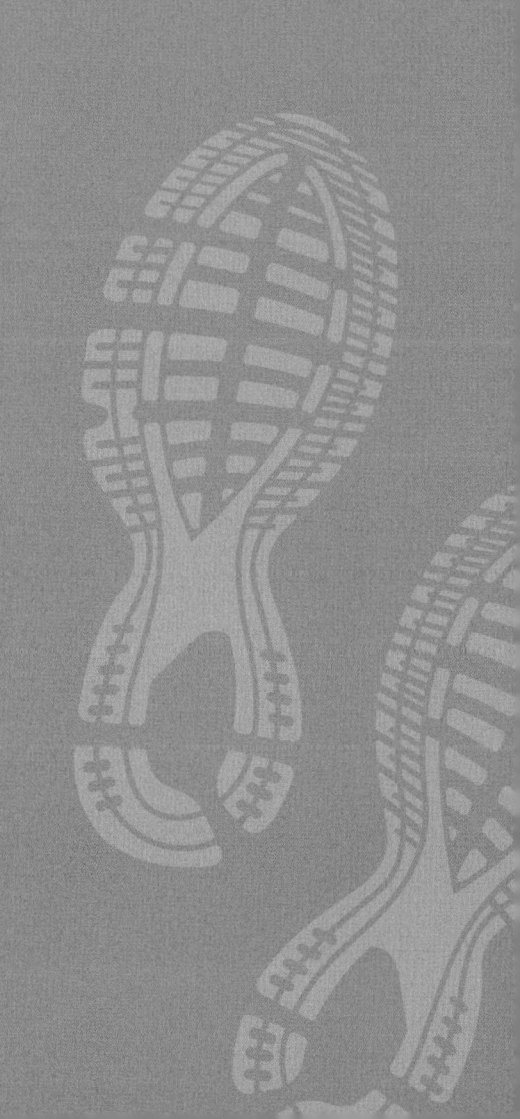

Cola gibt es auch, ist für die Einheimischen aber ein Luxusprodukt.

KILOMETER 7

MYSTISCHE NAHRUNGSMITTEL

UNSERE NEUEN KENIANISCHEN

Freunde, die wir hier in Iten schnell gefunden haben, halten noch weitere Erklärungen bereit, die erklären sollen, warum die Leute hierzulande so schnell unterwegs sind. So manches Mal schütteln wir dabei nur lächelnd den Kopf, denn vieles gehört tatsächlich eher in den Bereich der Mystik. Aber der Glaube versetzt ja bekanntlich Berge ... So gibt es neben *Ugali* und *sukuma-wiki* noch gefühlte 1.000 weitere Ausdauerbooster.

Zum Beispiel Honig. Auch kenianische Läufer mögen gern Süßes. Je geringer der Körperfettanteil ist, desto unwiderstehlicher wird die Schokolade. Auch ich kann der Versuchung nicht immer widerstehen. Ist doch klar ... besonders nach dem Training ist der Heißhunger groß.

Schokolade hingegen ist in Kenia schon alleine wegen der Temperaturen und der Knappheit an Kühlschränken Mangelware. Limonaden-Getränke sind jedoch voll angesagt. Und die gibt es an jeder Ecke, an jedem Kiosk und auch noch immer in den schönen, kleinen Glasflaschen. Hier läuft

die Werbemaschinerie auf Hochtouren, um auch noch im kleinsten Ort strategisch geschickt die roten Coca-Cola Schriftzüge zu platzieren.

Aber: Die koffeinhaltige Limonade ist verglichen mit den sonstigen Lebenshaltungskosten ziemlich teuer. Die meisten Läufer verzichten daher nicht etwa deshalb auf den Zucker, weil sie ihn nicht mögen oder so wahnsinnig diszipliniert sind. Sie haben meistens dafür schlichtweg nicht genug Geld in der Tasche.

Honig hingegen ist die perfekte natürliche Alternative. Natürlich werden dem kenianischen Honig magische Kräfte zugesprochen. Angeblich macht er den Läufern Beine. Die Bienenkästen sehen aus wie gespaltene Stämme. Würde einem keiner sagen, dass es sich um eine Bienenzucht handelt, würde man sie überhaupt nicht als solche erkennen. Wenn ich mir beim Joggen diese Kästen ansehe, kann ich mir schon vorstellen, dass die hiesigen Bienen robuster sein müssen als bei uns. Da liegt die Vorstellung nahe, dass ein wenig davon auch auf ihren Honig übergeht, oder? Aber mal im Ernst: spezieller Honig als Erfolgsrezept? Das klingt dann doch eher nach Legende.

Auch der *chai*, der kenianische Tee, soll Zauberkräfte haben. Kenia ist bekannt für seinen schwarzen Tee. Das Getränk wird dort nicht mit Wasser, sondern mit heißer Milch aufgegossen. (Dazu kommt noch jede Menge weißer raffinierter Zucker mit in die Tasse. Der Kenianer holt sich seinen Anteil an ungesundem Zucker über die Getränke, wie es scheint …)

Die Milch ist für die Leute etwas ganz Besonderes. Der Reichtum eines Kenianers, der auf dem Land lebt, lässt sich an der Zahl der Kühe ablesen, die er besitzt. Vor einer Hochzeit muss sich der zukünftige Bräutigam bei den Eltern der Auserwählten vorstellen und unter anderem eine Ablöse aushandeln. Dabei kann es sich um Geld handeln, doch auch Kühe sind oft Teil des Brautpreises. Wenn keine Kühe da sind, werden auch Ziegen genommen. Dabei gilt der Umrechnungsfaktor: eine Kuh gleich zehn Ziegen.

Einer unserer Freunde ist kein Läufer. Er hat einen Job bei der Regierung und wohnt in Nairobi. Er erzählt uns, dass er im Dorf seiner Eltern sieben Kühe besitzt, die ein Freund von ihm versorgt. Jetzt hofft er auf reichlich Nachwuchs. Da seine Verlobte ganz besonders hübsch ist, so erzählt er, ist die Ablöse nämlich entsprechend hoch. Auch, wer auf der

Hochzeit einen bleibenden Eindruck hinterlassen möchte und es sich leisten kann, schenkt dem Brautpaar eine Kuh.

Wer nicht das Glück hat, Milch von eigenen Kühen beziehen zu können, muss im Geschäft fast genauso viel zahlen wie bei uns in Deutschland. Und das bei einem durchschnittlichen Einkommen von etwa 1.300 Euro pro Jahr.

Milch ist für die Kenianer extrem wichtig. Während sich bei uns die Experten darüber streiten, ob Sojamilch nicht besser wäre, schlürft der Kenianer zufrieden seinen Milchaufguss und bekommt davon beste Ausdauerwerte.

Auch eine Art Joghurt gibt es hier. Nach großen Siegen, so wird uns berichtet, wird zur Feier der Rückkehr eine ganz besondere Spezialität gereicht: der *mursik*. Dafür wird die Milch in einen ausgehöhlten Flaschenkürbis gefüllt und dieser zum Härten ins Feuer gelegt. Nach dem Abkühlen wird der Kürbis dann jeden Tag einmal geschüttelt. So entsteht nach wenigen Tagen der leicht vergorene, joghurtartige Protein-Regenerationsdrink der Kenianer. Wie der *mursik* schmeckt, kann ich nicht beurteilen. Ich hatte doch etwas Bedenken wegen etwaiger Verdauungsprobleme durch den ungewohnten Powerdrink. Für die Kenianer jedoch steht fest: *mursik* macht müde Männer munter.

Bieten die vielen lokalen Spezialitäten also echte ernährungstechnische Vorteile? Schwer zu sagen. In meinem Koffer werden auf dem Rückflug aber definitiv ein paar Päckchen kenianischer Tee und etwas *Ugali*-Maismehl liegen.

Kommt aus diesem Bienenkasten Wunderhonig?

TIPP ERNÄHRUNG

Einige Dinge sind für einen kenianischen Läufer tatsächlich leichter als für uns Deutsche: Sich gesund zu ernähren ist in Kenia beispielsweise unkompliziert, da ungesunde Produkte oft einfach nicht vorhanden sind. Die Leute kommen so gar nicht erst in Versuchung. Sie müssen weniger über die Ernährung nachdenken und wundern sich eher, dass wir das so schwierig finden und dem Thema so viel Beachtung schenken.

Ich bin auch kein großer Fan davon, das Thema Ernährung zu sehr in den Mittelpunkt zu rücken. Beim Laufen geht es, darin stimme ich mit den Kenianern überein, in erster Linie ums Laufen, nicht ums Essen. Doch natürlich helfen einige Grundregeln, bei geringerem Gewicht und höherer Regenerationsfähigkeit das eigene Training mehr zu genießen.

In vielen Lebensmitteln, die wir Europäer täglich zu uns nehmen, sind zum Beispiel unglaubliche Mengen Zucker versteckt. Wer diesen Zuckeranteil herunterfährt, hat schon einen großen Schritt hin zu einer ausgewogeneren Ernährung und einem gesünderen Gewicht getan. Gesüßter Joghurt ist auch in der »Light-Version« eine echte Zuckerbombe, Soft-Drinks sind ohnehin ein No-Go, und sogar die meisten Sportdrinks enthalten viel zu viel Zucker. Wer sich bei diesen »kleinen Helfern« an die Angaben der Hersteller hinsichtlich der Dosierung hält, nimmt nach dem Training mehr Kalorien zu, als er durch die Einheit selbst verbraucht hat.

Besonders abends empfiehlt es sich, den Kohlenhydrat-Anteil zum Beispiel in Form von Nudeln, Kartoffeln und Brot möglichst zu reduzieren. Wer statt der großen Portion Spaghetti einen schönen Salat mit Putenfilet-Streifen und als Nachtisch einen großen Magerquark mit nur einem kleinen Löffel Marmelade zum Süßen verspeist, erholt sich in der Nacht besser. Außerdem sind darin auch nicht so viele Zutaten enthalten, die der Körper für »schlechte Zeiten« in der Hüftgegend speichert.

Das ist ein genereller Ratschlag: weniger Kohlenhydrate und mehr Eiweiß. Wie auch in Kenia muss das Eiweiß nicht notwendigerweise aus einem hohen Fleischanteil der Ernährung stammen. Wenn wir uns zum Beispiel in Amerika in einem unserer häufigen Trainingslager wieder einmal selbst versorgen müssen, stehen wir oft gemeinsam am Herd. Dort bereiten wir solche Köstlichkeiten wie unsere streng geheime, sagenumwobene Superpower-Linsensuppe zu.

SUPERPOWER-LINSENSUPPE

ZUTATEN FÜR 4 PERSONEN (ODER 2 HUNGRIGE LÄUFER)

- 100 g geräucherter, durchwachsener Speck
- 4 kleine geräucherte Mettwürste
- 500 g Kartoffeln
- 3 Zwiebeln
- 5 Möhren
- 1/4 Sellerieknolle
- 1 Bund Schnittlauch
- 1 Bund Petersilie
- 500 g Linsen
- Salz, Pfeffer
- Essig

ZUBEREITUNG

- Den Speck in Scheiben schneiden, die Zwiebeln würfeln, Möhren, Sellerie und Kartoffeln schälen und waschen. Die Möhren in Scheiben schneiden, Sellerie und Kartoffeln würfeln.
- Die Linsen in einer Schüssel mit kaltem Wasser säubern. Zum Abtropfen in ein Sieb schütten. Kochplatte auf mittlere Stufe stellen.
- Die Speckscheiben in den Topf legen. Die Zwiebelwürfel dazugeben und zusammen mit dem Speck goldbraun anbraten. Die Möhren und Kartoffeln hinzufügen. Die Selleriewürfel ebenfalls kurz mitbraten.
- Die abgetropften Linsen zum Gemüse geben. Mit 1 Liter Wasser aufgießen und das Ganze zum Kochen bringen.
- Die Kochmettwürste hinzufügen und den Topf zudecken.
- Bei geringer Hitze ca. 1 Std. vor sich hinköcheln lassen.
- Die Kräuter fein schneiden. Den Schnittlauch und die Petersilie unterrühren, mit Essig abschmecken.
- Servieren.

Wer es noch gesünder mag, darf selbstverständlich die Mettwürstchen weglassen und statt der vielen Kartoffeln mehr Möhren, Zwiebeln und Linsen nehmen. Falls du vor dem Training isst, sollte der zeitliche Abstand zur Einheit groß genug sein.

Bei wettkampforientiertem Laufen über längere Strecken, angefangen bei 10 km, aber noch eher beim Halbmarathon oder Halbmarathon, ist die Versorgung mit Kohlenhydraten jedoch wesentlich. Das fängt schon bei der Ernährung vor dem Wettkampf und bei langen, harten Trainingseinheiten an. Was esse ich wann, ohne dann beim Laufen Magenprobleme zu bekommen? Jeder sollte hier selber testen, was er wie gut verträgt. Kohlenhydrate in Form von Zucker liefern schnell Energie, sind jedoch in hochkonzentrierter Form oft ein Problem für den Magen. Maurten, eine kleine Firma aus Göteborg/ Schweden, hat sich den Trick mit der Hydrogel-Technologie ausgedacht. Die Kohlenhydrate werden dadurch »getarnt«, so dass vor und während der sportlichen Belastung große Mengen an Energie aufgenommen werden können. Egal ob Eliud Kipchoge, Mo Farah oder Jan Frodeno: Die komplette Weltspitze im Lauf- und zunehmend auch im Triathlon und Radsport ist mit Maurten unterwegs. Wer zielorientiert an einem Halbmarathon oder Marathon interessiert ist, sollte sich hier informieren und testen.

Aber zurück zur täglichen, normalen Ernährung:

TRAINING

KILOMETER 8

TRAININGS-RHYTHMUS

DAS LAUFEN IST kein reiner Fun-Sport. Nein, ein Läufer muss sich vieles hart erarbeiten. Die Basis ist, erst einmal sechs Kilometer am Stück durchzuhalten, ohne völlig am Ende zu sein und sich bei jedem Schritt vorwärtsquälen zu müssen. Danach wird es leichter. Je mehr du läufst, desto häufiger erlebst du die absoluten Glücksmomente, in denen du alles um dich herum vergisst, in denen du glaubst, ewig durch die Landschaft rennen zu können. Dann wird das Laufen tatsächlich so etwas wie eine meditative Entspannungsübung. Wer dieses Glücksgefühl nie erleben durfte, hat definitiv etwas verpasst. Der Weg bis dorthin ist natürlich kein einfacher. Außerdem gilt: Wer sich weiterentwickeln möchte, wird den inneren Schweinehund immer wieder überwinden müssen.

Als Läufer muss ich hart an mir arbeiten: bei jedem Wetter raus, Tempoläufe, Intervall-Training und zur Erholung am Sonntag ein langer Dauerlauf von 30 Kilometern Länge.

Damit ich mein Training besser kontrollieren und aus Fehlern lernen kann, führe ich seit 22 Jahren ein Trainingstagebuch. Anfangs standen da noch so Sätze drin wie: »Heute mit dem Rad zur Schule gefahren.« Das waren zu Osnabrücker Zeiten jedes Mal um die acht Kilometer hin und auch wieder zurück. Wenn ich ganz ehrlich bin, habe ich mich schon damals mit meinen kenianischen Vorbildern verglichen. Denn dass dort bereits die Kinder die vielen Kilometer zur Schule zu Fuß zurücklegen, ist ja hinlänglich bekannt. Zur Schule zu laufen war damals in unseren Breitenkreisen nicht so üblich. Außerdem war ich dafür zu faul – einmal ganz davon abgesehen, dass ich dann wohl noch häufiger zu spät zum Unterricht gekommen wäre. Blieb also nur das Rad. Heute steht natürlich im Trainingstagebuch noch einiges mehr drin als »mit dem Rad zur Schule«. In dem Trainingsprotokoll finden sich Berichte von unzähligen sensationellen Einheiten, aber auch jeder Menge totale Pleiten. Alles in allem ist das Buch für mich trotzdem ein Beleg für meine Ausdauer und Disziplin.

Hier in Kenia muss ich jedoch die Erfahrung machen, dass alle meine bisherigen Bemühungen nur so etwas wie ein Warmlaufen waren. »Train hard, win easy«, so lautet die Devise. Jeden Tag aufs Neue. Schier unglaublich, was die Sportler hier immer wieder an Trainingsumfängen und Geschwindigkeiten herunterreißen. Allerdings ist etwas Vorsicht geboten, wenn du dich nur mit den Athleten unterhältst und nicht selbst dabeigewesen bist. Da wird schon mal gern ein 10-Kilometer-Lauf um 6 Uhr morgens über Berg und Tal in 29 Minuten absolviert. Die Angaben sind natürlich nicht mit GPS-Werten unterfüttert, sondern werden eher »Pi mal Daumen« gemacht.

Trotzdem: Wer versucht, in den Einheiten mit den Jungs und Mädels mitzumarschieren, stellt sofort fest, dass sie wirklich extrem hart an der Bestform arbeiten.

Damit wir tatsächlich ab und zu gemeinsam mit den Einheimischen trainieren können, fragen wir nach der Anpassungsphase zunächst nach dem typischen Trainingsrhythmus. Und der ist hier gar nicht so verschieden von dem, was wir auch zu Hause in Wattenscheid praktizieren. Der Rhythmus ändert sich natürlich genau wie bei uns je nach Saisonphase und ist nur eine ungefähre Richtlinie. Doch im Allgemeinen sieht die klassische Trainingswoche in Kenia in etwa so aus:

MONTAG	2 Dauerläufe, eventuell mit Koordination und leichtem Krafttraining
DIENSTAG	Vormittags Tempoläufe auf der Bahn, nachmittags lockerer Dauerlauf
MITTWOCH	2 Dauerläufe
DONNERSTAG	Vormittags Bergläufe, nachmittags Dauerlauf

FREITAG	2 Dauerläufe
SAMSTAG	Langer Dauerlauf
SONNTAG	Frei

Der Unterschied zu dem Training, das ich seit Jahren vom TV Wattenscheid gewohnt bin: Wir absolvieren meist am Samstag noch ein weiteres Tempotraining und machen dann erst am Sonntag unseren langen Dauerlauf. In Kenia wird sonntags nicht trainiert, denn Sonntag ist Kirchentag.

Mit diesen neuen Informationen im Hinterkopf stellen wir den Plan soweit um, dass wir zumindest ab und zu das echte Kenia-Trainingserlebnis mitnehmen können. Nicht jeden Tag, um Gottes willen. Das würde uns definitiv nicht gut bekommen. Veränderungen sind gut und nötig, aber bitte nur Schritt für Schritt.

Wie gut, dass mein Trainer Tono Kirschbaum in der Hinsicht recht flexibel ist. Wenn ich etwas gut begründen kann, darf ich im Training neue Wege gehen. Da Tono mit mir ja auch schon seit zig Jahren zusammenarbeitet, weiß er, dass ich dabei normalerweise keinen allzu großen Unfug treibe.

Da mein Begleiter Ruben und ich natürlich auch in Kenia sind, um von den Besten der Welt zu lernen, können wir es nicht länger vor uns herschieben: Wir sind jetzt eine Woche hier, an die Höhenluft angepasst, und morgen früh wird es ernst. Morgen machen wir den ersten richtigen Dauerlauf mit einer komplett kenianischen Trainingsgruppe.

Was an der kenianischen Wochenplanung auffällt: Ebenso wie bei uns wechseln sich viele Dauerläufe mit einzelnen Tempobelastungen ab. Das ist etwas, was jeder mit in sein Trainingsprogramm einbauen sollte: verschiedene Trainingsformen, die einander ergänzen, und zwischen den besonders anstrengenden Tagen auch einige Einheiten, bei denen es etwas ruhiger zugeht.

Nachdem wir all das bei einer Tasse *chai* besprochen haben, gehen wir noch früher zu Bett als sonst. Nicht nur, weil wir schon wieder total müde sind. Vor allem deshalb, weil der Dauerlauf morgen um 6 Uhr beginnt. Es dauert nicht lang, bis wir eingeschlafen sind.

TIPP TRAININGSPLANUNG

Eine Trainingswoche setzt sich stets aus Belastungs- und Entlastungstagen zusammen. Für einen Profi-Sportler ist ein Tag mit »nur« zwei Dauerläufen so wie für den Freizeitläufer ein Tag komplett ohne Training, aber mit der normalen Arbeitsbelastung.

Im Laufe eines Jahres wechseln sich Phasen höherer Intensität (z. B. drei harte Wochen) mit lockeren und ruhigeren Phasen (z. B. eine Regenerationswoche) ab. Das Prinzip funktioniert auch im Kleinen innerhalb der Wochenplanung.

Wer sich sportlich weiterentwickeln möchte, sollte sich zumindest einen groben Plan zusammenstellen. Es sollte klar sein, an welchen Tagen welche Art von Training vorgesehen ist und wie das Ganze am besten zu den weiteren Verpflichtungen im Job etc. passt. An den meisten Tagen sollte das Training locker und leicht sein, an einigen darf es dann aber auch mal anstrengend werden.

Ein Beispiel für einen Wochenplan mit drei Trainingseinheiten könnte in etwa wie folgt aussehen:

MONTAG	Stressiger Arbeitstag, also trainingsfrei
DIENSTAG	Normaler Arbeitstag, also normaler Dauerlauf
MITTWOCH	Trainingsfrei
DONNERSTAG	Stressfreie Arbeit, also Fahrtspiel
FREITAG	Trainingsfrei nach einer anstrengenden Woche
SAMSTAG ODER	
SONNTAG	Längerer Dauerlauf, eventuell mit Temposteigerung

Wer mehr Zeit hat, kann natürlich häufiger laufen.

Abwechslung und unterschied-
liche Trainingsinhalte sind
ein Schlüssel zum Erfolg

Am Anfang des Dauerlaufs um kurz nach sechs ist die »End of the tarmac«-Gruppe noch sehr groß.

KILOMETER 9

DER DAUERLAUF

5:20 UHR, der Wecker klingelt. Verdammter Mist, was mache ich hier eigentlich? Es ist stockfinster, und ich soll aufstehen? Noch nicht einmal das vertraute Krähen der Hähne ist zu hören. Auch sonst ... nichts. Dann ein paar leise Stimmen. Tatsächlich: Auch in unserem Camp sind schon Athleten unterwegs. Irgendjemand kramt noch nach einem frischen Laufshirt. Dann die ersten leisen Schritte. Es heißt also auch für mich: raus aus den Federn.

Ab ins Bad, die Lauf-Klamotten kurz an die Nase gehalten. Gut, Test bestanden, geht noch, passt. Eine Waschmaschine gibt es nicht. Da zieht man das Laufshirt gerne zweimal an, ohne dass es zwischendurch mit Seife in Berührung kommt.

Jetzt noch einen Schluck Wasser, die Schuhe schnüren und los geht's. Meine europäischen Trainingskollegen warten schon. Gemeinsam machen wir uns auf zum Treffpunkt der Trainingsgruppe »End of the tarmac«. Die Laufgruppe ist nach dem morgendlichen Treffpunkt am Ende der Teerstraße benannt. Dort haben wir uns mit den Kollegen verabredet. »Klar, kommt vorbei, kein Problem, wir freuen uns«, war die Reaktion.

Es ist immer noch dunkel wie in den Bochumer Bergbaustollen. Wir stolpern mehr, als dass wir laufen. Straßenlaternen gibt es hier keine. Aber wir sehen ein Licht am Ende des Tunnels, denn die ersten Hähne fangen nun doch an zu krähen. Es muss ja nun aber auch bald hell werden, sonst liegt irgendwann einer auf der Nase. Es wird ja viel über die kenianischen Wunderläufer berichtet. Ich glaube aber kaum, dass sie bei Dunkelheit besser sehen können als wir Europäer. Nach wenigen Metern erreichen wir die Teerstraße vor unserem Camp. Jetzt wird es leichter, denn hier lässt es sich tatsächlich auch im Licht der Sterne gut laufen. Bis zum Treffpunkt sind es noch gut eineinhalb Kilometer. Genau richtig, um warm zu werden.

Wir sind da. Andere Läufer kommen uns entgegen, die meisten im gemütlichen Schlenderschritt. Es gibt zig riesige Trainingsgruppen, und um diese Zeit treffen sie sich an ihren Treffpunkten. Als wir pünktlich um sechs Uhr ankommen, sind wir aber die Einzigen dort. Hat uns da jemand auf den Arm genommen? Haben wir etwas falsch verstanden? Keine Ahnung, aber erst einmal warten wir. Nach einigen Minuten lösen sich die ersten Gestalten aus der Dunkelheit. Zunächst nur kleine Grüppchen, von denen nichts weiter zu sehen ist als die im Scheinwerferlicht gelegentlich vorbeifahrender Autos aufleuchtenden Reflektorstreifen. Allmählich aber nimmt die Zahl der Reflektorstreifen und der Läufer zu.

Um 6:15 Uhr stehen wir mitten in einer riesigen Gruppe von durchtrainierten, zähen Athleten. Ich schätze, es sind so um die 100 Sportler. Alle sind freundlich, der eine oder andere fragt nach, wer wir sind und was wir für Wettkampfdistanzen laufen. Nachdem einer von ihnen eine kurze für uns unverständliche Ansage gemacht hat, geht es schon los. Es dämmert mittlerweile, sodass wir zumindest den Boden direkt vor uns erkennen können. Wir müssen uns also doch nicht blind orientieren. Glück gehabt.

Etwa 15 Kilometer soll unser Lauf lang werden, so die Ansage. Wir wollen noch einige Details erfragen. Soll etwa das Tempo um die 4 Minuten pro Kilometer liegen? Das weiß keiner. Wozu auch. Das wird sich finden. Wir laufen im entspannten Rhythmus, sodass wir entgegen unserer Erwartungen nach zwei Kilometern immer noch dabei sind. Es geht über die uns nun schon besser bekannten Hügelwege, und wir halten uns wacker im Mittelfeld. Noch ein Hügel, noch ein Bergabstück, noch ein Kilometer. Das Anfangstempo von tatsächlich ca. 6:00 Min./km haben wir längst nicht mehr. Die Spitze gibt die Schlagzahl vor, und alle anderen folgen, so gut es geht. Spätes-

Das tägliche Ausscheidungsrennen beginnt. Gewartet wird hier auf niemanden.

tens bei Kilometer 8 lassen sich die ersten Läufer zurückfallen. Nicht unbedingt, weil sie erschöpft sind, manchmal auch einfach nur, weil es besser in ihre persönliche Strategie passt, jetzt etwas langsamer zu treten. Der Großteil der Gruppe aber zieht durch. Es wird immer schneller. Wir schnaufen und beginnen uns zu fragen, ob es eine gute Idee war, sich diesem Pulk anzuschließen. Der Dauerlauf sollte doch eine ruhige Einheit zwischen den intensiven Tempoprogrammen sein, quasi zum »Auffüllen«. Aber ist er das jetzt noch? Ich frage mich, wie weit ich heute gehen kann, ohne mich längerfristig aufzureiben? Aber jetzt schon schwächeln? Nein, es muss weitergehen. Also noch ein Hügel, noch ein Kilometer.

So geht es eine Zeitlang dahin. Es verabschieden sich immer mehr unserer kenianischen Laufkollegen. Sie sind plötzlich einfach weg, und nur die Spitze macht immer mehr Druck. Aber auch die Vorhut wird immer kleiner, und die meisten meiner europäischen Kollegen haben ebenfalls schon das Handtuch geworfen. Ein knallhartes Ausscheidungsrennen hat sich entwickelt. Beim Dauerlauf! Und auch ich muss ziemlich bald einsehen, dass es hier für mich nicht weitergeht. Ich hasse es, zu verlieren …

So gut wie jeder Dauerlauf wird hier mit Steigerung gelaufen. Extrem locker am Anfang und richtig schnell am Ende. Einen Pulsmesser, der den Sportler bremst, wenn er nur zwei Schläge über der vom Gerät angegebenen Schwelle läuft, den hat hier niemand. In Deutschland wird ja noch immer das Credo vom möglichst gleichmäßigen Dauerlauftempo gepredigt. Das GPS-System am Handgelenk ist für den Europäer wichtiger als das gute Gefühl in den Beinen. Jetzt erleben wir aber das genaue Gegenteil: Hier bestimmen keine technischen Kontrollmöglichkeiten das Training, sondern nur das persönliche Wohlbefinden des Athleten zählt.

Auch wir beschließen, auf den Körper zu hören. Also Tempo runter und locker weitertraben. Es ist nicht mehr weit. Nur noch drei Kilometer. Am Ende erfahren wir dann: Die Gesamtlänge der Trainingseinheit betrug doch 18 Kilometer. War ja klar. Am Startpunkt endet unser Dauerlauf schließlich auch wieder.

Vereinzelt stehen noch kleine Gruppen herum, dehnen sich oder machen Steigerungsläufe. Die meisten sind jedoch schon wieder verschwunden. An den Konkurrenzkampf, der beim heutigen Dauerlauf herrschte, erinnert nichts mehr. Alle schlendern gemütlich zum Frühstück. Es ist 8:30 Uhr, die Hauptaufgabe des Tages ist bereits erfüllt.

Ich treffe meine Freunde wieder, und wir wandern zurück zum Camp. Was für ein Erlebnis. Puh.

Was am Ende zurückbleibt: Erstens haben wir unser Trainingsziel deutlich verfehlt, und das mit Genuss. Zweitens haben wir wieder viel übers kenianische Lauftraining gelernt und machen jetzt häufiger einen gesteigerten Dauerlauf, wenn uns danach ist. Drittens durften wir einen klitzekleinen Eindruck davon gewinnen, was die Einheimischen meinen, wenn sie sagen: »Train hard, win easy.«

DAUERLAUF MIT STEIGERUNG TIPP

Der Dauerlauf ist die Grundlage eines jeden Lauftrainings. Das Ziel für den Einsteiger besteht darin, zunächst einmal 10 Kilometer am Stück und ohne Pause bewältigen zu können. Auch das ist schon eine große Herausforderung. Dauerläufe verschiedenster Art machen etwa 70–80 Prozent des Lauftrainings aus.

Der fortgeschrittene Läufer macht dann Dauerläufe von unterschiedlicher Länge. Zehn Kilometer sind auch hier eine typische Distanz. Es können jedoch je nach Form und Zielsetzung beliebige Streckenlängen ab fünf Kilometern aufwärts gelaufen werden.

Als guter Maßstab für das richtige Dauerlauftempo gilt in meinen Augen noch immer, dass dabei gut eine Unterhaltung möglich sein sollte. Wem dazu die Luft fehlt, der ist zu schnell unterwegs.

Der gesteigerte Dauerlauf ist eine intensivere Form dieses Trainings und erfordert mehr Erfahrung. Er bietet sich für Sportler an, die auch an Wettkämpfen wie etwa Straßenläufen teilnehmen. Hier wird zunächst im ruhigen Tempo begonnen. Danach steigert sich die Schlagzahl peu à peu. Die letzten zwei bis drei Kilometer können dann annähernd in der angestrebten Wettkampfgeschwindigkeit gelaufen werden. Ein kurzes anschließendes Auslaufen ist ebenfalls empfehlenswert.

Für den ambitionierten Sportler kann der Dauerlauf mit Steigerung eine sehr befriedigende Trainingseinheit sein. Für mich sind das sogar die Lieblingseinheiten. Wenn ich mich am Trainingstag frisch fühle, erhöhe ich das Tempo und bin in den letzten Minuten sehr flott unterwegs. Das kann für einen Läufer sehr erfüllend sein. Wenn ich mich am betreffenden Tag aber nicht so gut fühle, bleibe ich beim gemütlichen Anfangstempo. Das ist auch in Ordnung. Ich habe dann trotzdem nicht das Gefühl, eine wichtige und intensive zentrale Trainingseinheit abgebrochen zu haben.

Lockerer Dauerlauf mit den deutschen Athleten

KILOMETER 10

LOCKERER DAUER-LAUF (EASY JOG)

NACH DER ERSTEN morgendlichen Dauerlauferfahrung im kenianischen Pulk heute früh absolvieren wir am Nachmittag nur noch eine kleine Runde. Unsere schweren Beine erinnern uns stolz an das heute bereits vollbrachte Supertraining. Das war heute früh um sechs Kenia live und extrem. Das ist aber nichts für jeden Tag. Zumindest nicht für mich.

Der lockere Nachmittags-Dauerlauf ist besonders schön und entspannt. Hier ist es möglich, wenn es denn der Trainingsplan der verschieden Gruppen zulässt, auch mit den ganzen anderen Läufern einmal eine Runde zu drehen. Heute sind zum Beispiel Falk Cierpinski, Martin Beckmann, Sabrina Mockenhaupt und die Hahners dabei. Wie auch viele andere Läufer aus dem deutschen Team nutzen auch sie regelmäßig die Höhe Itens, um an ihrer Grundlagenausdauer zu feilen oder sich auf die verschiedenen Saisonhöhepunkte vorzubereiten.

Dass hier gute Stimmung garantiert ist, kann ich versichern. Es ist nicht immer leicht, wochenlang in Kenia zu trainieren, und auch der Kopf freut sich nach einer gewissen Zeit auf

Abwechslung. Kinos und Shoppingmöglichkeiten finden wir hier natürlich keine. Als einzigen Ausflug habe ich mir bisher in insgesamt 10 Trainingslagern nur einen halben Tag Safari gegönnt. Der Schwerpunkt liegt woanders. Die volle Konzentration auf den Sport eben.

Gut, der Computer ist mittlerweile natürlich allgegenwärtig. So wird auch hier auf der eigenen Homepage von Erlebnissen berichtet, bei Facebook gepostet, geliked und gesurft. Sonst aber freuen wir uns wie gesagt sehr auf so gemütliche Einheiten wie heute. Dabei geht es nicht ganz so ernst und zielorientiert zu. Hier steht der Spaß im Vordergrund. Außerdem können wir uns bei diesen Touren nach Herzenslust mit anderen Sportlern austauschen. Die kurzen, lockeren Dauerläufe sind dafür fast noch besser geeignet als das abendliche Kartenspiel oder die langen Tischrunden beim Abendessen. Bei Joggen quatscht es sich so herrlich befreit.

Auch Mocki und die anderen haben natürlich vieles zu berichten, als ich beginne, von meinen Buchplänen zu erzählen. Jeder sieht die kenianischen Wunderläufer aus seinem ganz individuellen Blickwinkel. Da kommt einiges an Stoff zusammen und ich versuche, möglichst viel davon zu behalten. Ich merke schnell, dass es ein längeres Buch werden wird und bin froh, dass meine zukünftigen Leser alle Ausdauersportler sind.

Während wir plaudern und durch die Landschaft joggen, verstreicht die Zeit wie im Fluge. Die Beine fühlen sich nach den ersten Kilometern gar nicht mehr so schwer an. Ausnahmsweise gibt es auch keinen, der ständig auf die GPS-Uhr schaut und Stress macht.

Fast alle Spitzenläufer haben eine sehr konkrete Vorstellung davon, wie genau für sie das ideale Training aussieht. Daher ist es oft nicht besonders einfach, zusammen etwas zu planen. Ich genieße diese gemeinsamen Einheiten immer sehr. Es ist doch immer wieder schön zu erfahren, dass man mit all seinen Macken als Laufsportler nicht alleine dasteht.

Nach ungefähr fünf Kilometern dann das komplett Unerwartete. Habe ich etwa Halluzinationen? Oder zu viel Sonne abbekommen? Wenn ich es mir nicht einbilde, kommen wir trotz unseres sehr gemütlichen Tempos der vor uns laufenden Gruppe tatsächlich näher. Und dabei handelt es sich nicht etwa um *muzungus* – lahme Flachlandbewohner wie uns. Das scheinen wirklich waschechte Kenianer zu sein. Kenianer, die nicht etwa spazieren gehen, sondern tatsächlich auch laufen. Ganz normal, mit Laufschuhen und allem, was dazugehört. Wer hätte das gedacht?

Einige Mitglieder unserer Gruppe sind genauso erstaunt wie ich, jedoch nicht alle. »Doch, doch, das machen die hier häufiger. Besonders nach richtig hartem Intervall-Training. Da wird nur extrem *pole, pole*, also sehr langsam gelaufen.«

DER SEHR LOCKERE DAUERLAUF TIPP

Alle Läufer bei uns in der Heimat, die ich kenne, haben Probleme damit, sich langsamer als mit dem jeweiligen Wohlfühltempo zu bewegen. Das sieht einfach nicht gut aus und fühlt sich total falsch an. Es kann sogar richtig anstrengend werden. Wir in Europa sind einfach zu unflexibel. Auch das ist ein Grund dafür, warum es so schwer ist, den richtigen Laufpartner zu finden. Schade eigentlich. Denn es dürfen und sollten stets Trainingseinheiten dabei sein, bei denen du dich ganz bewusst extrem langsam fortbewegst.

Der sehr lockere Dauerlauf ist ein Trainingsmittel sowohl für Fortgeschrittene und kenianische Profis als auch für Anfänger. Die meisten Sportler meinen, dass das Laufen immer anstrengend sein muss. Das ist aus trainingsmethodischer Sicht ein Denkfehler. Das Gegenteil ist richtig. Ein Großteil des Trainings läuft im mittleren bis lockeren Intensitätsbereich ab. Das Motto »laufen, ohne zu schnaufen« hat noch immer seine Gültigkeit und bietet eine gute Orientierungshilfe fürs richtige Tempo. Ab und zu darf es auch so extrem langsam sein, dass du tatsächlich nach Hause kommst und dir sagst: »He, ich hätte noch viel schneller gekonnt und musste mich heute permanent bremsen.«

Der fortgeschrittene Läufer muss sich dafür ganz besonders zusammenreißen. Er hat seinen Rhythmus und seine Schlagzahl gefunden und weicht davon nur ungern ab. Doch auch dieser Gruppe von Sportlern rate ich, zwischendurch sehr lockere Touren einzuplanen. Damit ist einfach eine bessere Entwicklung möglich, als wenn du pausenlos dem Trainingsprinzip »höher, schneller, weiter« folgst.

Auch der Laufanfänger, der gerade stolz zum ersten Mal im Leben die 10 Kilometer am Stück und ohne Gehpause zurückgelegt hat, sollte sich diesen Luxus erlauben. Feiere deinen ersten 10-Kilometer-Lauf mit einer betont langsamen 6-Kilometer-Einheit. Du musst auch nicht ab sofort jedes Mal länger und schneller unterwegs sein und in jedem Training die Belastung erhöhen. Größere Erfolge stellen sich ein, wenn du den Trainingsreiz variierst und auch ab und zu mal kürzer trittst.

Ich selbst nutze ebenfalls solche »Easy Joys« zwischendurch. Mein Trainer Tono Kirschbaum schreibt die Einheiten auch extra in den Trainingsplan, an dem ich mich orientiere. Trotzdem juckt es mich teilweise bei solchen Tempi in den Füßen. Ich habe dann fast das Gefühl, meinen schnellen Hightech-Sportschuhen nicht gerecht zu werden. Da hilft es, sich Tage wie heute ins Gedächtnis zu rufen, an denen einem die kenianischen Champions zeigen, wie es geht.

Wer also ab und zu mit einem Laufpartner unterwegs ist, der nicht ganz das gleiche Niveau hat und eher ein wenig ruhiger läuft, kann sich mit gutem Gewissen ans langsamere Tempo anpassen. Auch umgekehrt wird ein Schuh draus: Ist der gewünschte Laufpartner normalerweise schneller, tust du ihm vielleicht sogar einen Gefallen, wenn du ihn von Zeit zu Zeit einmal ausbremst.

Wir ziehen vorbei und versuchen dabei, die Füße nur ganz zart aufzusetzen. Einmal beim Laufen so klingen wie ein Kenianer. Ganz locker und leicht. Diesmal sind wir es, die nur ganz leise atmen. Nur unsere Gespräche, die sind deutlich hörbar. Damit wollen wir unterstreichen, wie locker uns das Laufen fällt.

Nach dem Überholmanöver fühlen wir uns beflügelt. Auch wenn es albern ist und wir über uns selbst lachen müssen: So etwas motiviert.

Also ist auch das eine Legende, dass Kenianer nie langsam laufen und immer unbegrenzte Energie zur Verfügung haben. Sie brauchen genau wie wir lockere, entspannte Einheiten, bei denen sich Körper und Geist erholen können. Wie ungemein beruhigend.

In den meisten Fällen läuft das hier aber anders ab. Wenn wir beim normalen Dauerlauf die seltene Gelegenheit bekommen, zu einem vor uns laufenden Kenianer aufzuschließen, mobilisiert der noch einmal alle Kräfte, um mitzuhalten oder vorneweg zu laufen – selbst wenn er eigentlich schon total k. o. ist. Da sind wir uns länderübergreifend einig: Überholt zu werden, ist uncool.

Bei dieser lockeren Einheit ist es aber offensichtlich sogar den Kenianern egal, ob und von wem sie überholt werden. Da dürfen selbst wir vorbeiziehen und werden noch freundlich gegrüßt.

Fazit: Auch für die Kenianer ist es wichtig, die Dauerläufe variabel zu gestalten. Am Morgen stand noch ein knallhartes Ausscheidungsrennen an, während am Nachmittag das genaue Gegenteil angesagt ist: Immer schön locker.

So können wir uns ziemlich sicher sein, im gemütlichen Tempo noch immer schneller zu sein, als es mancher kenianische Weltrekordhalter bei seinem »Easy Jog« ist. Das ist schon ein sehr gutes Gefühl. Wenn ich in der Heimat ab und zu eine Runde mit meiner Frau Heike laufe, dann kann ich das ganz getrost auch als kenianischen Lauf verbuchen. Denn sie ist zwar zum Glück ein bisschen langsamer als ich, aber doch mindestens so schnell wie die Gruppe, die wir heute überholt haben.

Obwohl es ein wenig albern erscheint, freuen wir uns heute, die Kenianer so hinter uns gelassen zu haben. Zurück in unserer Unterkunft sind wir uns einig: Dies war ein weiterer sehr gelungener Tag. Nach den ganzen Erfolgserlebnissen erscheint uns das Trainingslager gleich viel angenehmer. Was für das Leben gilt, das gilt genauso für den Sport: Du musst auch die ganz, ganz kleinen Triumphe feiern. Und einen solchen haben wir soeben erlebt.

Easy Jog. Aber nein, auch wenn es hier so aussieht: Es wird nicht gemeinsam mit dem Nachwuchs trainiert.

Mit Tempo bergan

KILOMETER 11

BERGLÄUFE UND KRAFTAUSDAUER

ES IST DONNERSTAG. Für uns steht ein lockerer Tag auf dem Programm. Besonders nach der Extremeinheit gestern früh. Die Grundlagenausdauer und der Gesamtumfang stehen im Mittelpunkt. Das bedeutet: Es steht zunächst ein lockerer Morgendauerlauf von etwa 12–15 Kilometern Länge an, bei dem wir das Tempo nach Gefühl gestalten. Wir können daraus auch einen Erlebnisdauerlauf machen. Am Nachmittag folgt dann ein konzentrierter Dauerlauf auf gutem Niveau, also um die 15–20 Kilometer mit 3:50 Minuten pro Kilometer im Schnitt.

Nachdem wir bereits eine halbe Stunde unterwegs sind, stoßen wir auf eine Startlinie. Der Blick den Hügel hinauf verrät uns, wer hier losgelaufen ist: Eine Gruppe von etwa 20 kenianischen Athleten kommt in einer Entfernung von 200 Metern bergab auf uns zugetrabt. Die Blicke gesenkt, die Haut vor Schweiß glänzend und mit für ihre Verhältnisse schweren Beinen.

Wir bleiben kurz stehen, um sie zu beobachten. Eine absolute Ausnahme, denn sonst halte ich beim Training eigentlich nie an.

Wenn ich zu Hause beim Laufen Bekannte treffe, die das nicht wissen, halten die mich auch schon mal für unhöflich.

Beim Erlebnisdauerlauf ist das jedoch etwas anderes. Außerdem wollen wir uns hier ja von den Jungs möglichst viel abschauen. Da wir den Trainingsberichten wie gesagt nur bedingt trauen können, ist dieses Live-Event für uns ein willkommenes Geschenk.

Die Gruppe nähert sich, beachtet uns kaum, macht kehrt und spurtet mit einem Affenzahn den Hügel hinauf. Es ist kein richtig steiler Berg. Ein Hügel eben, bei dem die Läufer für ein sehr zügiges Sprinttempo viel Kraft investieren.

Am Rande der Piste steht der Coach – ein ehemaliger Athlet, wie es aussieht. Sehr viele ehemalige Spitzenläufer in Kenia werden zu Trainern. Das ergibt sich automatisch. Nach vielen Jahren bist du plötzlich der Älteste in deiner Gruppe, die Jüngeren fragen dich um Rat, und wenn du selbst langsamer wirst, bleibst du dabei und hilfst deinen Freunden. So ist es auch in diesem Fall. Robert ist 45 Jahre alt und war als Aktiver bei verschiedenen Weltmeisterschaften dabei. Für die ganz großen Erfolge hat es bei ihm nicht gereicht, aber er hat eine Menge Erfahrung. Seine

Starke Männer beim Hanteltraining sind in Kenia eher selten zu sehen.

Athleten sind vornehmlich Bahnläufer: 800 bis 5.000 Meter. Aber es sind auch ein paar am Start, die eher auf den Marathon schielen.

Das Programm ist für alle gleich: 25 x 300 Meter bergauf. In welcher Zeit? Keine Ahnung. Das interessiert aber auch nicht, denn die 300 Meter sind ohnehin nicht präzise vermessen. Als Pause muss die kurze Phase genügen, in der sie wieder zurück zum Start traben. Sie gehen dabei zwar nicht im Schritt-Tempo, aber besonders schnell sind sie nicht, schinden also ein bisschen Pausen. Das erinnert mich an einen Kollegen in Wattenscheid, der mich viele Nerven gekostet hat, wenn er bei den Bergläufen im Bochumer Weitmarer Holz plötzlich in den Pausen aufs Tempo drückte, um die anderen auf diese Weise plattzumachen. Manche Leute bearbeiten die Konkurrenz selbst in den Trab-Pausen mit Haken und Ösen.

Ganz anders hier: In der Pause bemüht sich wirklich jeder, der Langsamste zu sein. Nur, wenn einer ins Schritt-Tempo fällt, gibt es einen Anpfiff vom Coach. Wir verstehen aber auch schnell, warum das so gut funktioniert. Die Gruppe ist einfach zu groß. Würde hier bei der Trabpause jemand anziehen, würde keiner mitgehen. Der Ausreißer würde dann früher oder später wieder vom Tross überrollt.

Die Läufer sind inzwischen wieder oben angekommen, machen kehrt und laufen zurück zum Start. Dann heißt es schon wieder durchstarten zum nächsten Spurt bergauf. Wir sehen uns zwei, drei Zyklen an und setzen dann unser eigenes Training fort.

Bei uns – und anscheinend auch in Kenia – werden Bergläufe in erster Linie im Winter und Frühjahr in der Phase des Grundlagentrainings eingesetzt. Hier geht es darum, auch spezielle Kraftausdauer zu trainieren. Mit mehr Kraftausdauer kann der Läufer im Wettkampf über eine längere Zeit einen raumgreifenden Schritt beibehalten. Er muss dann erst später auf kürzere Schritte umstellen, bei denen er jedes Mal ein Stück Wegstrecke einbüßt. Unser Vorbereitungsprogramm sieht Bergläufe mit verschiedener Länge vor: 20 x 500 Meter, oder auch 12 x 1.000 Meter (hier auch mit kurzen Bergab-Passagen). Diese Einheiten stehen wie gesagt eher auf dem Plan, wenn die wichtigen Wettkämpfe noch in weiter Ferne sind. Rücken die Events näher, wird auch das Training spezifischer. Für einen Marathon im Frühjahr bedeutet das zum Beispiel, dass 3 Monate vor dem Rennen die Bergläufe seltener werden oder ganz wegfallen. Stattdessen stehen Tempoläufe auf der Straße an, bei denen sich der Läufer spezifischer auf den Marathon vorbereitet. Der Sportler kann zudem nicht beliebig viele Tempoeinheiten verkraften. So gilt es abzuschätzen, zu welchem Zeitpunkt welcher Reiz gesetzt werden soll.

TIPP BERGANLÄUFE

Bergläufe oder besser Berganläufe sind eine Kombination aus Kraft- und Ausdauertraining. Auch sie eignen sich für Sportler, die bereits eine gewisse Erfahrung haben und sich weiter verbessern möchten. Länge und Intensität der Läufe hängen von der angestrebten Wettkampfdistanz und Trainingsphase ab. Zur Vorbereitung auf Rennen vom 800-Meter-Lauf bis hin zum Marathon sind Bergläufe zwischen 300 Metern und 2 Kilometern sinnvoll. Variiere entsprechend die Anzahl der Läufe, die Geschwindigkeit und die Länge der Pausen.

Am besten suchst du dir dafür einen Hügel mit moderater Steigung. Die Rechnung »je steiler, desto besser« geht allerdings nicht auf. Der Anstieg sollte so gewählt sein, dass er sich mit überschaubarem Krafteinsatz und im ordentlichen Tempo mehrfach bewältigen lässt. Die Steigung darf nicht so krass sein, dass du sie durch kleine Trippelschritte kompensieren musst.
Mach beispielsweise ein 500 Meter langes Teilstück ausfindig, am besten einen Waldweg, um die Knochen zu schonen. Wähle dann das Tempo so, dass du die Distanz bergauf zehn mal gut laufen kannst, ohne bei den letzten zwei Wiederholungen deutlich langsamer zu werden.
Der Abdruck sollte stark sein, bei ordentlichem Krafteinsatz. Zurück nach unten trabst du zwischendurch zur Erholung sehr locker. Das ist aus meiner Sicht ein gutes Trainingsprogramm für einen 10-Kilometer-Lauf. Für den Marathon sollten es dann eher 20–30 mal 500 Meter oder noch besser 15–20 mal 1.000 Meter sein. Zusätzlich empfehle ich jedem europäischen Läufer eine Stoppuhr und ein Trainingstagebuch. Du kannst damit deine Ergebnisse dokumentieren und bekommst ein besseres Gefühl für die Härte und Dauer der Belastung. Zusätzlich kannst du damit das Tempo dem persönlichen Leistungsvermögen anpassen.

Die Teilstücke bergab solltest du zur Erholung nutzen. Lege diese Strecken im langsamen Jogging-Tempo zurück. Schnelles Bergablaufen belastet nämlich unnötig die Knochen, Muskeln und Gelenke.

In Kenia haben die Bergläufe eine ganz besondere Bedeutung. Spezielles Krafttraining etwa mit Hanteln macht hier nämlich fast niemand. Ich vermute, das liegt schlicht und ergreifend daran, dass es keine Krafträume gibt.

Einen einigermaßen gut ausgestatteten Kraftraum, der den Bedürfnissen der meisten europäischen Athleten genügt, gibt es im Camp von Lornah Kiplagat. Doch hier ist der Eintritt auch aus Platzgründen für die

Einheimischen streng reglementiert. So verzichten die meisten kenianischen Läufer komplett aufs Training an der Hantel oder der Maschine. Die Kraft holen sie sich stattdessen ebenfalls beim Laufen. Um die Hügel hinaufzukommen und speziell bei den Bergläufen braucht ein Läufer nämlich richtig Power.

Wird doch in einem der Läufercamps mit Hanteln gearbeitet, ist auch das für unsereins herrlich unorthodox: Die Kenianer füllen einfach Beton in Blechdosen und zementieren dazwischen eine Eisenstange ein. Mal kurz eine Gewichtsscheibe mehr oder weniger aufzulegen, ist damit natürlich nicht drin.

Beim anschließenden Mittagessen fachsimpeln wir dann erneut auch mit den Freizeitläufern im Camp und sind uns einig: Wer bei uns in Deutschland als Sportler keine Lust auf das Fitnessstudio hat, kann auch anderweitig etwas für die laufspezifische Kraftausdauer tun. Möglichkeiten gibt es genug. So findet sich beispielsweise fast immer ein Anstieg, um daran zu arbeiten – und zwar auf kenianische Art.

Ärger dich nicht, wenn es bergauf geht, sondern freu dich über diesen zusätzlichen Trainingsreiz.

Hier wird es richtig hart:
Intervalltraining auf der Bahn

KILOMETER 12

INTERVALLE

RUBEN UND ICH sind mittlerweile an die Höhenluft gewöhnt. Wir haben zum Einstieg schon den einen oder anderen Dauerlauf mit kenianischen Kollegen mitgemacht. Kontrolliert war das Training aber bisher nicht wirklich. Bei vielen Läufen verlieren wir einfach zu schnell die Kontrolle über die Einheit, und 12 Wettkampf-Situationen pro Woche (bei jedem Training) würden uns nicht gut bekommen. Sicher macht es Spaß, immer wieder zu testen, wo die eigenen Grenzen liegen. Sonst würden wir als Läufer kaum so viel in den Sport investieren. Wir wollen den Vergleich, und zwar am liebsten möglichst oft. Doch bei allem Spaß, den das harte Training mit sich bringt, geht es hier nicht in erster Linie darum, der Schnellste zu sein. Dafür ist der Wettkampf da. Also heißt es im Training aufpassen und die Spitzenbelastungen wohldosiert einsetzen.

Heute ist es aber wieder soweit. Ich habe Lust auf Experimente. Meine Kollegen sind nicht dabei. So muss ich mich diesmal alleine den Kenianern stellen. Die folgende Einheit wird ganz besonders hart. So viel ist schon klar. Gestern, am Montag, habe ich mit Gabriele gesprochen, dem italienischen Trainer. Ich habe gefragt, ob ich beim anstehenden Intervall-Training seiner

Kenia-Truppe mitmachen darf. »Si, claro, kein Problem, wir starten morgen gegen 9:30 Uhr«, so seine Antwort. Ab dem Moment gibt es kein Entrinnen mehr. Es geht ans Eingemachte.

Ich begebe mich also zum berühmt-berüchtigten Kamariny-Track – der Rundbahn, wo schon unzählige Weltklasseathleten geschwitzt haben, dem Ausgangspunkt so mancher Läuferkarriere. Den Sportplatz mit der Tribüne haben seinerzeit die Engländer gebaut. Hier wird unter für unsere Verhältnisse abenteuerlichen Bedingungen trainiert. Die Tribüne besteht nur noch aus ein paar morschen Brettern und kann maximal als malerisch bezeichnet werden. Der Hindernisbalken und der dazugehörige Wassergraben erwecken nicht unbedingt den Eindruck, dass auf dieser Bahn die stärksten Hindernisläufer der Welt alle internationalen Rekorde brechen. Alles ist völlig heruntergekommen. Wasser ist natürlich auch keines im Graben, und dass der Balken die offiziell vorgeschriebene Höhe hat, lässt sich bezweifeln.

Quer über den Rasen ziehen sich Trampelpfade, von einer Ecke zur anderen. Hier machen die Athleten ihre Diagonalläufe. Bei den Steigerungsläufen geht es im gemütlichen Tempo los. Nach etwa 50 Metern wird die Frequenz auf 90 Prozent der maximalen Geschwindigkeit erhöht. Diese Schlagzahl behält der Sportler weitere 20 Meter bei, bis er das Ende der Diagonale erreicht hat und wieder ausläuft. Dieses Mittel setzen Läufer in aller Welt ein, um an der Schnelligkeit und am Stil zu feilen. Die Steigerungsläufe lassen sich auch nach einem Dauerlauf in der Heimat prima ins Training integrieren. Dafür musst du dir nur eine Strecke von ca. 100 Metern Länge aussuchen. Dann locker lostraben und das Tempo steigern. Das erhöhte Tempo kurz halten und am Ende wieder austrudeln. Dabei versuchen, den Körper aufzurichten, sauber zu laufen und nicht ans Limit zu gehen. Einfach, aber effektiv. Das Lauf-ABC und Ähnliches sind natürlich auch Mittel zur Optimierung des Laufstils. Diese Methoden sind aber schwerer zu lernen und bedürfen zunächst der Korrektur durchs geschulte Auge eines Trainers.

Aber zurück zum Kamariny-Track. Hier grasen an sechs Tagen die Woche Kühe auf dem Feld, die überall ihre Fladen verteilen. Aber heute, wie an jedem Dienstag, ist von den Kühen nichts zu sehen. Heute brennt hier die Luft. Einen Tartanbelag gibt es hier nicht. Wie gewohnt wird auf rotem Sand gelaufen.

Auf Bahn eins haben sich unzählige Schuhe auf kilometerlangen Runden im wahnwitzigen Tempo in den Boden geschliffen. Momentan sind schon etwa 100 Läufer im Stadion und arbeiten daran, die tiefe Furche mit einem kräftigen Abdruck noch mehr auszuhöhlen. Eine solche Ansammlung an Athleten auf diesem Niveau ist wohl an keinem anderen Ort der Welt zu finden. Dabei ist es erst kurz vor neun Uhr. Das ist also erst der Anfang.

Von »meiner« Gruppe ist noch nichts zu sehen. Okay, das war ja klar. So gut kenne ich mich inzwischen schon mit den Gepflogenheiten aus. Die kommen schon noch. Ich gehe deshalb erst etwas später zum Einlaufen. Dann dehne ich mich ein wenig und mache ein paar Steigerungsläufe. Eine ganz normale Vorbereitung, wie bei einem Wettkampf.
Um kurz vor zehn sehe ich unseren Coach Gabriele auf den Platz kommen. »Die Jungs sind unterwegs. Es geht gleich los.«

Die Trainingsgruppe, der ich mich anschließe, besteht aus 15 Langstrecklern, die über 5.000 und 10.000 Meter sowie die Marathondistanz antreten. »Es werden aber wohl noch ein paar weitere dazustoßen«, meint der Trainer. So ist das hier: Jeder Läufer sucht sich spontan und je nach Bedarf seine Trainingsgruppe aus. Jeder läuft rücksichtsvoll, und so stört es keinen, wenn an der Startlinie statt der geplanten 15 Teilnehmer auf einmal 50 ins Rennen starten. Die Herausforderung, sich mit anderen zu messen, nimmt jeder gerne an. Besonders meine Gruppe ist heiß begehrt. Nicht nur, weil hier besonders gute Athleten dabei sind. Sondern auch, weil bei uns ein europäischer Trainer und ein entsprechendes Management dahintersteht. Wer sich hier gut verkauft, wird vielleicht entdeckt und darf demnächst in Europa um die Preisgelder mitrennen. Ein ganz spezielles Casting also. Hier geht es um mehr. Hier geht es um alles.

Die Gruppen am Rand werden größer, die auf der Bahn kleiner.

Es ist kurz nach 10, als sich die Gruppe an der Startlinie einfindet. Der Trainer erläutert noch einmal das Programm. Geplant sind 15 mal 1.000 Meter in jeweils 2:45 Minuten mit je 200 Metern Trab zur Erholung. Okay, dass ich nicht komplett dabeibleiben werde, ist klar. Da bin ich Realist. Das Motto lautet heute wieder: so weit die Füße tragen. Die kenianischen Läufer haben mich freundlich begrüßt, aber etwas Besonderes bin ich hier nicht. Nur ein Läufer unter vielen. Der einzige Unterschied: Ich bin etwas blasser als die anderen.

Drei, zwei, eins, los! Ich halte mich im hinteren Teil des Feldes auf. Die Luft ist nicht besonders gut. Hier duftet keiner nach Rosen. Dass es in 99 Prozent der Läuferunterkünfte keine Duschen gibt, ist vielleicht auch etwas typisch Kenianisches. Doch auch das gehört dazu, und durch die Nase atmen kann ich bei dem Tempo ohnehin nicht. Wahnsinn, wie die es alle schaffen, in der Riesengruppe bei dem Tempo und mit der Furche auf Bahn eins noch immer sauber zu laufen, ohne sich gegenseitig zu behindern. So etwas kann nur mit viel Routine funktionieren. Nach einer Runde ruft uns der Coach die Zwischenzeiten zu. Die erste Etappe war schon 3 Sekunden zu schnell. Das interessiert bis auf den Trainer aber offensichtlich niemanden. Wieder eine Gemeinsamkeit zwischen uns und den Kenianern: Jeder hat den Ehrgeiz, die Vorgaben des Trainers zu überbieten. Nur langsamer, das geht gar nicht. Als es in die zweite Runde geht, dämmert mir: Das wird kein schöner Tag heute.

Ich fange an, mich nach dem Ende des Trainings zu sehnen, obwohl wir doch gerade erst begonnen haben. Noch 200 Meter und dann ist es geschafft. Ich bin nicht der Letzte. Es sind nur 45 Läufer vor mir, und ich hole endlich auf. Die Erholung im Trab ist genauso gestaltet, wie ich es schon bei der Gruppe am Berg beobachtet habe: extrem langsam. Dann tritt Trainer Gabriele auf den Plan und treibt die Läufer an: »Schneller, schneller, faster, faster, do not walk, run!« Diese Ansage wird nur zögerlich

Geschafft: Der erste Teil des Arbeitstages ist vorüber und es geht nach Hause.

umgesetzt. Jeder weiß natürlich, dass 200 Meter zur Erholung verdammt kurz sind. Selbst für einen Kenianer.

Mir kommt die Strecke zum Luftschnappen ohnehin viel kürzer vor: gefühlt eher wie zwanzig Meter. Und schon geht es wieder los. Ich schnaufe und keuche. Wieder rette ich mich mit Mühe und Not über die zweieinhalb Runden. Und wieder bin ich – was mir überhaupt nicht gefällt – extrem weit hinten. Aber okay, hier bin ich im fremden Revier. Hier muss ich damit klarkommen, dass die anderen besser sind als ich. Sogar der Kleine mit dem unmöglichen Laufstil, der gerade vor mir herumturnt. Nicht alle Kenianer gleiten elegant über die Piste, nicht alle sind zum Laufen geboren. Der vor mir ist es offensichtlich nicht. Und trotzdem ist er irgendwie schneller als ich. Verflucht! Ich hasse Niederlagen, und heute scheint es besonders bitter zu werden. Ich motiviere mich und mache mir selbst Mut: »Weiter, weiter, denk an dein Motto: Einer geht noch.«

Schließlich aber platzt doch der Kessel. Schon beim fünften Tausender muss ich die Gruppe ziehen lassen und einsehen, dass das Training für mich beendet ist. Die anderen drehen weiter ihre Runden. In mir brodelt es. Nach 3 Minuten Erholung schließe ich mich für zwei weitere Tausender einer anderen Gruppe an, die ebenfalls gerade unterwegs ist. Hier geht es etwas entspannter zu. Vielleicht wäre ich hier besser aufgehoben gewesen. Doch es ist zu spät. Ich bin total platt und komme auch bei diesem Team nicht mehr mit.

Der Blick zu meiner ersten Gruppe bringt dann aber doch Versöhnliches mit sich: Bei jedem Intervall fallen jetzt mehr Läufer ab und steigen aus. Auch sie leiden und haben sich übernommen. Und das geht so weiter. Bereits beim zehnten Lauf sind nur noch sieben Athleten im Rennen, beim zwölften nur noch fünf. Als es zu den letzten beiden Intervallen geht, ist das Feld auf zwei Läufer ausgedünnt. Und auch die quälen sich wie verrückt. Coach Gabriele läuft indes zur Höchstform auf: »Faster, faster, keep up the pace. Almost done.« Die letzte Pause ist unglaublich langsam, der letzte Tausender jedoch noch einmal irre schnell.

Geschafft. Die Athleten sind fix und fertig und Gabriele ist zufrieden. Dass ich als Erster ausgestiegen bin, das hatte ich irgendwie schon erwartet. Im Stillen hätte ich aber gehofft, länger durchzuhalten. Nun muss ich mich damit abfinden.

In der Mitte des Platzes liegen jetzt neben den Kuhfladen auch ganze Scharen erschöpfter Läufer. Viel wird nicht geredet. Alle sind einfach nur froh, dass es vorbei ist. Das gilt vor allem für mich. Was für ein Training. In unzähligen Trainingslagern auf der halben Welt war ich schon unterwegs, in Italien, Spanien, Portugal, Holland und in den USA. Mit so manchen sehr guten und erfolgreichen Läufern konnte ich mich messen, und schon oft habe ich einen Dämpfer bekommen. Aber so deutlich wie hier und heute? Das ist neu für mich und nur schwer zu akzeptieren.

Als ich mich bei Gabriele bedanke, erwähnt er nur am Rande, dass hier auf dem Kamariny-Track eine Runde nicht wie überall sonst auf der Welt 400 Meter lang ist. Nein, da waren die Briten beim Bau wohl eher wie Kenianer: *hakuna matata*, sehr zwanglos. Die Bahnen sind daher etwa 412 Meter lang geworden. Das bezieht jedoch in die Tempoangaben keiner mit ein. Unsere Tausender mit der Vorgabe von 2:45 Minuten und dem tatsächlichen Tempo von 2:40 Minuten waren also eher 1.030 Meter lang. Das klingt nach keinem großen Unterschied, summiert sich jedoch, wenn man am Anschlag ist.

In einem weiteren Nebensatz erzählt mir Gabriele nicht ganz ohne Stolz, dass sich in seiner Trainingsgruppe 10 Läufer mit Bestzeiten von unter 27 Minuten über 10.000 Meter befinden. Kurz muss ich überlegen: Hat er wirklich 27 Minuten gesagt? Ich frage nach. Und ich habe mich nicht verhört. Verdammt, vielleicht hätte ich dieses Gespräch schon vorher führen sollen. Nur zum Vergleich: Der Deutsche Rekord über 10.000 Meter liegt bei 27:21 Minuten. Wie es beim Training in dieser Gruppe abgeht, hätte ich mir dann schon vorher ausrechnen können.

So wandere ich schließlich zurück zur Unterkunft, unterhalte mich dabei mit den kenianischen Kollegen und bin immer noch einfach nur erstaunt von dem, was ich erlebt habe. Alle gehen sehr langsam. Die Augen sind müde, die Gesichter erschöpft. Auch damit bin ich nicht allein. Es ist nicht einfach, sich im Land der Wunderläufer an die Spitze zu kämpfen.

QR-Code für Internet-Film zum Bahnentraining

INTERVALL-TRAINING UND FAHRTSPIEL **TIPP**

Ob Kenianer oder Europäer: Ohne anstrengende Intervalleinheiten ist es nicht möglich, wirklich besser zu werden.

Ein gutes Training arbeitet mit dem Wechsel zwischen den Geschwindigkeiten. Präziser trainierst du, wenn du auf festen Strecken wie zum Beispiel auf der Tartan-Bahn läufst. So könnte eine Einheit zur Vorbereitung auf den 10-Kilometer-Lauf folgendermaßen aussehen: 6 mal 1.000 Meter mit je 500 Metern Regeneration im Trab oder sogar mit 3 Minuten Erholung im Stand. Auch hier gilt als Faustregel: Wenn du die letzten Läufe der Einheit mit großer Anstrengung noch schneller laufen kannst als die Läufe drei und vier, hast du das Tempo richtig gewählt. Du musst aber nicht alles geben und dich dann bei den letzten Läufen auch noch maximal verausgaben. Es genügt, wenn du noch Sprit im Tank hast und weißt, dass du theoretisch noch einmal eine Schippe drauflegen könntest.

Du läufst lieber durch die freie Natur? Als Alternative zu diesem manchmal etwas stupiden Rundendrehen auf der Bahn gibt es eine ähnliche Trainingsform im freien Gelände mit Fahrtspiel. Dabei geht es, wie der Name schon sagt, etwas lockerer und spielerischer zu. Diese Art des Ausdauertrainings ist auch etwas für den interessierten Hobbyläufer. Du passt dafür die Geschwindigkeit und die Strecke den Gegebenheiten an. Dabei solltest du zum Aufwärmen erst einmal langsam im Wohlfühltempo 15 Minuten traben. Anschließend bis zum nächsten größeren Baum, bis zur Straßenlaterne oder beim nächsten Anstieg das Tempo erhöhen. Allerdings nur so weit, dass du nach dem schnelleren Abschnitt noch mit lockerer Geschwindigkeit weiterlaufen kannst. Die Beschleunigung wiederholst du nach kurzer Erholungsphase. In der Pause solltest du locker weiterlaufen können. Wenn du auf Schritt-Tempo zurückschalten musst, war der intensive Abschnitt zu schnell.

Du läufst beispielsweise gerne eine Standardrunde, die eine Stunde dauert? Dann bietet es sich an, nach den ersten 15 Minuten die nächste halbe Stunde in mehrere flottere und langsamere Phasen zu unterteilen (etwa zehn schnelle und langsame Phasen im Wechsel). Diese können durchaus unterschiedlich lang und schnell ausfallen. Mit einem Fahrtspiel kannst du tolle Leistungssprünge erzielen — besonders, wenn du das Prinzip bisher noch nicht genutzt hast. Es bedarf jedoch eines guten Körpergefühls und einiger Übung, bis die richtige Dosierung gefunden ist.

Fahrtspiel und Intervall-Training sind Methoden, an die du dich am besten erst einmal vorsichtig herantastest. Dann stellen sich auch sicher schnell die ersten Erfolge ein.

Nur noch 35 Kilometer im Schnitt von 3:40 Min/km?

KILOMETER 13

DER LANGE DAUERLAUF

DIE KÖNIGSDISZIPLIN des Laufsports ist natürlich der Marathon. Das ist die Strecke, vor der alle den größten Respekt haben. Eine Strecke, für die du im Training und im Wettkampf unendlich viel leiden musst, die dich am Ende aber auch unglaublich stolz macht.

Für mich war es lange Zeit sehr schwer, das einzusehen. Selbst nach meinem großen Erfolg in Göteborg wurde ich mehrfach gefragt, ob ich denn auch einen Marathon schaffen würde. Erst dachte ich »Frechheit, ihr spinnt wohl. Natürlich schaffe ich das!« Dann aber musste ich natürlich ein wenig schmunzeln. Denn gepackt hätte ich die Distanz mit einem wöchentlichen Pensum von damals schon bis zu 200 Kilometern schon. Spannend wäre eher gewesen, wie schnell. Trotzdem hat mir die Frage natürlich verdeutlicht, dass ein richtiger Läufer dieses große Abenteuer mindestens einmal in Angriff genommen haben sollte. Egal wie erfolgreich du auf deiner Distanz auch bist – ohne Marathon geht es nicht. Es muss kein Lauf sein, bei dem es um Bestzeiten geht. Das ist gar nicht nötig. Die Länge der Strecke an sich stellt schon eine unheimliche Herausforderung dar und verlangt dir bereits sehr viele Opfer ab. Neben der Familie, dem Job und den sonstigen Verpflichtungen noch ein Marathontraining zu absolvieren (egal in welcher Intensität) ist immer eine verdammt harte Aufgabe. Und gerade das macht den Reiz der Strecke aus. Im gesamten Laufsport, besonders aber beim Marathon gilt: Du bekommst nichts geschenkt. Und genau darum ist der Zieleinlauf nach gut 42 Kilometern dann auch so schön.

Wer die Königsdisziplin des Laufsports in Angriff nimmt, muss lange Dauerläufe einplanen. Die Frage, die dir jeder stellt, wenn du einen Marathon laufen willst, lautet immer: »Und? Wie viele lange Läufe hast du in der Vorbereitung gemacht?« Das ist eine der großen Herausforderungen. Diese Touren nehmen sehr viel Zeit in Anspruch. Sie erfordern ein gewisses Maß an Planung und Durchhaltevermögen und sind aus meiner Sicht tatsächlich unverzichtbar, wenn du dir den großen Tag X mit den 42,195 Kilometern nicht unnötig schwer machen möchtest.

In sämtlichen europäischen Trainingsgruppen und auch mit verschiedenen Amerikanern haben wir den langen Dauerlauf stets auf den Sonntag gelegt. In Kenia geht das nicht. Zumindest in dem Teil des Landes, in dem wir immer trainiert haben, ist der christliche Glaube so weit verbreitet, dass am Sonntag meist nicht trainiert wird. Denn Laufen ist Arbeit und am Sonntag wird nicht gearbeitet. So ist das hier.

Darum haben wir mit unseren eigenen Traditionen gebrochen und uns schon am Samstag mit einer kenianischen Laufgruppe verabredet, diesmal ein wenig später. Es geht erst um 9 Uhr morgens los, sodass wir noch Zeit für ein kleines Frühstück haben. Begleitet werden wir von einem unserer Trainer auf dem Rad. Geplant ist eine Runde von etwa zwei Stunden. So etwa dreißig Kilometer sollen es werden. Wie lang wir tatsächlich unterwegs sein werden, weiß aber im Vorfeld keiner so genau. Wie gesagt werden die Entfernungsangaben eher locker gehandhabt.

Es geht wieder einmal im gemütlichen Tempo los. Wie üblich plaudern wir dabei. Denn in Kenia wird der lange Dauerlauf immer im entspannten Tempo absolviert. Entspannt heißt für uns etwa 4:20 bis 3:50 Min./km.

Auch die Kenianer unterhalten sich heute, wenngleich etwas weniger begeistert als wir. Wie immer ist Laufen für sie in erster Linie Arbeit. Nach den ersten 10 Kilometern werden aber auch wir ruhiger und schauen immer häufiger auf unsere GPS-Uhren. Verdammt, haben wir hier gerade ein Dejá-vu oder wird das Tempo schon wieder schneller? Die Uhren lügen nicht. Es wird definitiv flotter. Unaufhaltsam forciert die Gruppe das Tempo. Erst unmerklich, sodass wir es ohne die Satelliten-Kontrolle womöglich für reine Einbildung gehalten hätten. Am Ende aber atmen wir so schwer, dass sich das nur noch durch eine Formschwäche oder eine Temposteigerung erklären lässt.

Zu einer kurzen Verzögerung kommt es nur, als wir mitten in eine Kuhherde geraten, die von den minderjährigen Hirten nicht schnell genug vom Weg gelotst werden kann. Der ländliche kenianische Verkehrsstau unterscheidet sich auf malerische Art und Weise von meinem geliebten A-40-Verkehrsinfarkt zwischen Essen und Bochum. Die Blockade wird durch Rufe und einen Klaps auf den einen oder anderen Kuhhintern aufgelöst und sorgt nur für minimale Verzögerung. Läufer haben Vorfahrt.

Danach gibt die Gruppe sofort weiter Gas. Die Geschwindigkeit steigt stetig, genau wie beim kürzeren Dauerlauf. Nicht ganz so früh, denn heute fallen die ersten Mitstreiter erst bei Kilometer 20 aus der Gruppe heraus, aber genauso gnadenlos. Ruben, unsere zwei holländischen Kollegen Matthijs und Pim (die mit uns im Camp leben) und ich ziehen gemeinsam bei Kilometer 25 die Reißleine und wählen für die letzten 8 Kilometer unser eigenes Tempo. Natürlich war die Strecke wieder einmal länger als die ursprünglich angegebene Distanz.

Der Großteil der Kenianer ist nach kurzer Zeit hinter dem nächsten Hügelrücken verschwunden. Nach vorne in Laufrichtung, versteht sich. Auf und davon. Nur die Staubwolke hängt noch etwas länger in der Luft. Als wir schließlich am Zielpunkt ankommen, stehen nur wenige Athleten herum, um sich zu dehnen. Die anderen sind wohl schon aufgebrochen, um den Tank mit *Ugali* wieder aufzufüllen.

Wir halten uns auch nicht mehr lange auf, sondern joggen die letzten Meter zurück zum Hotel. Es reicht für heute. So müde, zufrieden und stolz fühlst du dich nur nach einem gelungenen langen Lauf. Auch, wenn die Kenianer wieder mal schneller waren.

Nach diesem Tag muss ich erneut meine Trainingsplanung überdenken. Tempoverschärfungen beim Dauerlauf gibt es, ebenso wie in Kenia, auch bei uns in Bochum. Auch, wenn du damit nichts gewinnst, so liegt die Tendenz wohl in der Natur vieler Läufer in aller Welt. Vom ausgedehnten »Easy Jog« kannte ich das jedoch bisher nicht.

Lange, lockere Dauerläufe sind offensichtlich total out. Zumindest hier in Kenia und ganz besonders im Spitzenbereich. Wir hatten heute

Wer im Wettkampf schnell sein will, muss im Training leiden.

einen Schnitt von etwas unter 3:50 Minuten pro Kilometer und waren mit einem Tempo von deutlich unter 3:30 Minuten pro Kilometer unterwegs, als wir uns von der Gruppe verabschiedet haben. In diesem Gelände und bei der Höhenluft ist das annähernd mit unseren Wettkampfgeschwindigkeiten zu vergleichen. Und auf dem Niveau trainieren sie hier.

Vor allem in den Top-Marathonteams wird der lange Dauerlauf immer mehr zur absoluten Kern-Trainingseinheit. Ihm messen die Läufer eine sehr starke Bedeutung bei, und entsprechend intensiv wird er absolviert. Nicht lang und langsam, sondern lang und schnell. Zumindest am Ende ist Wettkampftempo angesagt. Dafür werden in den Top-Teams jede Woche auch weniger harte Einheiten eingeplant. Im Gegensatz zum traditionellen Rhythmus mit drei Belastungen pro Woche reagieren die Sportler auf die extreme Härte dieser langen Dauerläufe, indem sie nur noch ca. 3 Mal alle zwei Wochen bis an die Grenze gehen. Wenn er über 35–40 Kilometer alles raushaut, braucht auch ein kenianischer Top-Läufer eine längere Erholungspause.

Natürlich ist alles eine Frage der Zielsetzung und der persönlichen Form. Wer den Marathon nur schaffen möchte (egal in welcher Zeit), darf den langen Dauerlauf gerne entspannter zurücklegen. Wie gesagt: Die Länge an sich ist schon eine starke Belastung, und der Lauf kann

ganz schön hart sein. Möchtest du aber in der Königsdisziplin eigene
Rekorde knacken, kann dir der lange Dauerlauf mit Steigerung dabei
helfen. Seit dieser Erfahrung in Kenia verabrede ich mich auch für den
langen Dauerlauf mit Freunden, die eher auf den 1.500 oder 5.000 Metern zu Hause sind. Ich drehe zunächst alleine eine 15-Kilometer-Runde
im relativ entspannten Tempo. Danach steigen um 10 Uhr am Treffpunkt
Kemnader Stausee meine Kollegen mit ein. Durch den gegenseitigen
Ansporn ist garantiert, dass auch die gemeinsamen 15–20 Kilometer
der zweiten Hälfte ein ordentliches Niveau haben.

Soviel zu meiner persönlichen Umsetzung der langen Einheit im
Kenia-Stil. Zu dieser Methode sei aus meiner Sicht außerdem gesagt:
Bei aller Anstrengung kann die Steigerung den langen Dauerlauf auch
mental leichter machen. Denn nach meinen Erlebnissen in Ostafrika
betrachte ich ab sofort die ersten 20 Kilometer der Einheit nur noch als
Einlaufen, und das Einlaufen ist immer eine entspannte Angelegenheit.
Zweitens sollte es bei dieser einen Trainingseinheit bleiben. Der Rest
des Tages sollte Beschäftigungen wie Schlafen und Kuchenessen vorbehalten sein. Und der schmeckt an einem solchen Nachmittag noch
tausendmal besser als sonst.

TIPP DER LANGE DAUERLAUF

Lange Dauerläufe sind vor allem bei der Marathonvorbereitung ein wesentlicher Bestandteil des Programms. Dabei reichen 15–20 Kilometer noch nicht. Es sollten schon mindestens 25–30 Kilometer sein. Von Vorteil ist es, bei entsprechender Vorbereitung auch einmal eine 35-Kilometer-Runde in den Trainingsplan einzubauen. Das wird auch in Kenia so gehandhabt.

Wenn du vor allem überhaupt erst einmal das Ziel erreichen möchtest, solltest du das Tempo der langen Dauerläufe auf moderatem Niveau halten. Es geht in dem Fall nur darum, den Körper an die Länge der Strecke zu gewöhnen.
Geht es dir aber darum, deine Zeiten in der Königsdisziplin zu verbessern, so ist ein gesteigertes Tempo auch beim langen Dauerlauf empfehlenswert. Eventuell kannst du an den langen Dauerlauf sogar noch zwei oder drei 1.000-Meter-Intervallläufe auf einer festen Strecke im Renntempo anhängen.

Die von mir beschriebenen Trainingsgeschwindigkeiten sind für einen Freizeitläufer eventuell etwas zu schnell. Deshalb möchte ich an dieser Stelle folgenden Vergleich anführen: Meine Marathonbestzeit steht bei 2:13 Stunden. Das bedeutet, dass ich bei dem persönlichen Rekord mit 3:10 Minuten pro Kilometer (etwa 19 km/h) unterwegs war. Ein Dauerlauftempo von 4:00 Minuten würde dann bei etwa 80 Prozent der Renngeschwindigkeit liegen.
Umgerechnet auf eine Bestzeit von 3:00 Stunden bedeutet das im Wettkampf Zeiten von 4:15 Min./km bzw. 14 km/h. Das 80-prozentige Tempo für den Dauerlauf läge dann bei ca. 5:20 Min./km.
Übertragen auf den Zieleinlauf in 4 Stunden wären das 5:41 Min./km im Rennen sowie 7 Min./km bei 80 Prozent, für ein Ziel von 5 Stunden 7:07 Min./km im Wettkampf sowie 9 Min./km bei 80 Prozent, was nur knapp über einem guten Schritt-Tempo liegt.

Vergleich Renntempo und Trainingstempo beim Marathon:

Marathonbestzeit in Stunden	2:13	2:30	3:00	3:30	4:00	4:30	5:00	5:30	6:00
Wettkampfgeschwindigkeit in Minuten pro Kilometer	3:10	3:33	4:16	4:59	5:41	6:24	7:07	7:49	8:32
80 % Renngeschwindigkeit (Vergleich mit Trainingsgeschwindigkeit Jan Fitschen)	4:00	4:26	5:19	6:13	7:06	8:00	8:53	9:47	10:40

Beim Durchlesen dieser Zahlen fällt auf, dass sich die Dauerlaufgeschwindigkeiten am Ende der Tabelle verdächtig dem Schritt-Tempo nähern. Hier ist es offensichtlich nicht mehr sinnvoll, bei nur 80 Prozent der Wettkampfgeschwindigkeit zu trainieren. Die Tabelle soll auch nur einen kleinen Vergleich ermöglichen und keine Trainingsempfehlung sein. Im Spitzensport sind die Tempoläufe mit hoher Belastung die entscheidenden Einheiten. Daher müssen die Dauerläufe vergleichsweise ruhig sein. Im Freizeitbereich hingegen stellen Dauerläufe die Kerneinheiten dar und sollten deshalb etwas näher an der Renngeschwindigkeit liegen. Wenn du als Hobbyläufer bei einem Ziel von 5:00 Stunden im Marathon für kurze Dauerläufe über vielleicht nur 15 Kilometer ein etwas höheres Tempo wählst als im eigentlichen Wettkampf, ist das also völlig in Ordnung.

Der lange Dauerlauf: Anfangs eine riesen Gruppe, dann nur noch einige vereinzelte Sportler mit sehr hohem Tempo.

Schulkinder in Iten:
gute Laune auch ohne Pausenbrot

KILOMETER 14

NÜCHTERNER ERFOLGSKURS

LÄUFER SIND JA in vielen Belangen auf Bestwerte aus. Aber in der Partywertung spielen die meisten Vollzeitsportler sicher nicht ganz oben mit. Was mich persönlich angeht, so belege ich den letzten Platz in der Rangliste der Partylöwen, ganz weit abgeschlagen. Dass ich einen Kater habe, passiert mir nicht so oft.

Alles, was mit Ausdauer zu tun hat, erfordert auch sehr viel Disziplin. Eine Feier mit hohem Spirituosen-Konsum und entsprechendem Schlafmangel zerstört schnell die über Wochen aufgebaute Form. In vielen Fällen verhindert ein solcher Absturz auch, dass die nächsten Trainingseinheiten so richtig rund laufen. Da machen sich die Werfer schon mal ganz gerne über uns lustig. In heißen Trainingsphasen reicht bereits ein halbes Glas Bier, damit ein Läufer deutlich zu lallen beginnt.

Gibt es in Iten überhaupt eine Kneipe oder einen Club? Keine Ahnung. Mit 230 Kilometern in den Beinen und einem festen Ziel vor Augen denke ich darüber gar nicht groß nach.

Nüchtern laufen bedeutet für mich nicht, dass ich mir mein Gläschen Whiskey zum Frühstück oder das anschließende Gurgeln mit Mundwasser verkneife. Nein. Nüchtern laufen heißt, dass ich mir das Frühstück vor dem Training schenke und nur mit einem Glas Wasser in die Einheit starte. Raus in die kenianische Wildnis, nur ich, meine Laufschuhe und mein knurrender Magen.

Auch das ist typisch kenianisch. Wie wir bei den vielen Einheiten schon leidvoll feststellen konnten, wird verdammt oft schon sehr früh trainiert. Wer also nicht um vier Uhr frühstücken möchte, um genug Zeit zwischen der Mahlzeit und dem ersten Lauf zu haben, der rennt direkt ohne etwas im Magen los. Deswegen frühstückt hier keiner vor der ersten Tour.

Auch ich passe mich notgedrungen an. Und das ist wirklich hart! Bei den ersten Versuchen eines Laufs auf nüchternen Magen in der Heimat bekam ich schon nach 10 Minuten Seitenstiche. Dabei sei erwähnt: Seitenstiche hatte ich davor das letzte Mal vor 22 Jahren. Ein austrainierter Läufer kennt solche Probleme normalerweise gar nicht mehr. Zum Glück war ich schon vor der Abreise mit dieser kenianischen Trainingsstrategie vertraut. So habe ich die ersten nüchternen Läufe ohne mein geliebtes Sportlermüsli bereits in Bochum geprobt.

Das Protokoll sieht in etwa so aus: »Versuch eins: Abbruch nach zehn Minuten. Komplettausfall. Versuch zwei: Abbruch nach 15 Minuten. Versuch 3: fast 5 Kilometer ohne Seitenstiche absolviert.« Erst nach vier Wochen hatte ich mich soweit umgestellt, dass ich auch eine Stunde oder etwas länger komplett ohne Frühstück und trotzdem entspannt durchhielt.

Das kommt mir hier in Iten zugute. Der Unterschied ist allerdings, dass sie in Kenia nüchtern nicht nur traben, sondern rennen. Das funktioniert, wenn die Nächte so wie hier in Kenia, bereits um 10 Uhr beginnen und man um 6 Uhr morgens sehr viel ausgeruhter und wacher ist als daheim. Ob nüchtern oder nicht: Wer so früh wirklich etwas leisten will, sollte mit ausreichend Schlaf im Rücken loslaufen.

Aber was bringen die Einheiten auf nüchternen Magen überhaupt? Jetzt bin ich zwar kein Sportwissenschaftler und auch kein Biologe. Meiner Meinung nach hat der Laufsport aber immer auch damit zu tun, wie effizient du mit den limitierten Energiereserven deines Körpers umgehst. Ein guter Laufstil, eine starke Lunge, gut trainierte Muskeln – all das hilft, das Optimum aus dem herauszuholen, was an Power zur Verfügung steht. Jedes Training dient in gewisser Weise dazu, den Körper ein wenig zu schwächen, um ihm damit zu zeigen, dass er auf den

Belastungsreiz reagieren muss. Findest du das richtige Maß für diese Schwächung, reagiert der Körper, indem er sich auf den nächsten Reiz besser vorbereitet. Ein gutes Training ist nach aktuellem Wissensstand eine gezielte und wohldosierte Überlastung, die eine Anpassung des Körpers nach sich zieht.

Es gibt die unterschiedlichsten Möglichkeiten, den Körper zu überlasten und ihn so zu Verbesserungen anzutreiben: Intervall- und Krafttraining, lange und kurze Läufe, ab und zu mal ein Crosstraining und vieles mehr.

Der Lauf auf nüchternen Magen ist nur ein weiteres Trainingsmittel. Dabei findet eine spezielle Reaktion auf einen Mangel in der Nährstoffversorgung statt. Wir bekommen nicht die Energie, die wir gewohnt sind. Der Magen ist leer und es kommt kein Nachschub von außen hinzu. Deshalb zapft der Organismus andere Quellen an. Speicher gibt es im Körper ja reichlich. Egal, ob wir mit 10 oder 40 Prozent Körperfettanteil herumlaufen. Wir müssen den Körper nur dazu bringen, schnell auf diese Speicher zurückzugreifen, wenn er sie braucht. Ich arbeite gern mit der Vorstellung, dass ich durch Einheiten im nüchternen Zustand die Zufahrtswege zu den Energiespeichern ausbaue. Klingt logisch, oder?

Dasselbe passiert ja auch bei einer Ausdauerbelastung wie einem Halbmarathon oder einem Marathon. Irgendwann ist das Frühstück verdaut. Selbst der beste Energie-Riegel und das klebrigste Gel kommen dann nicht schnell genug im Muskel an, um ihn mit Power zu versorgen. Dann heißt es, mit den körpereigenen Reserven arbeiten. Wenn der Organismus bis zum Wettkampf noch nicht gelernt hat, woher er diese Energie beziehen kann, ist das ungünstig. Wohl dem, der dann freien Zugang zu seinen Energiequellen hat. Trainieren lässt sich das eben durch diese Einheiten auf nüchternen Magen.

In Deutschland gibt es praktisch kein Training und keinen Wettkampf ohne gute Verpflegung.

Untersuchungen zeigen, dass die Kenianer an manchen Tagen deutlich weniger Kalorien zu sich nehmen, als sie aufgrund der Trainingsbelastung eigentlich benötigen. Wenn man sich die dürren Jungs und Mädels so ansieht, sind praktisch keine Fettpolster zu erkennen. Was aber im Umkehrschluss heißt, dass sie verdammt gut mit den geringen Reserven haushalten können, die sie haben.

Äußere Umstände verstärken diesen Effekt noch: Gerade in den ländlichen Regionen wie hier in Iten gibt es noch die Großfamilien mit sieben und mehr Kindern. Kommt dann eine Phase mit schlechteren Ernten, wollen all die hungrigen Mägen natürlich trotzdem versorgt werden – was nicht immer gelingt. Mir ist klar, dass das etwas klischeehaft klingt. Doch genau so haben meine Trainingskollegen und ich es erlebt, und genau so wurde es uns von den kenianischen Läufern dargestellt.

Jonas zum Beispiel berichtet uns, dass er noch zehn weitere Geschwister habe, denn sein Vater hätte in seinem Übermut drei Frauen geheiratet. Irgendwann sei jedoch der Hof zu klein geworden, um sie alle zu ernähren, und so habe er sich entschlossen, Profi-Läufer zu werden. Ist ja auch naheliegend. Zumindest in Kenia. Leider, so meint Jonas weiter, ist nicht immer genug Geld da, um sich ausreichend Essen zu kaufen, wie fürs Training nötig ist. »Aber so ist das eben«, meint er.

Das bringt mich zu einer kühnen Behauptung: Kann es nicht sein, dass viele der kenianischen Läufer, die unter ähnlichen Bedingungen aufwachsen, durch die immer wieder vorkommende Nahrungsknappheit einfach viel mehr an Mangelzustände gewöhnt sind? Dass sich der Organismus praktisch an die Situation anpasst? Wenn die These zutrifft, wäre es nur logisch, dass die Ostafrikaner auch die Energiekrise im Wettkampf und Training einfach besser verkraften als wir.

Denke ich an zu Hause, so fallen mir die Nachbarskinder ein, die gern draußen herumtoben. Sie sind alle sehr beweglich, und ich bin mir sicher, dass das eine oder andere sportliche Talent dabei ist. Oft darf ich mit der Stoppuhr Paulas Gartenrunden festhalten. Was ich dort aber auch beobachte: Immer sind Mama oder Papa in der Nähe und zaubern aus den Tupper-Töpfen Apfelstückchen, Gurken oder was auch immer. Alles gesunde Sachen. Worauf ich aber hinauswill: Richtigen Hunger kennt bei uns kaum jemand. Das war bei mir ja früher nicht anders. Ich war immer ein Hungerhaken und sah aus, als bekäme ich nicht genug zu essen. Doch das war nur der äußere Eindruck. In meinem Erbgut sind einfach einige schlanke Läufergene enthalten. Versorgt wurde ich immer bestens, und das ist ja auch gut so.

LÄUFE AUF NÜCHTERNEN MAGEN TIPP

Aus sportmedizinischer Sicht ist der sogenannte Nüchternlauf noch immer umstritten. Die einen halten ihn für das perfekte Mittel, um den Energiestoffwechsel zu optimieren, die anderen behaupten, dass durch den Verzicht auf Eiweiß vor dem Training die Muskulatur geschädigt werden könne. Fest steht jedoch, dass in Kenia ein Großteil der Laufeinheiten sehr zeitig und ohne ein vorhergehendes Frühstück absolviert wird.

Diese Trainingsform ist sicherlich Geschmackssache. Mir fiel es anfangs sehr schwer, den Körper darauf einzustellen und die Seitenstiche waren recht schmerzhaft. Nach nur wenigen Versuchen klappte es dann aber sehr gut. Was mir wieder einmal gezeigt hat, wie anpassungsfähig der Körper sein kann.

Mir kommt es tatsächlich so vor, als könne ich durch diese Nüchternläufe meine Energieversorgung verbessern und schließlich immer länger im höheren Tempo Kilometer abspulen – auch, wenn ich dann im Wettkampf selbst gut mit Nahrung versorgt bin. Eine Möglichkeit, diese Trainingsform noch effektiver zu gestalten, wäre, vor dem Laufen gezielt nur Eiweiß zu essen. Wenn du reines Eiweiß zu dir nehmen willst, ist die Auswahl allerdings sehr begrenzt. Ob der Magen die Nahrung verträgt, steht außerdem noch einmal auf einem ganz anderen Blatt.

Wer den Ehrgeiz hat, so wie die Kenianer schon früh morgens die Laufschuhe zu schnüren, sollte auf nüchternen Magen eher im ruhigen Tempo und nicht extrem lang laufen. Sonst wird der Organismus stärker beansprucht als beabsichtigt. Aufs Training folgt dann kein Läuferhoch, sondern die große Müdigkeit. Wenn du dich an diese Vorgaben hältst, kannst du mit dem Nüchternlauf an deiner individuellen Form arbeiten und mit Schwung in den Tag starten.

Den Mangelzustand, an den sich die kenianischen Läufer teilweise schon als Kinder gewöhnen müssen, kennen wir nicht. Kein Wunder, dass wir bei Kilometer 35 plötzlich ganz schön dumm aus der Wäsche gucken, während die Kenianer noch einmal den Turbo zünden – während wir uns fragen, wann endlich das Energiegel anschlägt.

Dieser physiologische Rückstand auf die ostafrikanischen Läufer lässt sich nicht mehr aufholen. Wir können nur versuchen, ab und zu durch einige lockere Läufe ohne Frühstück die Energieeffizienz zu verbessern. Außerdem schmeckt das Frühstück nach einem frühmorgendlichen Dauerlauf mit Vogelgezwitscher doch gleich doppelt so gut.

Eine ganz besondere Art der Trainingsmotivation. Im Unterschied zu den anderen Fotos im Buch handelt es sich hier natürlich um eine Fotomontage ...

KILOMETER 15

HASEN IN FREIER WILDBAHN

WER NACH KENIA REIST, hofft ja doch irgendwie immer auch, einmal einen Blick auf die exotische Tierwelt werfen zu können. Selbst, wenn es bei der Reise hauptsächlich ums Lauftraining geht. Apropos: Ein Dauerlauf mit Zebras, das wär's doch. Es müssen ja nicht gleich Löwen sein ... Wer weiß, wohin er fahren muss, hat tatsächlich relativ gute Chancen auf einen Dauerlauf mit Zebra. Nur in Iten wird das schwierig. Hühner, Ziegen, Kühe und Hunde sind hier fast schon die wildesten Tiere.

Mit ganz viel Glück ist ab und zu mal ein Affe in den Bäumen rund um das Kerio-View Hotel und an der berühmt-berüchtigten Moiben-Road zu sehen, wo sich die Topathleten zu sehr schnellen Tempodauerläufen treffen. Außerdem kann der Besucher auf einer großen Farm einige Giraffen erspähen, die dort umherspazieren. Die Tiere sind allerdings leider meist weit entfernt und zudem auf der Farm eingesperrt. So ist die Tierwelt, wie wir sie im Trainingscamp kennenlernen, der unsrigen doch ziemlich ähnlich. Was wir jedoch in Deutschland mehr bräuchten, das

sind die vielen Hasen. Es gibt sie hier in allen Kategorien, vom Mittel-streckler bis hin zum Marathoni.

Ich meine damit natürlich keine richtigen Hasen, sondern die Tempo-macher. Sie sorgen dafür, dass die Schlagzahl der Läufer im Wettkampf auf hohem Niveau bleibt.

Die Tempomacher kennen wir von Veranstaltungen rund um den Globus. Ohne Hasen sind praktisch keine neuen Rekorde möglich, weder bei den Bahnwettkämpfen noch auf der Straße. Auch bei großen Rad-rennen muss sich immer jemand fürs Team opfern und im Wind fahren.

Der Windschatten spielt bei uns keine so entscheidende Rolle, denn die Geschwindigkeiten sind nicht so hoch. Trotzdem ist es sehr viel einfacher, wenn man sich an einem Vorläufer orientieren kann. Viel ist dabei aus meiner Sicht Kopfsache. Ich kämpfe einfach lieber gegen einen Gegner als allein gegen die Uhr. Auch wenn ich weiß, dass mein »Kontrahent« nur ein kleines Stück mitläuft: festbeißen ist einfacher, als immer selbst das Tempo zu kontrollieren.

Lisa Hahner, Sabrina (Mocki) Mockenhaupt, Mona Stockhecke, Anna Hahner und ihr Tempomacher vor dem Start.

Ein guter Hase muss extrem gleichmäßig laufen können. Tempowechsel sind der Tod eines jeden Rekordversuches. Und er muss sehr präzise einschätzen können, wie schnell er gerade rennt. Schon zwei oder drei Sekunden Abweichung pro Kilometer können am Wettkampftag die Planung und das Training eines halben Jahres zerstören. Sicher könnte man bei großen Rennen jeden Kilometer auf die Uhr schauen und das Tempo gegebenenfalls anpassen. Doch das allein reicht eben oft nicht aus.

Läufer mit einem so hohen Niveau, dass sie in den Wettkämpfen der Herren bei Weltrekordversuchen für lange Zeit den Hasen spielen können, sind schwer zu finden. Diese Leute müssen auch selbst extrem gute Sportler sein. Entsprechend gut werden diese Pacemaker meist bezahlt.

In Kenia gibt es so eine Vielzahl an erstklassigen Sportlern, dass in den großen Teams fast immer ein Top-Läufer dabei ist, der die Aufgabe des Tempomachers auch im Training übernimmt. Was für ein Luxus. Wenn du

TIPP HASEN FÜR ALLE

Warum sollte man als Freizeitläufer nicht ebenfalls einen Freund oder Laufkollegen fragen, ob er im Training oder Wettkampf helfen kann, wenn es hart wird? Es muss ja nicht immer ein Rekordversuch sein. Jeder von uns hat seine ganz individuellen Ziele, die mit Hilfe von außen oft sehr viel leichter und schneller erreichbar sind.

Beim ersten längeren Lauf oder Marathon jemanden zu haben, der einen bremst, wenn man zu schnell wird, ist Gold wert. Genauso wie ein Läufer, der dich mitreißt, wenn du einen Motivationsschub brauchst.

Das gemeinsame Laufen solltest du vor dem Wettkampf unbedingt vorher zusammen üben. Es ist nicht so einfach, wie es aussieht. Beim Laufstil und in anderen Bereichen muss eine gewisse Harmonie herrschen. Wenn es dann aber mal rollt, ist der Effekt überwältigend. Besonders mental. Am besten ist es natürlich, wenn der Tempomacher auch noch über mehr Erfahrung und Leistungsvermögen verfügt als du selbst. Dann kann er dich sogar im Wettkampf noch coachen.

Bei größeren Wettkämpfen stellen die Veranstalter auch zunehmend für die Teilnehmer außerhalb der Elite Hasen beziehungsweise Brems- und Zugläufer für verschiedene Tempobereiche an den Start – meist jedoch erst bei Läufen ab der Halbmarathon-Distanz. Die Hasen laufen dann die gesamte Distanz mit einem großen Luftballon über dem Kopf mit, auf dem die angestrebte Zielzeit steht. Wer also den Marathon unter fünf Stunden schaffen will, muss sich dann nur den Läufer mit dem 5:00-Stunden-Ballon aussuchen und ihm immer schön hinterherrennen. Eine praktische Sache, die sonst nur den Elite-Läufern vorbehalten ist. Ob der 5:00-Stunden-Hase das Tempo punktgenau trifft, ist natürlich nicht hundertprozentig garantiert. Da hilft nach wie vor nur die Kontrolle mit der eigenen Uhr. Allerdings fällt die Verständigung mit einem deutschen 5:00-Stunden-Pacemaker meist etwas einfacher als die mit einem kenianischen Hasen. Der hat nämlich meistens kein Verständnis dafür, dass er unbedingt zwei Sekunden pro Kilometer langsamer laufen soll, wo er selbst doch gerade so schön im Tritt ist.

dich in den harten Einheiten an jemanden dranhängst, kannst du meist schneller und ausdauernder rennen, als es alleine möglich wäre.

Wir versuchen natürlich in der Heimat auch, uns beim Tempomachen abzuwechseln. Hätten wir jedoch einen Mann, der das permanent für alle machen könnte, wäre das wirklich spitze.

In Iten wird uns dieser Wunsch erfüllt. Es finden sich ja lauter Jungs, bei denen wir gerne mittrainieren dürfen und bei denen wir uns auch im Windschatten »ausruhen« können. Nur müssen wir dafür hierzulande natürlich oft das eigene Programm anpassen.

Auch die deutschen Topläuferinnen, die in Iten trainieren, tun sich oft zusammen und haben bei den harten Einheiten einen Hasen dabei. Anna und Lisa Hahner zum Beispiel trainieren in Kenia schon länger zusammen mit Sabrina Mockenhaupt. Unsere deutschen Top-Mädels im Marathonbereich sind ein gutes Team. Sie haben heute für den langen Dauerlauf, der richtig knackig werden soll, einen kenianischen Pacemaker engagiert. Auch die drei fitten Mädels schielen neugierig darauf, was die besten Kenianerinnen machen. Edna Kiplagat etwa ist mehrfache Weltmeisterin mit einem Marathonrekord von 2:19 Stunden. Sie startet zeitgleich mit unseren deutschen Top-Läuferinnen auf der Moiben-Road. Sie hat jedoch nicht etwa einen Tempomacher dabei, den sie sich eventuell sogar noch mit anderen Athletinnen teilen muss. Nein, sie wird von gleich vier männlichen Pacemakern unterstützt.

Was für ein Luxus und was für ein professionelles Umfeld.

Das mit den vielen Hasen wird natürlich auch in Kenia nur in Ausnahmefällen so gehandhabt. Doch es zeigt uns, was wir im Training noch verbessern können – und dass in Kenia manche Dinge sogar deutlich besser organisiert sind als bei uns zu Hause.

Verletzt am Rande der Bahn: mit wehmütigem Blick auf die leichtfüßigen Kameraden

KILOMETER 16

VERLETZUNGSPAUSE

HEUTE BEGINNT DER TAG sehr zäh. Schon bei den ersten Schritten die Treppe hinab merke ich, wie die Achillessehne zieht und schmerzt. So ein Mist, das kann ich jetzt gar nicht gebrauchen. Nun gilt es wie so oft abzuwägen, ob ein weiteres Lauftraining sinnvoll ist oder nicht. Ich kann nicht wegen jedem kleinen Wehwehchen aufs Training zu verzichten. Aber alles, was sich durchs Laufen verschlimmert, muss sehr aufmerksam beobachtet werden. Heute Nachmittag habe ich einen Physiotherapie-Termin. Das gibt etwas Sicherheit. Doch was mache ich jetzt am Morgen?

Es fällt mir wirklich schwer, vernünftig zu sein und das Lauftraining ausfallen zu lassen. Besonders, weil ich so hoch gesteckte Ziele habe.

Eine Stunde später sitze ich auf einem klapprigen Heimtrainer. Die Vernunft hat gesiegt. Ich winke meinen Freunden Ruben, Matthijs und Paul zu, die sich zum Lauftraining aufmachen und hoffe inständig, dass es sich bei meinen Schmerzen nicht um etwas Ernstes handelt. Wie gemein: Da hat man das Läuferparadies direkt vor der Haustür und strampelt stattdessen im Kraftraum auf dem Trainingsrad. Leider ist jetzt erst mal Crosstraining angesagt.

Gut, es ist schließlich nicht das erste Mal, dass ich eine kleinere oder größere Verletzung habe. Der Laufsport ist eigentlich eine der gesündesten Disziplinen überhaupt. Er stärkt das Herz-Kreislauf-System, ist gut für die Ausdauer und für die allgemeine Fitness. Jeder, der dabei einen sportlichen Ehrgeiz entwickelt, kommt aber leider früher oder später einmal an einen Punkt, wo der Körper eine Auszeit braucht. Die deutlichen Signale dafür können leichte Erkältungen, aber eben auch ausgewachsene Verletzungen sein. Überlastungserscheinungen lassen sich nie ganz vermeiden und je mehr du trainierst, desto größer ist das Risiko. In meiner Krankenakte finden sich eine Plantarsehnenentzündung, eine Knochenhautreizung, ein Muskelbündelriss und vieles mehr. Im Großen und Ganzen habe ich aber noch sehr viel Glück gehabt. Die meisten leistungsorientierten Sportler können ihrer Leidenschaft nicht so lange nachgehen wie ich, weil sie vorher durch gesundheitliche Probleme ausgebremst werden. Zum Erfolg gehören eben nicht nur angeborene Ausdauer oder Schnelligkeit. Auch die Belastbarkeit und gute Regenerationsfähigkeit sind enorm wichtig. Ich habe schon mit vielen extrem willensstarken Athleten trainiert, die noch dazu einen perfekten Laufstil und eine sehr hohe Grundschnelligkeit hatten. Doch das nützt alles nichts, wenn einen immer wieder das Verletzungspech einholt, sobald die Wettkämpfe mehr und die Trainingseinheiten härter werden.

Was tun wir nicht alles, um Verletzungen vorzubeugen? Dehnen, Krafttraining, Rumpf-Stabilisationsübungen, Physiotherapie und so weiter. Während ich so auf dem Rad vor mich hintrete, denke ich darüber nach, was eigentlich die Kenianer in puncto Verletzungsprävention so machen. Dehnen zum Beispiel? Ja, doch. Wenn ich sie morgens nach dem 6-Uhr-Dauerlauf an den Straßenrändern stehen sehe, dehnen sie sich doch ganz ordentlich. Meist in Form von Beweglichkeitsübungen, indem sie beispielsweise auf einem Bein stehend das andere Bein mit Schwung nach vorne und hinten schleudern. Ein bisschen so, wie die Fußballer bei uns vor 30 Jahren. Schön wippen, schön bewegen, nichts Statisches. Aber wird in den Camps dann am Ende der Einheiten noch jedes Mal eine Stunde weiter gedehnt, wie es so mancher Physiotherapeut empfiehlt? Nein, ganz bestimmt nicht. Vielleicht wären die Kenianer mit einem ordentlichen Gymnastikprogramm ja sogar noch besser. Ich kann immer wieder nur zuschauen und staunen.

Sehr ausgeprägt ist bei den hiesigen Sportlern allerdings das Körpergefühl. Das trägt definitiv dazu bei, dass sie vielleicht etwas weniger Verletzungssorgen haben als unsereins. Rechtzeitig eine Pause machen, bevor der Körper sie sich mit Hilfe einer Verletzung nimmt, das ist die große Kunst. Oder um es in der kenianischen Amtssprache zu sagen: »*If you feel good, you run fast, if you feel bad, you don't run.*« Das musst du aber erst einmal lernen, wenn du im deutschsprachigen Kulturraum aufwächst. Ein Grund, warum wir unsere körperlichen Grenzen nicht besonders gut einschätzen können, ist meiner Meinung nach wieder die Art und Weise, wie wir aufwachsen. Wenn ich da beispielsweise an meine Zeit als Zivildienstleistender im Sportverein zurückdenke, werden mir die kulturellen Unterschiede erst so richtig bewusst. Was habe ich mich immer über die Eltern aufgeregt, die beim Kinderturnen wie die Glucken auf der Bank saßen, um den eigenen Nachwuchs zu überwachen: »Huch, komm mal schnell her, du hast ja schon einen ganz roten Kopf, du musst dringend eine Pause machen und ganz schnell etwas trinken.« Liebe Eltern: Eure Kinder kippen nicht gleich reihenweise aus den Latschen, wenn ihr nicht eure schützenden Hände über sie haltet. Sicher werden sie in einer Stunde Kinderturnen auch nicht verdursten, zumal sie ja genau wissen, wo die Trinkflasche steht oder sich notfalls der Wasserhahn befindet … Wer als Kind ständig bemuttert wird, kann gar keine richtige Fähigkeit zur Selbsteinschätzung entwickeln. Es ist doch so: Wenn Kinder ihren Spaß haben, vertragen sie sehr viel mehr, als wir glauben. Sind sie k. o., machen sie von ganz alleine eine Pause.

Jeder Läufer sollte seinen Körper so gut kennen, dass er merkt, wann eine Erholungsphase angebracht ist. Je mehr du deinen Körper belasten kannst, bevor er eine Auszeit braucht, desto besser ist das natürlich für dich, und umso härter kannst du trainieren. Damit sind wir schon mittendrin in der Diskussion, die ich in Iten mit den italienischen Erfolgstrainern Gabriele Nicola und Renato Canova geführt habe. Gut, eigentlich war es keine Diskussion, sondern eher jeweils ein Monolog der beiden. Ich habe beide getrennt voneinander zu den Geheimnissen ihrer Athleten befragt. Sie wiesen dabei immer wieder auf die Resistenz ihrer Schützlinge gegen Müdigkeit (»*No fatigue, no fatigue.*«) und deren generelle Belastbarkeit hin. Durch die viele Bewegung und die langen Gehstrecken – ob als Kind zur Schule oder als Erwachsener zum Einkaufen und Wasserholen – sei der Körper auf Ausdauerbelastungen gut vorbereitet. Auch die Feldarbeit spiele eine Rolle, so meinten die beiden. Insgesamt seien so die Voraussetzungen für harte körperliche Anstrengung viel besser als bei Europäern.

Das würde bedeuten, dass die Kenianer tatsächlich nicht so schnell körperlich erschöpft und somit auch weniger verletzungsanfällig sind als zum Beispiel die deutschen Athleten – oder allgemein wir Läufer aus den Industrienationen. Vieles an der Art, wie wir aufwachsen und leben, macht uns offensichtlich »weich«. Ich bin da keine Ausnahme – wenngleich mein Körper die Beanspruchung des Leistungssports nun schon seit über 20 Jahren mitmacht. Pausen aufgrund kleiner Zipperlein, Blessuren oder Erkältungen gehören immer dazu. Doch insgesamt habe ich anscheinend gut und richtig trainiert und viel Glück gehabt. Das läuft bei vielen Sportlern anders. In meiner Wattenscheider Trainingsgruppe mussten 99 Prozent der ehemaligen Teamkollegen und Freunde inzwischen das Handtuch werfen, weil eben irgendwann die Verletzungen überhandgenommen haben.

Auch in Kenia gibt es natürlich trotzdem Verletzungsausfälle. Vor zehn bis zwanzig Jahren kam das sogar noch deutlich häufiger vor als heute. Immer wieder gab es die neuen Wunderläufer, die knallhart trainierten, gigantische Rennen ablieferten, damit ganz schnell bei ganz vielen Wettkämpfen gutes Geld verdienten und noch viel schneller mental und körperlich komplett ausgebrannt wieder von der Bildfläche verschwanden. Das hat sich heute durch deutlich besser strukturiertes Training und eine bessere Betreuung in den Camps enorm gebessert. Die Physiotherapie und neueste Erkenntnisse der Trainingswissenschaft haben mittlerweile auch in Kenia Einzug gehalten. Es geht nicht mehr nur ums schnelle Geld, sondern um längerfristige Planung und Belastungen, die der Körper gut verträgt.

Nachdem ich bereits eine gute halbe Stunde so vor mich hingeradelt bin und über die Belastbarkeit der Kenianer philosophiert habe, kommt unser kenianischer Freund Paul in den Kraftraum geschlurft. Zunächst freue ich mich, denn mit Unterhaltung fällt das sonst so langweilige Radfahren auf dem Ergometer deutlich leichter. Doch dann wird mir schnell klar, dass auch bei ihm etwas nicht stimmt. Paul müsste eigentlich noch eine gute Stunde beim Lauftraining sein. Daher wische ich mein Selbstmitleid zur Seite und frage, ob alles in Ordnung sei. Wie sich herausstellt, hat Paul ebenfalls seine Probleme. Das Knie schmerzt. Genau wie bei vielen der deutschen Läufer. Paul ist ähnlich niedergeschlagen wie ich es gerade bin. Auf meine Frage, ob er so etwas häufiger habe sagt er: Na klar, alle in seiner Trainingsgruppe hätten hier und da ihre Beschwerden. Das sei doch normal bei den harten Einheiten und hohen Umfängen. Ich horche auf. Das ist ja nun doch etwas, worüber man hier nicht so oft spricht. Ob das denn allen in der Spitze laufenden Athleten genauso gehe, möchte ich von Paul wissen. »Aber sicher, denn die trainieren ja noch härter«, lautet seine Antwort. »Das fällt nur nicht auf, weil es bei uns so viele Top-Athleten gibt. Fällt einer aus, rücken zehn nach.«

Viele der kenianischen Top-Läufer können ihre Körper im Vergleich zu uns wesentlich größeren Belastungen aussetzen, ohne Verletzungen zu riskieren. Ihr Körpergefühl und die Widerstandskraft gegen Ermüdungs-erscheinungen sind dafür die ausschlaggebenden Faktoren. Wenn aber in Kenia jemand Verletzungsprobleme hat, wird er einfach ersetzt. Das mag

VERLETZUNGSPRÄVENTION UND -BEHANDLUNG TIPP

Verletzungen gehören leider zum Sport dazu. Es trifft jeden Läufer hart, wenn ihn seine Beschwerden am Training hindern. Du musst nicht wegen jedem kleinen Problem sofort zum Arzt rennen und auf das Laufen verzichten. Manche Beschwer-den, die vom Laufen herrühren, gehen tatsächlich durchs Laufen auch wieder weg. Nur genau beobachten solltest du die Beschwerden, um zu verhindern, dass sie richtig schlimm werden und dann einen langen Ausfall verursachen.

Eine allererste Maßnahme bei sich anbahnenden Beschwerden ist stets, das Schuhwerk zu prüfen. Ungeeignete oder abgetragene Laufschuhe sind eine häu-fige Verletzungsursache. Eine Beratung im Fachgeschäft schafft Abhilfe. In vielen Fällen hilft das Abreiben mit Eis. Bei entzündlichen Veränderungen bringen auch über Nacht angelegte Quarkwickel etwas. Es muss nicht immer die Tablette sein, die leider oft nur das Schmerzempfinden verringert. Durch dieses medikamentöse Unterdrücken der Schmerzen besteht die Gefahr, dass du das Problem ignorierst und es durch weiteres Training noch verstärkst. Schmerzen sind immer auch ein Warnsignal, das es richtig zu deuten gilt.

Wenn sich der Zustand trotz allem verschlechtert, sind wie bereits erwähnt ein guter Sportarzt und ein Sportphysiotherapeut wirklich Gold wert. Um kompetente Leute zu finden, helfen Gespräche mit den Laufkollegen, die du vom Training und Wettkampf her kennst.

Ganz besonders gilt es, sich in Verletzungsphasen nicht entmutigen zu lassen. Mit etwas Ausdauer lassen sich fast alle Probleme beheben. Dass du in den Zwangspausen schlecht gelaunt bist, ist verständlich. Sport ist eben Leidenschaft. Jede Verletzung hat jedoch auch etwas Gutes: Steckst du nämlich nach überstan-denen Schwierigkeiten im Motivationstief, musst du nur an die Zeit zurückdenken, in der du unbedingt laufen wolltest, es aber nicht konntest. Dann kannst du dich freuen, dass du wieder gesund bist und drauflosrennen darfst. Mit diesem posi-tiven Gedanken wirst du auch beim übelsten Regenwetter gerne die Laufschuhe schnüren und draußen gut gelaunt durch die Pfützen springen.

für unsere europäischen Ohren unfair und ungewohnt klingen. Hat bei uns einer der wenigen bekannten Sportler eine Verletzung, hinterlässt er eine große Lücke. Dadurch entsteht der Eindruck, die deutschen Spitzensportler würden oft zu hart trainieren. Dabei trifft das Verletzungspech alle Läufer vom Hobbysportler bis zum Profi. Auch die Kenianer bleiben nicht davon verschont. So oder so: Paul und ich haben heute keine andere Wahl, als Ruhe zu bewahren und uns langsam wieder heranzutasten. Das ist nicht leicht, aber wer diese Geduld nicht mitbringt, kann auch nicht erfolgreich sein – weder in Kenia noch in Europa.

Wenns nicht läuft einfach mal nicht laufen: Tom Gröschl, mehrfacher Deutscher Marathonmeister, auf dem Rad-Ergo im Kerio View Hotel Iten.

Die »Black Mambas«: auf dem Weg zur Tour de France? -

KILOMETER 17

FATA MORGANA

DER GESTRIGE TAG mit dem Radfahren und der Behandlung bei Physiotherapeut Jeroen am Nachmittag hat mir so gut getan, dass die Sehne heute früh schon nicht mehr schmerzt. Ich habe alles richtig gemacht und rechtzeitig die Notbremse gezogen. Jetzt kann ich die Bremse langsam mit viel Gefühl wieder lösen und dann neu durchstarten. Ruben, Sebastian und ich sind mittlerweile in Woche 3 des Trainingslagers angelangt, und die Wochentage beginnen immer mehr zu verschwimmen. Jeden Tag Training, jeden Tag Maisfelder. Ein Laufcamp kann trotz aller neuen Entdeckungen auch sehr monoton werden. Nach einiger Recherchearbeit stellt sich schließlich heraus, dass heute Mittwoch sein müsste. Dieser Mittwoch unterscheidet sich von den vergangenen dadurch, dass es deutlich wärmer ist als sonst. Da wir uns erst um 10 Uhr zum Training mit Paul verabredet haben, beschließen wir, etwas langsamer zu laufen. Außerdem schützen wir uns mit Laufkappe, Sonnencreme (Lichtschutzfaktor 30) und dünnen langärmligen Shirts gegen die Sonne. Besonders die Kappe ist für mich nach meinem Glatzen-Experiment (siehe Kilometer 37: Glatzenschneider) zum ständigen Begleiter geworden, denn so schnell wächst mein Haupthaar nicht nach.

Hitze in Afrika. Sofort erscheinen vor dem geistigen Auge die Bilder der sich mühsam durch die unendliche Weite der Sandwüste schleppenden Abenteurer, die fast am Ende ihrer Kräfte sind und hoffen, hinter der nächsten Düne eine Stadt oder das Meer zu erblicken. Zugegeben: Diese Bilder stammen aus Filmen oder Asterix- und Tim-und-Struppi-Comics.

Ganz so schlimm wie die in der Wüste gestrandeten Comic-Helden sind wir nicht beieinander, als wir über die staubtrockenen Wege laufen. Die Maisfelder sind auch noch nicht komplett verdorrt. Trotzdem merken wir die ungewohnt hohen Temperaturen und sind erstaunlich wortkarg. Wir laufen vor uns hin, bergauf und bergab, immer weiter, in den Trott versunken, bei dem sich der Kopf leert, bis du an nichts mehr denkst.

Dann werden wir aber durch eine unglaubliche Erscheinung aus dem Rhythmus gerissen. Zunächst traue ich meinen Augen nicht und muss meine Kollegen fragen, ob sie dort am Horizont dasselbe sehen wie ich. Dem Wanderer in der Wüste erscheint ja in der Stunde der höchsten Not gern einmal eine Fata Morgana, die ihm das Bild einer rettenden Oase oder einer vorbeiziehenden Karawane vorgaukelt. Auch vor uns taucht auf einmal ein seltsames Trugbild auf: Vor uns in der Ferne läuft offensichtlich jemand Schlittschuh!

Hitzestich im Maisfeld? — unterwegs mit Sebastian Hallmann und Paul Muigai Thuo

Wir schütteln uns kurz. Ein Schlittschuhfahrer hier in der Hitze Kenias? Mitten auf den Äckern? Und doch: Die gleitenden, fließenden Bewegungen lassen keinen anderen Schluss zu. Die Gestalt ist selbst für einen kenianischen Läufer zu schnell. Sie drückt sich mit jedem Gleitschritt ein wenig nach vorn ab. Ein Radfahrer kann es nicht sein, denn unsere Fata Morgana sitzt nicht, sondern bewegt sich aufrecht fort.

Vorsichtig laufen wir weiter. Solche Luftspiegelungen haben schon manchen in die Irre und ins Verderben geführt. Da heißt es, sich dem Phänomen mit der gebotenen Sorgfalt zu nähern. Wir sehen, dass unsere Staubpiste in 50 Metern Entfernung die einzige Teerstraße Itens kreuzt. Und genau auf der nähert sich in einem Affenzahn unser Schlittschuhläufer. Er hat sich noch immer nicht in Luft aufgelöst. Stattdessen werden die Konturen immer schärfer. Als wir die Teerstraße erreichen, ist er plötzlich da und auf dem Asphalt schon wieder an uns vorbeigerast. Das war tatsächlich ein Kenianer, kein Zweifel. Die gleiche Statur wie ein Läufer, der gleiche Stil, der gleiche Teint. Gelaufen ist er aber nicht, und auch nicht Schlittschuh gefahren. Der Sportler ist gerade auf Inlineskates an uns vorbeigerauscht. Inlineskater in Kenia sind neben Schlittschuhläufern so ziemlich das Letzte, was wir hier erwartet hätten.

Ich denke an den gestrigen Tag zurück, wo ich verletzt und frustriert war. Alle mir bekannten Spitzenläufer versuchen, besonders in längeren Phasen ohne Lauftraining, sich ihre Form zu erhalten. Dafür nutzen sie Alternativtraining wie Schwimmen, Aquajoggen, Radfahren oder eben auch Inlineskaten. Meine Erfahrungen mit diesen anderen Formen des Ausdauertrainings sind sehr positiv. Nach vielen Verletzungen haben mir die alternativen Trainingsmethoden geholfen, schnell wieder erfolgreich ins Wettkampfgeschehen einzusteigen.

Während der Skater in der Ferne verschwindet, frage ich mich, ob die Kenianer das mit dem Alternativtraining bei Verletzungen genauso machen wie wir. War unsere Fata Morgana wegen einer Achillessehnenentzündung auf den Skates unterwegs? Steigen Kenianer bei Knieschmerzen zum Aquajoggen ins Wasserloch? Oder wird man dort von den Krokodilen gefressen? Viel haben wir zu diesem Thema bisher nicht gehört. Schwimmbecken sind hier auf jeden Fall eher selten.

Nur auf Radfahrer treffen wir in Iten ab und zu. Allerdings sind das meist keine Läufer beim Rehaprogramm, sondern Mitglieder der Black Mambas, des hiesigen Rennradteams! Diese Radfahrer sind keine Fata Morgana, und einige der Teammitglieder haben durchaus Tour-de-France-Niveau.

TIPP ALTERNATIVTRAINING

Auch wenn es in Kenia nicht besonders weit verbreitet ist, so bin ich doch ein großer Fan des alternativen Ausdauertrainings. Nicht wegen des Spaßfaktors. Was mich persönlich angeht, so würde ich am liebsten das ganze Leben lang nur laufen. Das Alternativtraining hilft vielmehr auf lange Sicht, Verletzungen zu vermeiden und tatsächlich schneller zu werden.

Das Radfahren, Schwimmen oder auch der Ski-Langlauf sind nicht nur bei Verletzungen wichtig. Sie können generell dazu beitragen, die Ausdauer zu steigern. Dabei kommt es nicht darauf an, ein genaues Programm zu planen. Die Belastung sollte nur lang genug sein. Ich rechne die Trainingseffekte folgendermaßen um: 5 Minuten Schwimmen entsprechen ebenso wie 10 Minuten Radfahren auf der Straße etwa einem Kilometer Laufen. Beim Radfahren auf dem Trainingsrad oder beim Spinning gibt es nicht so viele Ruhephasen wie beim Radeln im Freien. Daher lässt sich damit meiner Meinung nach schon nach etwa 6 Minuten eine ähnliche Ausdauerwirkung erzielen wie mit einem Laufkilometer. Beim Ski-Langlauf sind wiederum 10 Minuten Training mit der Anstrengung eines Laufkilometers gleichzusetzen. Natürlich sind dies alles sehr grobe Angaben, die nur zur Orientierung dienen sollen. Die individuelle Technik in der alternativen Sportart spielt dabei auch eine große Rolle.

Am meisten Überwindung kostet einen Läufer gewöhnlich das Aquajoggen. Doch ist das auch die effektivste Trainingsalternative für uns. Ein Schaumstoffgürtel sorgt dafür, dass du im Schwimmbad im tiefen Becken gerade so mit dem Kopf aus dem Wasser schaust. Dadurch wird ein Schwebezustand ohne Bodenkontakt erreicht. Dann beginnst du, genau wie draußen auf der Piste zu laufen. Wichtig ist, die Arme mitzunehmen, die Beine weit nach vorne zu führen und gut nach hinten durchzuziehen. Durch den Wasserdruck läuft alles in Zeitlupe ab. Die Bewegung ist extrem verlangsamt. Auch der Puls ist in etwa fünfzehn Schläge niedriger als beim Laufen auf gewohntem Terrain. Möchtest du eine höhere Herz-Kreislauf-Belastung erzielen, so empfiehlt sich als Technik das Knieheben mit hoher Frequenz. Für einen höheren Kraftausdauer-Anteil hingegen ist es ratsam, extrem lange, raumgreifende Schritte auszuführen. So kommt der Wasserwiderstand stärker zum Tragen. Im Wasser lassen sich sehr gut bekannte Trainingsformen simulieren: vom schnellen und langsamen Dauerlauf übers Fahrtspiel bis hin zum Intervalltraining.

Genauere Tipps und Videos zur Technik des Aquajoggens findest du im Internet unter dem Stichwort Aquajogging oder auch »deep water running«.

Auf den letzten Metern unseres Fata-Morgana-Dauerlaufs klärt uns Paul schließlich auf, der ebenfalls wieder fit ist: Nein, der Inline-Skater sei sicher nicht beim Rehatraining beschäftigt gewesen. Er sei vermutlich einer der Kandidaten, die vor einiger Zeit von einem deutschen Fernsehsender zum Eisschnelllaufen gebracht werden sollten. Das Projekt, meint Paul, sei zwar inzwischen wieder ad acta gelegt worden. Aber der Spaß an dieser exotischen Bewegungsform sei dem Mann offensichtlich geblieben. Und was die Läufer angeht: Die legen bei Verletzungen ganz einfach Pausen ein. Dann ergänzt Paul lächelnd: »*Kenyan runners don't swim, cycle or skate, Kenyan runners run!*«

Ja, es ist sonnig. Ja, es ist staubig: Da sieht man schon mal seltsame Dinge…

So sehen Sieger aus: Kipchoge nach seinem Weltrekordlauf 2013 in Berlin

KILOMETER 18

DER PLAN DES CHAMPIONS

KURZER AUSFLUG in die Zukunft und zum Update dieses Buches: Wir sind im Jahr 2021 angekommen. Auch nach meiner Zeit als Leistungssportler reise ich noch regelmäßig nach Kenia. Jetzt als Trainer für interessierte Freizeitläufer. Eine Lauferlebnisreise, zu der sich jeder anmelden kann. Zehn Kilometer am Stück solltest du schaffen, aber ein Profi musst du nicht sein. Auf jeder dieser Touren sammeln wir neue Erfahrungen, dringen tiefer in die Geheimnisse der Wunderläufer vor und kommen mit neuen Eindrücken und auch mit neuen Bildern zurück. Einige davon könnt ihr in dieser Auflage schon bewundern.

Und auch wenn sich vieles nicht geändert hat, seit ich hier in Iten selbst Vollgas gegeben habe, so gibt es doch auch Neues: Viele der Staubpisten sind mittlerweile asphaltiert und es gibt noch mehr Unterkünfte für Freizeitläufer aus aller Welt.

Und: Der Marathon wurde in unter 2 Stunden gelaufen! Nicht in einem offiziellen Rennen mit echten Gegnern, sondern bei der Ineos 1:59 Challenge. Dies war eine perfekte

Veranstaltung, bei der sich die Tempomacher des einzigen Hauptdarstellers abwechseln durften und nicht von Anfang an mitrennen mussten. Auch daher wird die Zeit von 1:59:40 h, die der Kenianer Eliud Kipchoge dort erzielte, nicht als Weltrekord anerkannt.

Mit 2:01:39 h, erzielt 2018 in Berlin, hält Kipchoge aber auch den offiziellen Weltrekord und ist außerdem Olympiasieger und vieles mehr.

Seit wir 2007 bei der Weltmeisterschaft in Osaka gemeinsam über 5.000 Meter gestartet sind (ich flog im Vorlauf knapp raus, er kam in dem gleichen Vorlauf locker weiter und wurde später Vize-Weltmeister), hat er sich zum größten und erfolgreichsten Läufer aller Zeiten entwickelt.

Kipchoge lebt und läuft ebenfalls in der Nähe von Iten und sein Training unterscheidet sich nicht extrem von dem der vielen anderen Athleten dort. Über sein Training 2017, das sich seitdem nicht maßgeblich verändert haben dürfte, wurde auf der Website SweatElite.co ausführlich berichtet und ich möchte euch hier einige Auszüge daraus vorstellen. Achtung: Die nun folgenden Abschnitte sind, wie man so schön sagt, absolutes Läufer-Nerd-Terrain und sehr zahlenlastig.

Die Autoren der Website, von der ich meine Informationen hier beziehe, haben 2017 selbst viel Zeit in dem Camp von Kipchoge verbracht und auch daher können ihre Beschreibungen als sehr glaubwürdig angesehen werden. Allerdings bewahre ich mir persönlich bei Details immer gerne eine gesunde Skepsis.

EINE TRAININGSWOCHE IN MEINER MARATHONVORBEREITUNG INFO

Eliud Kipchoge wird vom ehemaligen Weltklasse Hindernisläufer Patrick Sang trainiert (u. a. 1x Olympiasilber und 2x WM Silber) und wie schon in Kapitel 8 als typisch für kenianische Läufer beschrieben, so macht auch Eliud mit seinem Team ebenfalls 3 harte Kerntrainingseinheiten pro Woche. Diese werden durch viele, vergleichsweise lockere Dauerläufe ergänzt.

Den Plan findest du hier. Sieh ihn dir in Ruhe an und mach dir ein Bild davon, bevor du weiterliest. Ich möchte ihn nämlich gleich noch für euch erläutern und nach meinem Ermessen analysieren.

TE	Vormittags	Nachmittags
Montag / 01	Lockerer bis mittlerer Dauerlauf, 16-21 km	Lockerer Dauerlauf, 8-12 km
Dienstag / 02	Vormittags Bahntraining. Abwechselnd alle 2 Wochen je 1x längere Intervalle (z. B. 15x1 km in 2:50- 2:55 min/km mit je 90s Pause) und 1x kürzere Intervalle (z. B. 20x400 m in 64-65 s mit 50 s Pause)	12 km lockerer Dauerlauf bei 4:20.
Mittwoch / 03	Lockerer bis Mittlerer Dauerlauf, 16-21 km	Lockerer Dauerlauf, 8-12 km
Donnerstag / 04	Vormittags: Langer Dauerlauf. Abwechselnd eine Woche 30 (Tempo 3:15 min/km) und in der nächsten Woche 40 Kilometer (Tempo 3:20 min/km)	9 km bei 4:20. Anschließend 8 x Koordination (Lauf-ABC), jeweils 30 Meter. Dann 3 Steigerungsläufe und abschließend 10 x 200 m in 32 Sek. mit 200 m Geh-Pause.
Freitag / 05	Lockerer bis Mittlerer Dauerlauf, 16-21 km	Lockerer Dauerlauf, 8-12 km
Samstag / 06	Fahrtspiel abwechselnd je Woche in verschiedenen Ausführungen. Am häufigsten werden dabei 4x10min flott mit 2 min ruhiger, 13x3min flott mit 1min ruhiger oder auch 25x1min flott mit 1min ruhiger gemacht. Jeweils natürlich nur eine dieser Varianten.	Je nach Gefühl weitere 8-12 km locker
Sonntag / 07	Lockerer bis Mittlerer Dauerlauf, 18-22 km	NM: 15 km bei 4:23, sehr hügelig. Puls 125, Wochenumfang: 223 km + umgerechnet 10 km Alternativtraining (Rad-Ergo).

Für Kipchoge und Team stehen am Montag also zwei entspannte Dauerläufe an. Einer vielleicht ein wenig flotter. Der erste wie üblich morgens um kurz nach 6 Uhr. Entspannt heißt bei Kipchoge etwa 3:45 min/km. Das klingt immer noch sehr schnell, gerade wenn man die Höhenlage, das Geländeprofil und die Summe der Einheiten seines Training betrachtet. Setzt man diese Pace jedoch ins Verhältnis zu seinem Marathonrenntempo, so sieht das ganz anders aus: Bei seinem 1:59 h -Marathon lief Kipchoge etwa 2:51 min/km. Sein Dauerlauftempo ist also fast eine Minute pro Kilometer langsamer! Rechnet dies gerne einmal für euer eigenes Tempo aus. 1 min/km langsamer als Marathon-Renntempo...

Noch sehr viel deutlicher wird der Unterschied, wenn man sieht, dass die 3:45 min/km beim Dauerlauf nur etwa 76 % von Kipchoges Renngeschwindigkeit sind.

Ein Vergleich mit uns: Ein Freizeitläufer mit einer Marathonbestzeit von 3 h (etwa 4:15 min/km) würde analog bei 76 % seiner Race-Pace mit 5:36 min/km laufen. Der lockere 76 %- Dauerlauf wäre also natürlich nicht nur eine Minute pro Kilometer langsamer, so wie es bei Kipchoge der Fall ist, sondern deutlich ruhiger.
Natürlich wird der Unterschied zwischen Wettkampf und 76 %- Dauerlauf größer, je langsamer das Renntempo wird.

Weitere Beispiele:
- Marathonbestzeit 4 h (Tempo 5:41 min/km) - 76 % -Dauerlauf wäre 7:28 min/km
- Marathonbestzeit 5 h (Tempo 7:12 min/km) – 76 % Dauerlauf wäre 9:28 min/km

Alles klar, oder war das jetzt sehr verwirrend? Ich habe eine Weile gebraucht um alles umzurechnen und festgestellt, dass auch meine lockeren Dauerläufe verglichen mit meiner Marathonbestzeit-Geschwindigkeit von 3:10 min/km viel zu schnell sind. Wenn man sie mit Eliud vergleicht. Allerdings sei nochmal gesagt: Die Gesamtbelastung bei Kipchoge ist sehr hoch, das Terrain sehr schwierig, die Höhenluft krass und meiner Erfahrung nach werden viele Dauerläufe gesteigert gelaufen, was hier nicht explizit erwähnt wird und genaue Tempoangaben und Vergleiche zusätzlich erschwert.

Der Dienstag ist wie bei meinem Aha-Erlebnis auch bei Kipchoge für Bahntraining reserviert. Hier finden sich lange Intervalle wie 1000 m Distanzen, die etwa im Renntempo gelaufen werden, aber auch kürzere Läufe wie 400 m Läufe, die dann entsprechend schneller absolviert werden. Kurze Pausen von etwa 90 Sekunden oder weniger sind die Regel.

Achtung: auch Kipchoge trainiert nicht auf einer Tartanbahn sondern auf einer 400 m - Staubpiste. Wir haben ihn schon 2014 bei einem solchen Training beobachten dürfen, als zwischendurch noch ein Esel über den Platz rannte.

Der Nachmittag ist dienstags in der Regel frei.
Am Mittwoch sind erneut 2 Dauerläufe angesagt. Nicht spektakulär schnell, nicht spektakulär weit. Ein Erholungstag.
Kommen wir jetzt zum Donnerstag, so sehen wir, dass hier das weit verbreitete Schema aufgebrochen und der Samstag mit dem Donnerstag getauscht wird. Bei Kipchoge daher: Donnerstag Long Run und erst am Samstag Fahrtspiel.

Und dieser lange Dauerlauf hat es in sich: Kipchoge macht abwechselnd eine Woche einen 30 und in der nächsten Woche sogar einen 40 km Dauerlauf. Dabei werden die 30er nicht selten in 3:15 min/km, die 40er in 3:20 min/km absolviert. Ja, auch diese Dauerläufe müssen in Relation zu seiner Renngeschwindigkeit gesehen werden, aber dennoch: Fast alle 2 Wochen einen Trainingsmarathon in 2:20 h?! Und das auf 2.400 m Höhe auf welligen Staubpisten?! Beeindruckend ist noch stark untertrieben.

Oftmals werden diese langen Dauerläufe wie bereits beschrieben gesteigert gelaufen. Start um kurz nach 6 Uhr früh mit einem ersten Kilometer in 5:00 min/km und ab dem 3. Kilometer sind dann alle aufgewärmt und es geht ab.

Auch nach dieser sehr harten Einheit wird am Nachmittag nicht trainiert. Am Freitag, dem nächsten Erholungstag, kommen wie üblich 2 lockere Dauerläufe. Einer zwischen 16 und 21 km lang, der andere etwa 8-12 km.

Der Samstag steht dann für das Fahrtspiel zur Verfügung: Hier werden im Gelände, abschnittsweise aber auch auf der Straße, beispielsweise 6 mal 8 Minuten flott mit je 2 min ruhiger gemacht, oder auch die berühmten Minutenläufe, also abwechselnd eine Minute schnell und eine sehr schnell. Dies dann mit 15-30 Wiederholungen. Trotz des wie immer sehr anspruchsvollen Geländes werden die flotten Teilabschnitte wieder in etwa in Wettkampftempo oder knapp schneller gelaufen.

Selten wird der Samstagnachmittag noch durch einen weiteren lockeren Dauerlauf ergänzt. Je nach Gefühl.

Sonntags führt das Team von SweatElite einen weiteren Dauerlauf von etwa 18-22 km an, was meinen Beobachtungen vom trainingsfreien Kirchentag widerspricht. Sie schreiben aber auch, dass sich dies seit 2017 gerüchteweise geändert hat und der Sonntag mittlerweile zumindest ab und zu auch als kompletter Ruhetag genutzt wird.

Rechne ich die Umfänge zusammen, so komme ich auf etwa 180 Kilometer pro Woche. Etwas mehr, als SweatElite angibt. Ich rechne auch Ein- und Auslaufen, sowie Trabpausen bei Intervallen in den Wochenumfang mit ein. Das macht nicht jeder und eventuell ergibt sich daher der Unterschied.

Außerdem fällt mir auf, dass nirgends von Kraft- oder Koordinationstraining die Rede ist. In Videos, die man z. B. auf Instagram findet, sind Kipchoge und das NN Running Team jedoch regelmäßig bei den typischen Stabilisierungs- und Kräftigungsübungen zu sehen. Teilweise auch mit kleinen Gewichten. Lauf-ABC und Ähnliches konnte ich dort noch nicht entdecken.

Interessant ist es immer, solch einen Plan anzusehen und zu schauen, wo die Unterschiede und Gemeinsamkeiten mit dem eigenen Lauftraining liegen. Na klar: Geschwindigkeiten und Umfänge sind hier gewaltig. Die

Grundstruktur jedoch, mit ruhigen Dauerläufen, vielleicht ab und zu mit Intervallen, Fahrtspiel und Langem Dauerlauf, die kommt uns doch sehr bekannt vor. Ganz egal, ob wir entspannte Freizeit- oder ambitionierte Wettkampfläufer sind. Und das ist doch eine feine Sache.

ELIUD KIPCHOGE TRAININGSWOCHE VOM 22.9.2014 BIS ZUM 27.9.2014 (MARATHON-BESTZEIT: 2:03:23)

MONDAY
1. 6.30 am – 18 km fast under 3.30 pace. Evening 40 minutes easy.

TUESDAY
1. 9 am track session 10*1000 under 2.50.

WEDNESDAY
1. 6.00 am 1 hr 10 min easy almost 16 km.
2. Afternoon gym

THURSDAY
1. 9 am Seed work fadlek of 2min fast 1 min easy 20 times.
2. Evening around 4.30 pm 50 minutes easy.

FRIDAY
1. 1 easy 4.00 pace per km.
2. Afternoon exercises. in gym.

SATURDAY
1. 35 km long run starting 6am.time of 1hr 54minutes.

SUNDAY
   REST AND GOING CHURCH.

Eliud Kipchoge und sein Coach
Patrick Sang nach seinem Sieg
in Weltrekordzeit (2:01:39 h)
beim Berlin Marathon 2018

So trainiert der größte
Läufer aller Zeiten:
Eliud Kipchoge

©Eckhard Pecher

Im Vorlauf des 5.000 Meter-Rennens der WM 2007 in Osaka bin ich gegen Eliud Kipchoge, hier an Position 3, gelaufen. Zwischenzeitlich war ich in Führung, im Ziel dann leider nicht mehr.

DAS LEBEN IM LÄUFER-LAND

KILOMETER 19

DAS LEBEN EINES LÄUFERS

DER KURZE AUSFLUG in die Zukunft
und zu dem Training von Eliud Kipchoge ist
vorbei und wir sind wieder im Hier und Jetzt
angelangt: Im Trainingslager in Iten und ja,
ich bin fit, jung und auf der Jagd nach Rekorden. Nach dem morgendlichen Dauerlauf
fragen Ruben und ich Jacob, einen unserer
kenianischen Kollegen, ob er uns nicht in die
Geheimnisse der *Ugali*-Zubereitung einwei-
sen möchte. Wir sind neugierig und wollen
genau wissen, wie denn der typische Läufer
hierzulande seinen magischen Maisstampf
herstellt. Vielleicht läuft das ja anders ab als
in der Küche unseres Camps? Welche Rituale gehören dazu? Kommen nicht doch
noch andere Kräuter mit in die Mischung?
Welche mystischen Worte rezitiert unser
Jacob dabei? In welche Richtung muss er
den Rührlöffel drehen, aus welchem Holz
muss er bestehen?
Wir verabreden uns mit Jacob wie sonst
beim Dauerlauf am Ende der Teerstraße. In
das Durcheinander aus den kleinen Hütten
und Häuschen trauen wir uns alleine noch
nicht hinein. So sind wir froh, dass wir auf
bekanntem Terrain abgeholt werden. Jacob

wohnt, wie so viele hier, in einem der kleinen Gebäudekomplexe. Die Läufer, die nicht auf den Farmen der direkten Umgebung aufgewachsen sind oder für ein Leben mit den Großfamilien auf dem Dorf zu alt sind, leben oft hier in Iten in einem dieser Gebäude. Ein kleiner Innenhof, der natürlich nicht gepflastert oder geteert ist, wird zu zwei Seiten von Ein-Zimmer-Apartments gesäumt. Der ganze Komplex ist einstöckig und der Begriff Ein-Zimmer-Apartment wörtlich gemeint. Keine Küche, kein Bad, nur ein einzelner Raum. An beiden Seiten des Gebäudes gibt es jeweils acht Türen. Die Schuhe vor den Apartments lassen darauf schließen, dass zumindest 14 der Wohnungen von Läufern bewohnt werden. Das WC ist ein kleines Häuschen mit Loch im Boden in einer abgelegenen Ecke des Innenhofes, und die Dusche besteht aus einem Wassertank auf einer Seite des Komplexes.

Jacobs Wohnung ist sehr schlicht eingerichtet. In dem etwa 10 Quadratmeter kleinen Raum stehen nur ein Bett und eine kleine Kommode. Das ist schon fast das ganze Mobiliar. Die Deckenbeleuchtung besteht aus einer Glühbirne, die jedoch nicht per Schalter, sondern durch Einschrauben der Birne angeschaltet wird. Man weiß sich hier zu helfen.

Auf der Kommode liegen drei Bücher: ein Laufbuch, ein Trainingstagebuch und eine Bibel. Das Laufbuch stammt vom amerikanischen Läuferpapst Jack Daniels. Der Legende mit dem originellen Namen bin ich in Arizona sogar einmal persönlich begegnet. Direkt daneben sehe ich Jacobs Trainingsbuch. Ich bin begeistert, mit welcher Sorgfalt er hier notiert, wie er in den nächsten Wochen und Monaten trainieren möchte, und was er bereits umsetzen konnte. Das ist kein planloses In-den-Tag-Hineinlaufen. Er arbeitet hier in seinem bescheidenen Zimmer sehr methodisch und setzt dabei das Wissen amerikanischer Erfolgstrainer um. Wochenumfang, Geschwindigkeiten (zumindest vermutete) und alles Weitere notiert er sich hier so präzise wie möglich.

Und die Bibel? Die findet sich bei uns ja eher selten an einer so exponierten Stelle, doch bei Jacob ist der Glaube eine sehr wichtige Stütze des Lebens. Auch er gehört zu den Athleten, die sonntags nicht trainieren, sondern zur Kirche gehen. Schon diese Bücherauswahl beeindruckt mich ungemein. Sie sagt unendlich viel über Jacobs Leben und seine Ziele aus. Wir haben ja absichtlich nicht irgendeinen Top-Läufer besucht. Unser Jacob ist vielmehr einer von den unzähligen typischen Athleten hier oben in Iten.

Wir scannen den Raum nach der Küche ab. Schließlich wollen wir *Ugali* kochen. »Die Küche? Die ist doch hier!«, meint Jacob. Unsere Blicke schweifen umher, auf der Suche nach einem Kühlschrank oder wenigstens einem Herd. Doch da können wir lange suchen. Der Herd besteht nämlich aus einer Art Campingkocher, der mit Holzkohle betrieben wird. Einen Kühlschrank gibt es nicht.

In einem kleinen Regal finden sich zwei Töpfe und ein Rührlöffel. Das Wasser kommt nicht aus dem Wasserhahn (hier gibt es keinen Wasseranschluss), sondern aus einem Kanister.

Es geht los: Kohle anzünden, Wasser in den Topf und erst einmal warten. Das gibt uns Zeit zum Plaudern. Über das Laufen und über das Leben eines Läufers in Kenia. Jacob ist 28 Jahre alt. Die drei Medaillen an der Wand (s. Bild nächste Seite) zeugen von seinen größten Rennen. Vor drei Jahren war er in Europa, um in Italien und Spanien jeweils einen Marathon zu bestreiten. Bestzeit 2:18 Stunden. Wir werden stutzig. 2:18 Stunden? Das reicht selbst in Deutschland noch lange nicht, um als Profi-Läufer zu überleben. Wie soll das bei all der Konkurrenz in Kenia funktionieren? Jacob erzählt, dass er einfach nicht viel zum Leben brauche. Er zahlt 1.200 Kenia-Schilling Miete, umgerechnet etwa zehn Euro. Aber nicht etwa pro Tag, nein, pro Monat. Zeitweise teilt er sich das Zimmer noch mit einem Trainingskollegen. Das spart weitere Kosten. Für Strom kann auch nicht viel anfallen und das Essen ... Nun ja, wenn nicht gerade so hungrige Freunde wie wir vorbeikommen, reichen zwei Kilo Maismehl, um das *Ugali* für eine ganze Woche zu kochen. Und diese zwei Kilogramm kosten etwa 80 Cent. Dazu gibt es dann *sochaa*, ein weiteres spinatähnliches Gemüse aus der *Sukuma-wiki*-Familie. Das Gericht ist angeblich sehr eisenhaltig und wird auch als Medizin eingesetzt. Wir merken einmal mehr, dass die Kenianer nicht nur auf allen Laufstrecken die besten, sondern generell Weltklasse darin sind, aus allem das Beste zu machen. Wenn es ständig nur *Ugali* gibt, wird es kurzerhand einfach zur Leibspeise erklärt, und das einfache *sochaa* wird ebenfalls zur Wunderwaffe deklariert.

Das Wasser kocht. Aus einem Plastik-Topf rührt unser Gastgeber das Maismehl ein. Nach Gefühl – der Handgriff sitzt. Per Augenmaß prüft er die Konsistenz. Noch etwas mehr Mais, okay, passt, kurz aufkochen, weiter umrühren und fertig. Salz? Nein, kein Salz. Pfeffer? Kommt auch nicht mit in den Topf. Es gibt keine geheime Gewürzmischung, auch bei Jacob nicht. Schade, das hätte uns die Suche nach den Geheimnissen der Wunderläufer erleichtert. Das *Ugali* darf am Boden des Topfes leicht anbraten. Die Kruste wird dann später wie Brot gegessen.

Wir bekommen nach einer kurzen Abkühlphase unser weiches *Ugali* vorgesetzt. Zunächst werden in einer Schüssel die Hände gewaschen, dann darf jeder seinen Klumpen mit den Fingern essen. Auch bei Jacob ist das *Ugali* geschmacksneutral. Er hat jedoch in weiser Voraussicht noch etwas *sochaa* vom Vortag aufgehoben, und das schmeckt wirklich super. Hier sind auch einige Gewürze mit im Spiel, und das Gemüse selbst hat einen viel intensiveren Geschmack als unsere heimische Gewächshauskost. Jacob bohrt in den *Ugali*-Klumpen ein kleines Loch, in das er dann das *sochaa* füllt. Beides zusammen ist durchaus schmackhaft und auf jeden Fall verdammt gesund. Ein wenig können wir uns schon vorstellen, dass dieses Essen auch schnelle Beine macht. Weder das *sochaa* noch das *Ugali* werden mit Öl oder Fett zubereitet. Genau so, wie wir es auch schon im Camp beobachtet hatten.

Zu unserem Leidwesen gibt es auch keinen Nachtisch. Wir haben es schon geahnt: Ein Dessert ist nicht drin. Eigentlich eine praktische Sache, denn wenn ich keine Schokolade im Haus habe, kann ich auch

Eine typische Läuferwohnung. So leben viele der Athleten in der zweiten Reihe.

Ganz genau hinsehen: So geht das mit dem Ugali-Kochen.

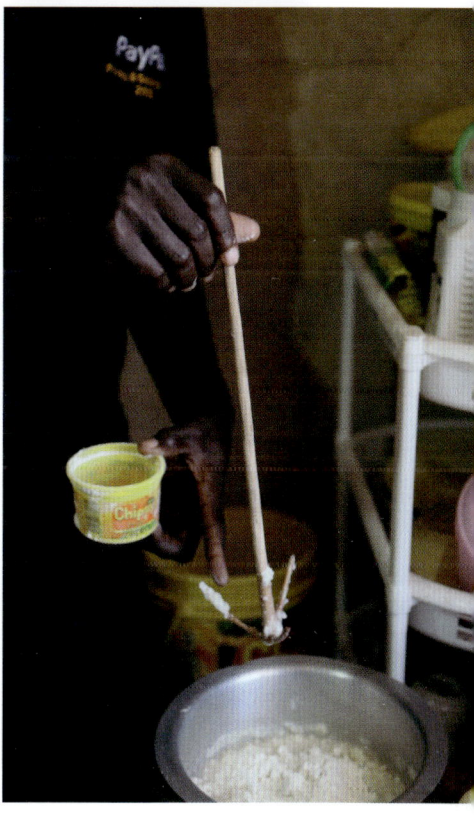

Es wird ... rechtsrum gerührt ...

gut darauf verzichten. Liegt jedoch etwas im Schrank, so ist
die Halbwertszeit extrem kurz.
Vermutlich wäre das bei Jacob
genauso, doch die Versuchung
gibt es hier schlichtweg nicht.

Viel mehr als das Essen an sich
faszinieren uns bei Jacob jedoch
seine Lebensumstände. Das
Geld zum Leben verdient er innerhalb weniger Monate, indem
er auf der Farm seiner Eltern hilft, die 80 Kilometer entfernt liegt. Dort
erledigt er zusätzlich kleinere Nebenjobs und kommt dann möglichst
schnell wieder zurück nach Iten, beladen mit Töpfen voller *Ugali*-Mehl
vom Feld seiner Familie. Aus unserer Sicht vielleicht ein etwas planloses
Leben, denn den großen Durchbruch als Profi-Läufer wird Jacob in Kenia
wohl nicht schaffen. Aber er liebt und lebt seinen Sport und zieht sein
Ding voll durch. Das beeindruckt.

Beim Abwasch brauchen wir nicht zu helfen, denn ohne Besteck und mit
nur einem Topf ist der ohnehin schnell erledigt. Wie praktisch. So bleibt
mehr Zeit zum Trainieren und Schlafen. Das Leben des kenianischen
Läufers ist, so scheint es, in allen Details für den Sport optimiert. Teils
gewollt, teils, weil es nicht anders geht. Diese Erkenntnis gewinnen wir
bei unserem Besuch. Die Vorstellung gefällt uns. Ob wir dieses Prinzip
jedoch nachahmen können oder wollen, da sind wir uns nicht sicher.

Anstelle eines Tipps möchte ich euch an dieser Stelle über
den QR-Code auf meine Homepage einladen. Dort findet ihr
einen kleinen Filmausschnitt, der unsere Recherche- und
Kochaktion bei Jacob zeigt.

So läuft es weiter:

Einige Jahre später, ich bin mittlerweile vom Hochleistungssport zu-
rückgetreten, komme ich als Coach und Reiseleiter wieder nach Iten.
Jacob, mit dem ich über die Jahre immer wieder per Facebook in Kontakt
stand, lädt ein paar meiner Reiseteilnehmer und mich zum gemeinsamen Dauerlauf und anschließend zu sich nach Hause ein. Beide sind
wir ein wenig älter und auch ein wenig schwerer geworden, aber Jacob
versucht gerade nach einer Verletzung wieder den Anschluss zu finden.

Wie ist es ihm in den letzten Jahren ergangen?

Der ganz große sportliche Durchbruch ist ausgeblieben. Dennoch hat
er es zu gewissem Wohlstand gebracht, wie er uns stolz erzählt. Die vor
seinem immer noch sehr bescheidenen Zimmer grasenden Schafe gehören ihm und auch ein Stück Land habe er sich gekauft. Dort werde er für
sich und seine Familie demnächst ein Haus bauen und Gemüse pflanzen.
Derzeit sei seine Frau, ebenfalls eine Läuferin, jedoch noch in den USA,
um mit Laufen und einem Job in einer Tankstelle Geld zu verdienen.
Die Großeltern passen momentan auf den Nachwuchs auf. Auch nicht
einfach für alle.

Ein sehr eindrucksvoller und unglaublich schöner Besuch für meine
Laufcamp-Teilnehmer und mich.

Und als Jacob sich schließlich lachend in meinem Kenia-Buch entdeckt,
dass ich ihm mitgebracht habe, da freuen wir uns alle über die verbin-
dende Wirkung des Sports.

Jahre nach unserem ersten Treffen sehen wir uns in Iten wieder und Jacob freut sich über sein Kenia-Buch.

Coach Gabriele gibt die letzten Anweisungen.
Trainiert wird mit System.

KILOMETER 20

DIE TRAINERFRAGE

DER BESUCH BEI JACOB gestern war ein besonderes Highlight. Wir fühlten uns sehr willkommen. Es war alles total unkompliziert und locker.

Jacob hat uns für viele weitere Besonderheiten hier im Wunderläuferland die Augen geöffnet. Alleine schon das Buch von Jack Daniels und die Tatsache, wie akribisch Jacob sein Trainingsprotokoll führt, geben uns tiefe Einblicke in das Leben und den Alltag kenianischer Profiläufer.

In den großen Gruppen, die sich an den verschiedenen Ecken treffen und dann gemeinsam aufbrechen, findet sich auch immer ein Athlet, der so etwas wie die Rolle des Trainers übernimmt. Ob die Führungsläufer in diese Rolle geschlüpft sind, weil sie schlichtweg die Besten sind und sich damit den Respekt der anderen verdient haben, ob sie einfach über viel eigene Trainingserfahrung verfügen oder sich die Fachkompetenz angelesen haben, ist dabei eigentlich egal. Fest steht: Es gibt meistens einen Coach. Da nicht nur verdammt viele aktuelle, sondern noch viel mehr ehemalige Champions aus Kenia kommen, gibt nicht selten ein Weltmeister in der Gruppe die Marschroute vor.

Manche der Athleten wie der aktuelle Weltrekordhalter im Marathon, Wilson Kipsang, trainieren sich auch selbst und lassen sich nur von Trainern beraten. Andere vertrauen voll auf die Vorgaben eines Coaches. Neben den vielen einheimischen Trainern sind aber auch zahlreiche *Muzungu*-Trainer vor Ort. Und einer dieser *muzungus*, Brother Colm O'Connel, brachte vor einigen Jahren in Kenia den Stein ins Rollen.

Heute treffen wir uns zunächst mit Gabriele Nicola. Der italienische Coach, mit dessen Gruppe ich meine leicht verunglückten Tempoläufe auf der Bahn absolvierte, ist einer der Trainer von außerhalb. Er wohnt seit vielen Jahren hier in Iten, lebt mit einigen seiner Athleten in einem Camp und tourt mit diesen dann zu den großen Wettkämpfen in der ganzen Welt. Seine Jungs und Mädels haben unzählige Medaillen bei internationalen Großereignissen abgeräumt und sind bei allen großen Stadtmarathons in den Siegerlisten vertreten. Sich mit ihm über Trainingsphilosophie zu unterhalten ist eine spannende Sache. Nur, als ich auf die Idee komme, mein Training hier in Iten auf meiner Homepage zu dokumentieren, muss er über einige meiner Einheiten ein wenig schmunzeln. Denn anscheinend widerspricht einiges, insbesondere die Intensität einiger Einheiten, seiner Trainingsmethodik deutlich. Aber gut. So komme ich wenigstens dazu, mit ihm einige Sachen durchzusprechen. Und komme dabei auch an neues Input für meine Läufe.

Auch Renato Canova, mit dem ich mich bereits über die Sinnhaftigkeit des Laufens auf der Straße unterhalten habe, ist eine absolute Größe unter den Langstreckentrainern. Bevor es ihn nach Kenia zog, betreute er die italienische Marathon-Nationalmannschaft. Neben Wilson Kipsang hat er noch Hunderte andere kenianische Läufer an die Weltspitze geführt. Als Nationalmannschaftstrainer von Katar coachte er zwischenzeitlich die dort eingebürgerten Kenianer. Mittlerweile hat er schon wieder eine neue Aufgabe und berät die Läuferinnen des chinesischen Teams. Renato Canova weiß sehr viel über das Laufen. Nur werde ich bei ihm ziemlich in die Rolle des stillen Zuhörers gedrängt. In dem Fall geht das aber in Ordnung. Denn hier bin ich mit meiner Erfahrung und allem, was ich zu meinen Erfolgen zähle, im Vergleich eine recht kleine Nummer.

Aus Renato Canovas Worten sprudeln pure Begeisterung und Leidenschaft. Und das, obwohl er doch schon so lange in dieser Sportart unterwegs ist. Er macht kein Geheimnis aus seinen Trainingsmethoden, ich darf ihn alles fragen. Auch das hilft mir sehr bei meiner Suche nach dem kenianischen Erfolgsrezept.

Ruben und ich sitzen nach einem weiteren langen Trainingstag und den Gesprächen mit Gabriele Nicola und Renato Canova mittlerweile beim Abendessen im Hotel. Nach den ersten Tagen, die wir im Camp von Lornah Kiplagat verbracht haben, sind wir schließlich umgezogen. Wir wollten noch mal etwas anderes sehen. So wohnen wir schon seit einigen Tagen im Kerio-View, der Unterkunft mit dem besten Essen und dem schönsten Ausblick in Iten, wenn nicht in ganz Kenia. Es ist fantastisch hier, denn Iten liegt ja genau am Rande des Kerio-Valley. Vom Kerio-View aus haben wir den Ausblick aufs Tal. Es geht steil nach unten und beim Frühstück blicken wir im Morgendunst über die kleinen Höfe und Felder in der Tiefe unter uns. Wir hören die Hähne krähen und sehen die Rauchschwaden von den Kochstellen aufsteigen. Bei guter Sicht ist in der Ferne der Mount Kenya zu erkennen. Neben den Läufern finden sich hier in dieser Unterkunft auch immer wieder Gleitschirmflieger ein, die die gute Thermik nutzen, um einen Langstrecken-Rekordflug nach dem nächsten aufzustellen.

Gruppenbild mit der 2:19-Marathonläuferin Edna Kiplagat und Gabriele Nicola, ihrem Coach

TIPP TRAINERSUCHE

Besonders für den unerfahrenen Sportler sind die Ratschläge eines Trainers sehr hilfreich. Es ist ein großer Vorteil, wenn dir ein Experte zur Seite steht. Ein Coach sollte Erfahrung haben, sich in dich hineinversetzen können, geduldig sein und wissen, zu welchem Zeitpunkt welche Belastung die richtige ist. Er muss erkennen, wann Pausen angebracht sind, und wann sein Schützling Zuspruch braucht.

Auch der Laufstil und andere Aspekte lassen sich besser optimieren, wenn dich jemand mit einem guten Blick fürs Wesentliche von außen betrachtet und entsprechend korrigiert.

Das Laufen ist im Prinzip ein sehr einfacher Sport. Doch mit einem Trainer oder Berater kann es noch mehr Spaß machen und schneller vorangehen. Die Rolle des Trainers kann, wenn es sich anbietet, auch ein Freund oder Trainingspartner übernehmen.

Mittlerweile bietet der Buchhandel eine große Auswahl teils sehr guter Fachliteratur rund ums Thema Laufen. Auch im Internet finden sich einige Portale, auf denen du dir einen individuellen Trainingsplan erstellen lassen kannst. Das Angebot ist eine gute Hilfe, kann aber die persönliche Beratung eines guten Trainers nicht ersetzen.

Beim Abendessen gelten unsere neugierigen Blicke jedoch nicht der Landschaft, sondern einigen weiteren Gästen, die sich an der Balustrade des Restaurants ihr Essen schmecken lassen. Mo Farah, den Olympiasieger über 5.000 und 10.000 Meter erkennen wir sofort. Auch David Rudisha, der 800-Meter-Weltrekordhalter, ist aufgrund seiner Größe kaum zu übersehen. Der ältere Herr, der daneben sitzt, ist das nicht … Ja, genau, die Trainerlegende schlechthin: Brother Colm O'Connell. Wow, es gibt ihn wirklich. Vor Colm O'Connel möchten wir als Läufer am liebsten ehrfürchtig auf die Knie fallen.

1976 tauchte der irische Missionar Brother Colm O'Connell für einen dreimonatigen Aufenthalt in Iten auf, um Erdkunde zu unterrichten. Von da an ging es im kenianischen Laufsport so richtig ab. Es gab schon vorher vereinzelt gute kenianische Athleten, doch für die aktuelle Übermacht auf den Mittel- und Langstrecken ist zu einem großen Teil dieser Mann verantwortlich.

Jetzt sollte man meinen, dass damals mit Brother Colm O'Connell jemand mit viel Erfahrung und großem Wissen auf dem Gebiet des Laufsports das Ruder in die Hand nahm. Aber dem ist nicht so. Brother Colm war kein Coach, hatte bis dato keine Athleten trainiert und war auch selbst keine große Sportskanone. Er übernahm das bestehende Läuferteam seines Vorgängers und bewies einfach ein extrem geschicktes Händchen im Umgang mit den einheimischen Talenten.

Die Trainer, die wir in Iten treffen, stellen nur eine Auswahl der vielen, hochqualifizierten Experten dar, die hier die Läufer betreuen. Es gibt zahlreiche Camps mit exzellenten, erfahrenen Coaches. Die Vorstellung von der planlos vor sich hin trainierenden Masse ist insgesamt gesehen schlichtweg falsch. Bei wenigen Läufern in Kenia ist das noch so, doch meistens gilt: Die besten Läufer der Welt werden auch von einigen der besten Trainer der Welt gecoacht.

uch der Coach von Brigid Kosgei, ic Kimaiyo, macht klare Ansagen.

KILOMETER 21

BESUCH BEIM PHYSIO

MITTLERWEILE SIND WIR fast zwei Wochen in der kenianischen Höhenluft unterwegs. Kilometer um Kilometer haben wir zurückgelegt, und wir vertragen die Belastungen immer besser. Trotzdem setzt langsam die Trainingsmüdigkeit ein. Die Beine fühlen sich ziemlich schwer an. Da hilft alles nichts: Ich muss zum Physio – schon wieder. Bei der letzten kurzen Laufpause, die ich mit Alternativtraining überbrückte, hat mir die Massage bei Physiotherapeut Jeroen schon sehr gut getan. Daher wende ich mich wieder an ihn.

Eine gute Sportmassage hat oft nichts mit den Streicheleinheiten einer normalen Massage zu tun. Wellness fühlt sich anders an. So manches Mal habe ich auf der Liege mehr Schmerzen als beim Training selbst. Auch wenn ich meine, es sei doch alles in Ordnung, findet der Physio tausend Stellen, an denen es etwas zu kneten, zu ziehen und zu drücken gibt. Der beherzte Griff des Masseurs kann richtig schön wehtun.

Trotzdem: Ein guter Physiotherapeut ist unersetzlich. Wie oft hat mich mein Wattenscheider Physio Morus Scholl wieder fit gemacht, wenn ich im Training übertrieben hatte oder mich mit sonstigen Wehwehchen herumquälte. Viele meiner Medaillen gehen zu einem großen Teil auf sein Konto. Ins Trainingslager kann er mich aber leider nicht begleiten. Da haben wir ganz einfach das Problem, dass er auch in Wattenscheid gebraucht wird. Außerdem verdiene ich mit dem Laufen nicht genug Geld, um ein eigenes Hilfsteam zu unterhalten. So kommt es oft genug vor, dass ich bei Problemen unterwegs das Training herunterfahren oder sogar frühzeitig abreisen muss.

Auch in Kenia wusste ich nicht, was mir bevorstand und wie ich mit etwaigen Zipperlein umgehen würde. Aber wie so oft lassen sich unter Sportlern die wichtigen Dinge rasch regeln. Die anderen Leute vor Ort wissen natürlich, wer einen so richtig in die Mangel nehmen kann.

Schon vor einigen Tagen, in der ersten Woche des Trainingslagers, lag ich bei Jeroen Deen auf der Pritsche. Der Niederländer war seinerzeit auch selbst ein guter Hindernisläufer und kam dann irgendwann nach

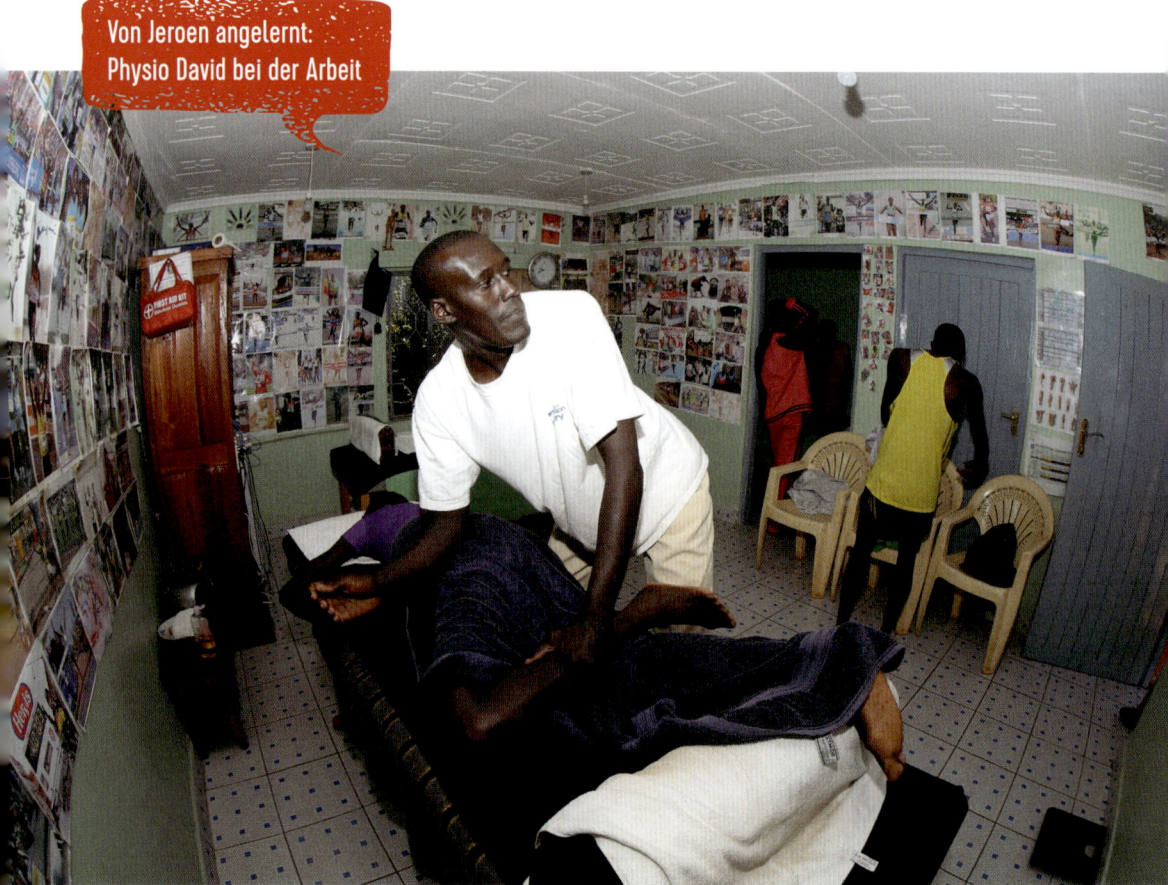

Von Jeroen angelernt: Physio David bei der Arbeit

Iten, um dort die Athleten zu behandeln. Er arbeitet mittlerweile bei einem der Top-Laufteams und behandelt im Camp dieser Spitzenläufer nicht nur die Team-Athleten, sondern auch externe Sportler. Durch die Termine bei Jeroen hatte ich die Gelegenheit, ein echtes Läufercamp von innen zu sehen.

Bei meinem ersten Besuch hier bei der kenianischen Elite wurde mir jedoch zunächst einmal übel, als ich durch die Tür des Behandlungsraumes schaute. Der Anblick der Verrenkungen und Dehnübungen, die Jeroen seinem aktuellen Patienten zumutete, war nichts für schwache Nerven. Es war höchst erstaunlich, dass weder die Knochen krachten noch die Muskeln und Sehnen rissen. Sind kenianische Körper auch bei der Physiotherapie belastbarer als unsere? Wollte ich das wirklich herausfinden? Kurz überlegte ich, die Beine in die Hand zu nehmen. Doch dann fiel mir wieder ein, dass mich hier fast jeder locker einholen kann. Flucht ist in Kenia keine Lösung. Hier musst du dich der Gefahr stellen. Komme, was da wolle. Und wenn dieser Folterknecht-Physio die Kenianer fit machte und nur die Hälfte von dem stimmte, was die Kollegen gesagt hatten, dann durfte er mir gerne ein Bein ausreißen. Denn selbst dann würde ich flotter sein als zuvor.

Die Angst stand mir scheinbar trotzdem ins Gesicht geschrieben. Mein Folterknecht begrüßte mich nämlich extrem freundlich und fröhlich. Ich war bereit. Jeroen, der alle und jeden kennt, hatte auch von mir schon gehört. Ich fühlte mich einerseits geschmeichelt. Andererseits musste ich mich jetzt noch mehr zusammenreißen. Vielleicht war das aber auch gut so.

An der Liege nebenan behandelte der Kenianer Daniel, der sein Handwerk von Jeroen gelernt hatte, einen kenianischen Läufer. Erst auf den zweiten Blick erkannte ich, dass es sich dabei um Patrick Makau handelte – den Mann, der 2011 beim BMW Berlin-Marathon Weltrekord lief. Irgendwie trifft man hier buchstäblich auf Schritt und Tritt auf die Superstars der Szene. Auch mit Patrick konnte man sich locker unterhalten, selbst wenn man ihm anmerkte, dass er vom Training ganz schön müde war. Na gut, ich ließ ihn lieber erst einmal in Ruhe. Ich wollte hier ja schließlich nicht wie ein Groupie rüberkommen.

An den Wänden von Jeroens Behandlungszimmer hingen Fotos von Sportlern, die an der gleichen Stelle wie ich von denselben Händen gequält worden waren. Ich kannte nur die Hälfte davon, denn ehrlich gesagt komme auch ich irgendwann mit den vielen Namen und Gesichtern durcheinander. Außerdem kommen ja tatsächlich täglich neue Topläufer hinzu. Jeroen informierte mich auf Nachfrage aber gerne darüber, wer da alles in der ungewöhnlichen Ruhmeshalle hängt. Wieder einmal kam ich mir sehr klein und lahm vor. Es ist schwer zu begreifen, wie viele unglaublich gute Läufer es in Iten gibt.

Und bei Jeroen und seinem Team waren sie alle schon.

Die Behandlung hatte bereits begonnen, meine Beine wirbelten ohne mein Zutun durch die Luft und wurden in völlig unnatürlichen Winkeln scheinbar durch den halben Raum gebogen. So hatte mich bislang noch niemand behandelt. Und was die Physiotherapie angeht, hatte ich bis dorthin schon viel gesehen. Was ich dort aber erlebte, war neu. Es schmerzte nicht so sehr, wie es von außen aussah. Da ich durch das spannende Gespräch mit Jeroen abgelenkt war, ging die Behandlungsstunde trotz aller Qualen außerdem rasch vorbei. Jeroen hatte einiges zu berichten. Denn wenn sich jemand mit den Sportlern auskennt, dann der Physio. Hier liegen die Leute nämlich auf der Liege und haben ohnehin nichts Besseres zu tun, als zu berichten, was trainingstechnisch gerade so los ist. Daher weiß Jeroen ganz genau, welcher Läufer gerade in Form ist und welcher nicht, wer überhaupt gerade alles in Iten trainiert und wer schon in Europa bei Wettkämpfen antritt.

Das war für mich natürlich extrem interessant. Jeroen half mir auch bei späteren Behandlungen bei meiner Suche nach den Geheimnissen der Kenianer sehr weiter. Er lebt hier ja schon viele Jahre und hat, wie gesagt, einen besonders engen Kontakt zu fast allen erfolgreichen Sportlern. Solche Infos brauche ich und sauge sie auf wie ein Schwamm.

Was genau Jeroen nun anders macht als andere, weiß ich nicht. Ich weiß nur, dass mir nach der Behandlung alles weh tat, kurze Zeit später jedoch fast nichts mehr. Am nächsten Tag war ich viel belastbarer und fühlte mich wunderbar locker. Der Mann hat magische Hände, keine Frage.

Auch zu einem Spezialtraining wurden wir sogleich eingeladen. Jeroen behandelt nicht nur, er sorgt mit seinem Stabilisations-Training auch dafür, dass Verletzungen und Fehlbelastungen vorgebeugt wird. Beim Zirkeltraining, bei dem sich *muzungus* und Kenianer an diesem Nachmittag gemeinsam quälen, kräftigen wir mit Übungen wie dem Seitstütz, Sit-up, Rückstütz und Ähnlichem die Rumpfmuskulatur. Auch hier wird knallhart gearbeitet und Jeroen macht alles vor, sodass wir gar keine andere Wahl haben, als mitzuziehen. Wer hätte das gedacht: Auch in Kenia machen sie Stabilisationstraining. Und in diesem Fall gar nicht so komplett anders als daheim in Wattenscheid. Das motiviert für die Tage, an denen diese ungeliebten Programme auch zu Hause wieder auf dem Plan stehen.

Leider kann sich der Großteil der Läufer hier oben eine Behandlung bei Jeroen nicht leisten. Für uns hingegen sind die Stunden supergünstig. So nimmt Jeroen doch tatsächlich für eine Stunde nur 10 Euro. Für einen Läufer wie unseren *Ugali*-Freund Jacob wäre das eine ganze Monatsmiete. Einige der von Jeroen angelernten Kenianer behandeln zwar für einen noch niedrigeren Satz. Trotzdem bleibt der Luxus einer Massage oder eines Stabilisationstrainings mit Anleitung den Topläufern vorbehalten. Das ist aber bei uns in Deutschland genauso. Hier steht einem als B-Kaderathleten genau eine halbstündige Massage pro Woche aus Bundesmitteln zu. Das funktioniert bei meinen Trainingsumfängen überhaupt nicht, und so muss ich mir häufig etwas einfallen lassen, oder ich werde vom Verein zusätzlich unterstützt. Von einer Betreuung wie bei der Top-Laufgruppe um Trainer Alberto Salazar mit den Athleten Mo Farah und Galen Rupp in den USA, wo nach jeder Einheit der Physio zu den Sportlern nach Hause kommt, können auch wir deutschen Läufer nur träumen.

Einer der besten Physiotherapeuten, die ich kenne: Jeroen Deen an seinem Arbeitsplatz in Kenia

Aber ganz ohne Physio, wie ich im Stillen hoffte, geht es auch in Kenia nicht. Und hier in Iten, mitten im Nirgendwo, finde ich tatsächlich einen Therapeuten, den ich neben meinem Wattenscheider Physio Morus für den besten der Welt halte.

Wer also tatsächlich etwas mehr trainieren möchte und die Messlatte höher legt, der sollte ganz genau die Augen und Ohren aufsperren und sich schlau machen, wo denn in der Nähe ein guter Physio arbeitet. Bei all der Quälerei, die du dort über dich ergehen lassen musst – meistens tut solch eine Behandlung richtig gut.

TIPP PHYSIOTHERAPIE UND RUMPFSTABILISIERUNG

Nach einem guten Sport-Physiotherapeuten in der näheren Umgebung kannst du dich gar nicht früh genug umsehen. Als Laufanfänger wirst du genau wie routiniertere Läufer früher oder später doch kleine Wehwehchen bekommen, die ein guter Physio schnell in den Griff bekommt. Du musst nicht wegen jedem kleinen Problem sofort nervös werden, und vieles verschwindet tatsächlich von selbst wieder. Wenn aber doch einmal Schmerzen auftreten, die das Lauftraining behindern, so ist es gut wenn du schon weißt, an wen du dich wenden kannst. Wen du für eine solche Behandlung am besten auswählst erfährst du schnell, wenn du andere Sportler fragst. Nicht jeder Physiotherapeut kann einem bei jeder Verletzung helfen und so gehen die Meinungen darüber, wer denn nun der beste sei, oft weit auseinander. Da heißt es ausprobieren und selbst entscheiden. Meiner Erfahrung nach bringen »Streichelmassagen« ebenso wenig wie übertriebene Folterstunden. Schon die ersten Griffe können daher ein erstes Indiz für die Fähigkeiten des Therapeuten sein.

Da ich die Kenianer eher selten bei Übungen zur Rumpfkräftigung gesehen habe, will ich hier nur kurz auf die Übungen im Stabilisationszirkel von Jeroen eingehen. Es waren größtenteils die Klassiker wie der Seitstütz, Sit-ups, Liegestütze, das »Paddeln« bäuchlings auf dem Boden und dergleichen. Beispiele findest du unter den genannten Begriffen im Internet und in der weiterführenden Literatur. Diese Übungen dienen dazu, die bei Läufern oft vernachlässigte Rumpfmuskulatur zu stärken. Sie gehören genau wie die bereits beschriebenen Fuß-Stabilisationseinheiten in jeden Trainingsplan.

Grundübung Unterarmstütz für Rücken, Bauch und Gesäßmuskulatur. Der Körper bildet eine grade Linie und wird in dieser Position 30 Sekunden lang gehalten.

Der Unterarmstütz auf dem Ball. Noch schwieriger wird es, wenn man abwechselnd die Knie hoch zum Ball zieht.

KILOMETER 22

MEISTER DER REGENERATION

NACH DER RABIATEN MASSAGE von gestern geht es mir heute tatsächlich deutlich besser. Die Beine fühlen sich frischer an und sind bereit für neue Belastungen. Faszinierend war neben der Behandlung durch Physio Jeroen aber auch, einen Blick auf das Leben der Läufer in einem der vielen Camps zu werfen. Wer es hier als Läufer in eines der Teams geschafft hat, der ist schon auf der Siegerstraße.

In den Läufer-Camps leben meist zehn bis zwanzig Athleten. Es sind dort fast immer nur Männer vertreten. Die Läuferinnen haben dann doch oft schon eine Familie zu versorgen und wohnen daher in ihren eigenen Häusern.

Die ganze Anlage sieht aus wie die, in der auch unser Freund Jacob wohnt. Ein einstöckiger Gebäudekomplex mit kleinen Zimmern. In den besseren Camps haben die Zimmer aber zumindest jeweils eine Dusche. Die Läufer-Camps werden häufig von Managern finanziert und geleitet. Es gibt einen Trainer vor Ort, und auch für alle anderen Dinge des Alltags ist gesorgt. Eine Köchin kommt regelmäßig vorbei, eine Haushaltshilfe wäscht die Wäsche (natürlich von Hand) und auch Physiotherapeuten sowie andere medizinische Dienste sind vorhanden.

Das ist ein Läuferleben, wie es sein muss. Einfach paradiesisch.

Hier wird keine Energie fürs Einkaufen oder sonstige Aufgaben des Alltags verschwendet. Hier gibt es keine kleinen und großen Verpflichtungen, denen die Läufer neben dem Training noch nachkommen müssen. Nein, hier stecken die Athleten alle Kraft, alle Power, einfach alles, was sie haben, ins Training.

Und wenn sie dort alles gegeben haben, sammeln sie neue Energie, indem sie sich den halben Tag lang in der Sonne aalen.

Insider ergänzen das kenianische Läufer-Motto »Train hard, win easy« nämlich noch durch ein besonders betontes »rest harder!«

Denn auch darin sind die Kenianer Weltmeister: im Relaxen.

Während bei uns jeder neben dem Sport noch eine Berufsausbildung machen muss, studiert oder seine Kraft anderweitig investiert, machen die Jungs und Mädels hierzulande zusätzlich zum Laufsport … nichts. Vor allem nicht die Leute im Camp.

So wohnen viele der kenianischen Läufer.

Nicht, dass ich das irgendjemandem in unserem Kulturkreis empfehlen möchte. Die Chance, im Lotto sechs Richtige plus Superzahl zu bekommen, ist sicher größer als die, sich seinen Lebensunterhalt als Profiläufer verdienen zu können. Und die Gefahr von Verletzungen, die ganz schnell eine Karriere beenden können, gibt es immer. Ich bin verdammt froh, durch mein Studium ein zweites Standbein zu haben.

Der Lieblingsplatz im Trainingslager: das Bett

Aber hier in Kenia, da denkt über solche Angelegenheiten niemand nach. Es ist wie überall: Wer sich spezialisiert, hat bessere Aussichten auf Erfolg. Ausnahmen gibt es immer. Aber wer ausreichend Zeit hat, neben dem ehrgeizigen Training noch jeden Tag 12 Stunden zu schlafen, regeneriert natürlich effektiver.

Wenig Ablenkung, viel Entspannung

Als ich damals meine Diplomarbeit schrieb, hatte ich eine Isomatte im Physiklabor liegen. Arbeit, Training, Essen und dann um 12:30 Uhr ein kleines Nickerchen auf dem Fußboden – so sah mein Tagesablauf aus. Wie gut, dass ich außen am Labor die Lampe mit der Warnung »Achtung: Laser in Betrieb« anschalten konnte, um nicht gestört zu werden …

Bei uns hat kein Freizeitläufer die Freiheit, sich dann eine Pause zu nehmen, wenn der Körper sie braucht. Dabei wäre das so wichtig. Auch ein Hobbyläufer muss lernen, sich Pausen zu gönnen. Wenn der Tag besonders stressig war, darf das Training nicht zu hart sein. Sonst schlägt es nicht an und du bist körperlich überlastet. Auch die täglichen Aufgaben wie der Job und Ähnliches wollen in der Zeitplanung berücksichtigt werden. Die Brechstange hilft nur selten. Die große Kunst besteht oft darin herauszufinden, wann der Körper tatsächlich zu müde und erschöpft fürs Training ist und wann du »nur« deinen inneren Schweinehund überwinden musst. Mein Rezept für die Kontrolle des Erschöpfungszustands: Einfach erst mal starten. Wenn du nach 15 Minuten immer noch nicht den Eindruck hast, dass es rund läuft, hast du vermutlich durch den Alltag schon dein

TIPP VERDIENTE PAUSEN

Verdiente Ruhephasen für Körper und Geist werden bei uns immer mehr zum Luxusgut. Dabei ist gerade die richtige Erholung ein wichtiger Baustein des Erfolgs. Nicht nur im Sport, sondern vor allem auch im Job. Wie beim Lauftraining ist die individuelle Belastbarkeit im Berufsalltag sehr unterschiedlich. Jeder muss für sich selbst herausfinden, was er sich zumuten kann und will.

Ein Mittagsschlaf, wie ich ihn mir täglich gönne, ist für die meisten Menschen beispielsweise nicht praktikabel. Die Trainingsintensität kann natürlich nicht ganz so hoch sein, wenn so mancher Durchhänger auf der Arbeit mit einem Kaffee überbrückt wird.

Dennoch gibt es immer die Möglichkeit, auch in Bezug auf die Erholungsphasen den Lebensstil zu optimieren. Wenn du dir genau ansiehst, wofür du insbesondere abends noch alles Zeit vergeudest, wirst du vermutlich feststellen, dass du im Schnitt eine Stunde früher zu Bett gehen könntest. So kannst du im Handumdrehen die Regeneration optimieren, um am nächsten Tag mit mehr Energie in den Job und ins Training zu starten. Was für einen enormen Einfluss mehr Ruhe auf die Leistungsfähigkeit hat, bemerke ich auch jedes Mal in meinen Laufcamps für Freizeitläufer (derzeit zwei Mal pro Jahr auf Mallorca und ein Mal in Kenia): Manche der Teilnehmer trainieren zu Hause nur ein Mal pro Woche und können doch im Laufcamp plötzlich jeden Tag eine Runde mit uns drehen oder ein laufspezifisches, lockeres Krafttraining mitmachen. Teilweise sogar 2 kurze, entspannte Trainings pro Tag.

Mehr Erholungszeit durch viel Schlaf, weniger Verpflichtungen und gutes Essen. Da ist meine Hauptaufgabe als Coach oftmals, die vor Energie nur so strotzenden Teilnehmer ab und zu zu bremsen.

Belastungslimit erreicht. Meist jedoch wirst du feststellen, dass du dich erst nach dem kurzen Einlaufen richtig entspannt und locker bewegst.

Nicht immer und nicht bei jedem Wetter macht das Training Spaß. Ein recht angenehmer Aspekt des Lebens als Profiläufer ist aber: Wenn ich schlafe, arbeite (sprich: regeneriere) ich. Und das ist verdammt effektiv. Wenn ich voll in der Marathonvorbereitung stehe, bin ich den ganzen Tag lang müde – außer während der Mahlzeiten, des Laufens und natürlich des Schlafens.

Beim Anblick der Kenianer hier im Camp würde ich jetzt gerade am liebsten alle meine Wattenscheider Trainingskollegen hierher einladen, die mich immer wegen meines täglichen Mittagsschlafs ausgelacht haben. Ich habe es schon immer gewusst: Zum Champion wirst du im Schlaf. Und in Kenia wird deutlich mehr und länger geschlafen als trainiert.

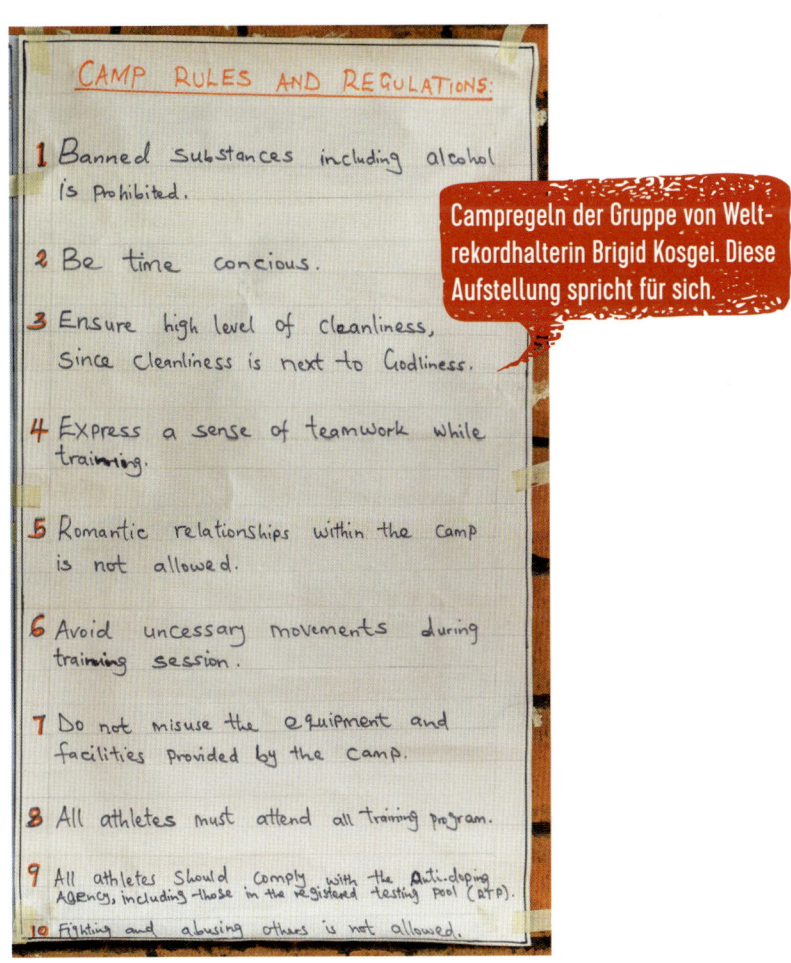

Campregeln der Gruppe von Weltrekordhalterin Brigid Kosgei. Diese Aufstellung spricht für sich.

KILOMETER 23

MUSSE STATT MATTSCHEIBE

EIN TAG IST vergangen und schon wieder bin ich im Elite-Camp beim Physiotherapeuten zu Gast. Bin ich masochistisch veranlagt oder hoffe ich, hier weitere kenianische Erfolgsrezepte aufzudecken? Oder brauche ich einfach ein wenig Zerstreuung? Eine schöne Abwechslung ist die Physiotherapie nämlich auf jeden Fall. Wenn mir Jeroen die Beine und den Rücken durchknetet, ist das eine gleichzeitig gesunde als auch kurzweilige Unterhaltung – ein echtes Highlight im Trainingsalltag! Und was machen die kenianischen Läuferkollegen? Die haben ihr erstes Training schon lange hinter sich und liegen zum Zeitvertreib wieder mal ganz entspannt im Schatten.

Seit meinem ersten Besuch hier im Camp nehme ich die Ergänzung des kenianischen Mantras »*Train hard, win easy*« durch den Zusatz »*rest harder*« sehr ernst. Dieser Leitsatz hat sich schnell zu meinem Lieblingsmotto entwickelt. Das ist eine prima Entschuldigung für alle meine faulen Phasen. Ich bin Profiläufer, also gehört es zum Anforderungsprofil meines Berufs, auf der faulen Haut zu liegen. Wunderbar. Ich habe alles richtig gemacht.

Das Relaxen, Entspannen und süße Nichtstun fällt natürlich nirgends so leicht wie hier in Iten, denn es gibt einfach extrem wenig anderweitige Ablenkung. Wie gewohnt ist alles für den Laufsport optimiert. Einen Fernseher zum Beispiel, den sucht man hier im Camp vergebens. Eine weitere lustige Anekdote steuert Jeroen während einer Behandlungseinheit bei:

Vor einiger Zeit hat Nike eine GPS-Uhr auf den Markt gebracht. Ein schickes Teil, leicht zu handhaben und auch in Kenia ein Renner. Insbesondere, weil einige der hiesigen Stars von Nike ausgerüstet werden, hat sich diese Uhr in Iten schnell verbreitet. Die Daten kann der Anwender auf den Rechner übertragen, um sich online mit anderen Sportlern zu messen, die persönlichen Fortschritte auf dem Schirm zu behalten und vieles mehr. Genau da liegt für die Stars hier oben aber das Problem: Wenn der Speicher voll ist oder der Akku aufgeladen werden soll, muss das Wunderwerk der Technik an den USB-Port des Rechners angeschlossen werden. Für uns ist das selbstverständlich, für den Kenianer hingegen eher unpraktisch. In diesem Teil des Planeten besitzt nämlich kaum jemand einen Computer. Das hatten die Sponsoren nicht auf der Rechnung, als sie die Uhren bereitstellten.

Die Konsequenz: Die Warteschlange beim Physio wird noch länger. Denn nun kommen alle nicht nur, um sich massieren zu lassen, sondern auch, um an Jeroens PC schnell die eigene Uhr anzustöpseln.

Ein herrliches Bild.

Wohnung ohne Mattscheibe

Sobald die Sonne untergeht, kehrt Ruhe ein.

Wer kann sich bei uns noch ein Leben ohne Computer oder Fernseher vorstellen? Ich nicht. Natürlich fährt der Laptop auch mit in jedes Trainingslager. Und natürlich ist das Handgepäck vollgestopft mit Ladekabeln und allem sonstigen Schnickschnack.

Wie oft sitzt man abends zu Hause noch vor dem Computer oder dem Fernseher, schickt noch schnell eine Mail ab oder guckt noch kurz einen total sinnlosen Film zu Ende? Ich ertappe mich immer wieder dabei, selbst wenn ich eigentlich todmüde bin. Eben noch die Homepage aktualisiert, und schon ist es 23:00 Uhr und damit viel zu spät für einen Leistungssportler. Wieder einmal wertvolle Erholungszeit vergeudet, Mist.

Wie schädlich das Arbeiten am PC oder auch nur das Fernsehen direkt vor dem Zubettgehen sein kann (zumindest, was mich persönlich betrifft), konnte ich sogar im Selbsttest nachweisen: Bei einer Langzeitmessung meiner Herz- und Herzzwischentöne stellte sich heraus, dass die Tiefschlafphasen in der Nacht weniger intensiv ausfallen, wenn ich vor dem Einschlafen noch auf die Mattscheibe geschaut habe. Und das beeinträchtigt wiederum die Erholung. Die Ergebnisse des Tests waren sehr deutlich. Deshalb bin ich in Zeiten besonders intensiven Trainings dazu übergegangen, in den Abendstunden lieber ein Buch zu lesen als fernzusehen. Das Resultat: besseres Training und bessere Wettkämpfe. Der TV- und Computer-Verzicht kostet mich allerdings oft viel Überwindung.

Filme oder Computerspiele zu später Stunde gibt es in Kenia nicht. Wer müde ist, knippst das Licht aus – gerne auch schon um 19 Uhr –, und dann heißt es schlafen, erholen und um 6 Uhr in der Früh wieder raus zum Kilometerfressen. Die Konzentration aufs Wesentliche eben.

Allerdings wird das wohl nicht ewig so bleiben. Mittlerweile laufen in Kenia nämlich schon fast genauso viele Leute mit dem Handy durch die Gegend wie bei uns. Dann heißt es: Je größer der technische Fortschritt, umso kleiner der sportliche Vorsprung. Die Geräte sind nicht immer die Neusten, aber ein Smartphone mit Internetzugang ist Standard. Wo die Smartphones alle herkommen? Das weiß ich nicht genau, doch auf dem Markt in Eldoret hatte ich das Gefühl, genau das Modell zu sehen, das ich in Deutschland gerade aussortiert und zum Telefon-Recycling gegeben habe ... Vielleicht hat es den Weg nach Kenia tatsächlich schneller gefunden als ich.

Was ein wenig verwundert, ist die Tatsache, dass sogar im beschaulichen Iten fast überall ein ausreichend schnelles Handynetz vorhanden ist. Das liegt wohl daran, dass es schneller geht und günstiger ist, Sendemasten aufzustellen, als Telefonkabel zu verlegen. So wurde in Kenia eine Ausbaustufe der Telekommunikation einfach übersprungen, und es wurden sofort drahtlose Netze installiert.

Strom für den Smartphone-Akku zu bekommen ist nicht ganz einfach. Doch im Gegensatz zum USB-Port zum Aufladen der GPS-Uhr findet sich eine Steckdose doch recht schnell. Nicht jede Läuferhütte hat elektrischen Strom. Dafür ist es aber möglich, sein Gerät am Kiosk an der Ecke oder bei Freunden zum Aufladen abzugeben. Das Surfen und Telefonieren ist außerdem nicht besonders teuer, sondern selbst für kenianische Verhältnisse akzeptabel.

Mit dem Handy fängt die Zeitverschwendung an. Klar: Auch in Iten kann man sich per Mobilfunk zum Training verabreden und ähnliche wichtige Dinge klären. Darüber hinaus können wir über Facebook von Deutschland aus Kontakt zu den kenianischen Trainingskollegen halten. Alles schön und gut. Doch immer wieder sehe ich Läufer, die lieber auf ihrem Handy herumtippen, statt wie gewohnt zu dieser Zeit komplett abzuschalten.

GEWONNENE ZEIT **TIPP**

In Deutschland sehen wir im Durchschnitt jeden Tag über dreieinhalb Stunden fern! Dazu kommt noch die Zeit, die wir privat vor dem Computerbildschirm verbringen. Das ist erschreckend!

Ich sehe selber gerne und manchmal zu viel fern. Trotzdem behaupte ich, dass Läufer eher weniger auf die Mattscheibe glotzen als der Durchschnitt. Meiner Meinung nach ist jede Stunde vor dem Bildschirm vergeudete Zeit, die viel besser in andere Dinge wie erholsamen Schlaf, zusätzliches Stabilisationstraining oder die Erstellung von Trainingsplänen investiert werden sollte.

Wenn der Fernseher und der Computer locken, gehört viel Selbstdisziplin dazu, der Versuchung nicht nachzugeben. Hier haben es die Kenianer leichter als wir, da sie ganz einfach weniger Verlockungen widerstehen müssen. Das sollten wir uns bewusst machen, um die Zeit sinnvoller zur Entfaltung des sportlichen Potentials einzusetzen.

Was machen »Läufer wie du und ich« mit diesem Wissen? Wir haben nun mal Zugang zu all diesen Medien. Ist es wirklich möglich auf den Fernseher zu verzichten, um sich stärker auf die »echte« Regeneration zu konzentrieren und schneller zu werden? Schaffst du es, den Fernsehkrimi auch schon kurz vor dem großen Finale um zehn Uhr abends auszuschalten? Ich persönlich bin dafür nicht konsequent genug. Die einzige Möglichkeit wäre hier tatsächlich nur ein harter Schnitt: Fenster auf und raus mit der Kiste. Dabei drängt sich mir die Frage auf, ob ich das wirklich will. Und wo ziehe ich die Grenze? Welche technischen Geräte müsste ich noch opfern, weil sie mich zu sehr ablenken? Ich denke kurz nach und bemerke dabei, dass die Physiotherapie schon eine ganze Weile her ist. Und wo sitze ich schon wieder, um 21 Uhr Ortszeit in Iten? Am Laptop, um dieses Kapitel zu verfassen! Entschlossen klappe ich den Deckel zu, öffne das Fenster und … atme tief die frische Höhenluft ein. Dann fahre ich den Computer herunter und lege mich ins Bett. Für ein 100 Prozent kenianisches Leben bin ich wohl nicht geschaffen. Außerdem wäre es doch auch schade, wenn dieses Buch schon bei Kapitel 23 endet …

KILOMETER 24

EIN KENIANER KENNT KEINEN SCHMERZ

HEUTE IST FOTOSESSION im Kerio-View Hotel. Geoffrey, ein Top-Marathonläufer, wird von Fotografen umlagert. Er trägt nicht das klassische Kenia-Läufer-Outfit mit Schlabberhose, Trainingsjacke und abgewetzten Laufschuhen, sondern eine eher exotisch anmutende Kollektion, die ihm für diesen Auftritt gestellt wurde: Sandalen, ein rot kariertes Tuch um den kompletten Körper, allerlei Schmuck und einen Hirtenstock. So ist das nun mal: Denkt der normale, nicht laufaffine Tourist an einen Einheimischen, so hat er mit Sicherheit das Bild des stolzen Massai vor Augen. Hochgewachsen, auf einem Bein stehend und würdevoll in die Ferne blickend. Genau so bekleidet, wie es Geoffrey gerade ist. So sieht er aus, der große kenianische Krieger. Diese Bilder lieben die angereisten Fotografen. Auch wenn die Massai eigentlich die meiste Zeit Kühe hüten und kein sehr aufregendes, kriegerisches Leben führen, so sind sie doch die Könige der Kataloge für Kenia-Reisen. Vermutlich kommt das daher, dass diese Stammesangehörigen häufig in der Nähe von oder direkt in großen Nationalparks leben und sich tatsächlich noch häufig traditionell kleiden. Fotos von Massai gibt es reichlich und der Tourist denkt dann, dass alle Kenianer so aussehen.

Wer eher aus geschäftlichen Gründen und nicht als Tourist nach Kenia kommt, wird am ehesten einen Kenianer des Stammes der Luo für einen typischen Einheimischen halten. Scheinbar sind Vorurteile weit verbreitet, was das äußere Erscheinungsbild des »typischen Kenianers« angeht. Doch zurück zu unserem »traditionellen Massai«. Die Luo gelten ebenso wie die Kikuyu allgemein als sehr umtriebig und prägen daher das Kenia-Bild des Geschäftsreisenden.

Einige der übrigen Läufer, die in unserem Kerio-View Hotel die Fotografen und den verkleideten Geoffrey beobachten, können sich das Lachen nicht verkneifen, denn Geoffrey ist natürlich kein Massai. Für ihn ist das rot karierte Tuch ungefähr so traditionell wie für einen waschechten Norddeutschen die bayrische Lederhose. Es gibt genug Menschen auf der Welt, die dem Trugschluss aufsitzen, bei uns würden alle Leute in der Krachledernen mit Kniestrümpfen durch die Gegend spazieren. Genau so falsch wäre es, Kenianer aufs Massai-Outfit zu reduzieren. Zum Training taugen nebenbei bemerkt weder Lederhose noch Massai-Tuch.

Der Läufer Geoffrey gehört, wie uns die anderen Kenianer berichten, eigentlich zum faszinierenden Stamm der Kalendjin. Auch wenn die Grenzen immer mehr zu verschwimmen beginnen und immer mehr Wunderläufer aus anderen Stämmen die Rennpisten der Welt unsicher machen – ein Großteil der großen Läuferhelden Kenias kommt aus dieser Bevölkerungsgruppe. Und das, obwohl sie nur etwa 13 Prozent der Gesamtbevölkerung Kenias ausmacht. Fast alle kenianischen Läufer, die wir Sportler mit dem gesamten Volk oder gar mit den Massai gleichsetzen, gehören eigentlich zur Kalendjin-Minderheit.

Jeder Kenianer ist stolz auf seine Stammeszugehörigkeit. Warum aber sind die Kalendjin bessere Läufer als die Angehörigen anderer Stämme?

Es sieht so aus, als seien sie noch einmal ein Stück besser für den Laufsport geeignet als der »Durchschnittskenianer«: Ihre Beine und Arme zeichnen sich extremer als bei den anderen durch ganz besonders dünne Gelenke und Muskeln aus. So mancher Wissenschaftler sieht hier einen interessanten Zusammenhang: Die Arme und Beine des Sportlers können als sogenanntes physikalisches Pendel umso schneller schwingen, je geringer das Gewicht an den Enden ist. Das bedeutet nichts anderes als: Leichte Füße und leichte Waden ermöglichen schnellere Beinschwünge und tragen den Athleten damit zum nächsten Weltrekord.

Hätte mir an der Uni jemand erzählt, dass auch Laufphysik die Kenianer schneller macht, hätte ich damals nicht nur immer auf die Schwerkraft geschimpft, die meine Beine am Ende des 25-Kilometer-Laufs bleischwer werden ließ.

An den Untersuchungen ist meines Erachtens durchaus etwas dran. Der Körperbau der Kalendjin ist für schnelle, ausdauernde Läufe mit Sicherheit von Vorteil. Doch insbesondere, wenn es um Unterschiede zwischen den Stämmen geht, sehe ich noch einen anderen Grund für die Überlegenheit der Kalendjin gegenüber den Läufern anderer Volksgruppen und Nationalitäten: ihre Riten. Diese beinhalten oftmals das Aushalten größter Schmerzen ohne jegliche Regung. Auf dem Weg zum Mann musste der Heranwachsende früher viele harte Prüfungen bestehen, ohne dabei mit der Wimper zu zucken. Die Geschichten, die dazu erzählt werden, klingen brutal. Zum Beispiel heißt es, die jungen Männer hätten durch Brennnesselfelder kriechen müssen. Auch von Beschneidungszeremonien mit Hilfe eines scharfen Stocks ist die Rede. Noch vor knapp 50 Jahren sollen die Rituale gang und gäbe gewesen sein. Fest steht auf jeden Fall: Schmerzen gelten bei den Kalendjin als Zeichen von Schwäche. Sie lernen früh, mit derartigen Belastungen umzugehen beziehungsweise sie auszuhalten.

Schmerzresistenz ist natürlich ein Vorteil im Ausdauersport. Jedem von uns brennen die Beine beim Training, jeder denkt beim Wettkampf ans Aufgeben. Das kann keiner leugnen. Schmerzen sind Teil unseres Sports. Nur wenn wir die Qualen immer und immer wieder bezwingen, kommen wir letztendlich auch erfolgreich über die Ziellinie.
Es ist nichts daran auszusetzen, wenn sich jemand immer nur in seinem Komfortbereich bewegt. Schneller wird er dabei aber nicht. Wer behauptet, bei der Formsteigerung nichts als Freude zu empfinden, ist

INFO

Die Kalendjin stellen mit einem Anteil von etwa 13 Prozent nur den drittgrößten Anteil an der kenianischen Gesamtbevölkerung. Trotzdem stammen die kenianischen Läufer zu einem Großteil aus dieser Bevölkerungsgruppe. Die Stämme der Kikuyu (20 %) und Luhya (14 %) sind größer: Die in der Tourismus-Branche so populären Massai machen nur einen Anteil von 2,1 Prozent aus.

ein schamloser Lügner. Klar: Ein Großteil des Trainings macht Spaß. Bei gemäßigter Geschwindigkeit fühlen wir uns wohl. Wir können uns gut unterhalten und kommen erfrischt nach Hause. Wer sich aber zu neuen Bestleistungen pushen will, der muss sich ab und zu auch einmal quälen.

Vor der Qualität steht oft die Qual. Wer in der Spitze läuft und mit den Qualen des Lauftrainings gut klarkommt, hat einen riesigen Vorteil. Die kenianischen Läufer aus dem Stamme der Kalendjin haben offensichtlich manche ihrer früheren Rituale, bei denen die Schmerztoleranz im Mittelpunkt stand, durch harte Tempoeinheiten und Wettkämpfe ersetzt. Das ist ja auch naheliegend. Auch ein Laufsportler muss schließlich mit Schmerzen leben können, ohne dass die Konkurrenz etwas davon mitbekommt.

Wenn ich als Kind auf die Nase gefallen bin – was häufiger vorkam – weinte ich natürlich. Dann nahm mich meine Mutter in den Arm, um mich zu trösten. Dabei fiel aber auch immer wieder ein Spruch, der mir in Erinnerung geblieben ist: »Ein Indianer kennt keinen Schmerz.« Wenn ich mir die läuferischen Leistungen der zähen Kenianer und die Stammesgeschichte der Kalendjin mit ihren Ritualen zur körperlichen Abhärtung so ansehe, bin ich geneigt, zu sagen: »Ein Kenianer kennt keinen Schmerz!«

TIPP SCHMERZTOLERANZ UND SCHMERZBEWERTUNG

Auch der Umgang mit Schmerzen will gelernt sein. Eine gewisse Toleranz körperlichen Beschwerden gegenüber ist während des Laufens unabdingbar. Bis zu einem gewissen Grad beherrscht jeder Läufer diese spezielle Form der Selbstüberwindung. Schon allein deshalb, weil das Laufen nicht immer Spaß macht und man sich – besonders wenn man schnell sein möchte – auch ab und zu einfach durchbeißen muss. Wo natürlich die Grenze liegt, an der das Ignorieren der Schmerzen und körperlichen Probleme ungesund wird, das muss jeder für sich selbst herausfinden. Was ist echter Schmerz, was ist nur Bequemlichkeit? Auch hier hilft es, ein Trainingstagebuch zu führen, leichte Beschwerden und deren Entwicklung zu dokumentieren und lieber zu früh als zu spät Physiotherapeuten und Ärzte um Rat zu fragen.
Die Kenianer vom Stamm der Kalendjin haben in puncto Schmerztoleranz scheinbar einen großen kulturellen Vorsprung. Sie wissen, wie weit sie gehen dürfen. So können sie im Wettkampf und Training Grenzen überschreiten, die für uns unüberwindbar sind.

Möbel, die direkt am Straßenrand gebaut werden. Bei kleinen Formkrisen die ideale Gelegenheit sich auszuruhen.

KILOMETER 25

IF YOU FEEL BAD

HEUTE IST EINER dieser Tage, an denen nicht viel geht: Ich wache auf, will aufstehen und bleibe dann doch erst nochmal liegen. Trotz eines zehnstündigen Schlafs fühle ich mich sehr, sehr müde. Aber ich muss mich aufraffen. Die Kollegen warten schließlich schon. Außerdem gibt es immer einen besonderen Anreiz: Auch wenn wir keine offizielle Bestenliste führen, so geht es doch in jedem Trainingscamp auch immer darum, die trainingsgruppeninterne Gesamtwertung zu gewinnen. Es gibt verschiedene Wertungsklassen: eine für Tempoläufe, eine für die meisten Kilometer, eine für die besten langen Dauerläufe und eben auch eine für das beste Gesamtresultat. Eigentlich Quatsch. Natürlich wollen wir auf der Bahn und auf der Straße erfolgreich sein und uns nicht nur hier im Staub Kenias die Sporen geben. Doch Leistungssportler im Allgemeinen und Läufer im Speziellen mögen eben das Kräftemessen. Es ist einfach ein geiles Gefuhl, schneller zu sein als andere. Auch im Training.

In meinen Anfängen als Läufer waren diese Wertungen noch wesentlich wichtiger als heute. Da wurden auf Texel oder Borkum in einer Trainingslager-Woche reihenweise Rekorde gebrochen. Und für den Tempodauerlauf haben wir uns ab und zu auch schon mal Startnummern gemalt. Uns hat immer interessiert, was die anderen so treiben. Wo kann ich noch ein wenig draufpacken? Wie kann ich mehr und härter trainieren als die anderen Läufer im Team? Der Coach musste ab und zu ganz schön auf die Bremse treten und die Fußfesseln rausholen, damit wir nicht übertreiben. Die spinnen, die Läufer …

Heute sehe ich das alles ein wenig entspannter. Ich freue mich zwar immer noch, wenn ich auch beim Training die Nase vorn habe. Auch meinen Kollegen geht das so. Und noch immer wird vor den härteren Einheiten gestichelt und provoziert – im Spaß, versteht sich. Eine große Klappe kann nicht schaden, zumindest vor den Vereinskollegen. Das gehört zum guten Ton. Und der Leitwolf ist ohnehin immer der Stärkste, ganz klar. Geht es mit Trainingspartnern aus anderen Vereinen auf Tour, wird zunächst abgecheckt, ob unter ihnen derselbe Umgangston herrscht. Meist ist es nicht ganz so extrem wie bei meinem TV Wattenscheid. Leider muss ich auch feststellen: Je älter die Läufer werden, umso vernünftiger scheinen sie zu sein. Schade, finde ich. Manchmal fehlt mir da einfach der Pfiff. Gut, dass ich mein Heimatteam habe. Dort gibt es sogar Leute, die mich per Facebook zum Fernduell herausfordern, wenn ich in Kenia bin und alle anderen zu Hause auf Texel herumrennen.

An einem Tag wie heute brauche ich jede Motivation, die ich kriegen kann, um in die Gänge zu kommen. Da hilft die unverschämte Kampfansage, die mir meine Wattenscheider Vereinskollegen tatsächlich über das Internet gesendet haben: »Wir haben gestern zehn Mal 1.000 Meter im Weitmarer Holz in 3:25 Minuten gemacht. Kannst du das auch, alter Mann?« Frechheit! Darauf kann ich nur mit brillanten Trainingsergebnissen antworten. Außerdem erinnert mich diese Mail daran, dass auch der Trainingslager-Gesamtsieg hier in Kenia noch in Reichweite ist. Das gibt den Ausschlag: Ich versuche, mich aus den Federn zu hieven.
Verdammt, welcher D-Zug hat mich denn da überrollt? Ich fühle mich, als hätte ich gestern viel zu überschwänglich meinen 125. Geburtstag gefeiert. Dass man im Trainingslager ständig müde ist, obwohl man eigentlich fast nur schläft, ist ja okay. Aber sich so erschlagen zu fühlen wie heute, das ist nicht normal. Ich fühle mich krank, bin einfach nur platt. Das gestrige Programm allein kann nicht schuld an meiner Formkrise sein. Es ist wohl vielmehr das, was mein Trainer Tono Kirschbaum immer so schön als »die Summe der Einheiten« bezeichnet: viele harte Kilometer über einen längeren Zeitraum.

Natürlich stehe ich nach einer langen Phase des Selbstmitleids trotzdem auf. Sind das nicht schließlich meine größten Tugenden: Kampfgeist, Durchhaltevermögen und Konsequenz? Ist es nicht das, was uns Läufer generell auszeichnet? Schließlich muss ein Sportler unseres Schlags immer wieder den inneren Schweinehund bezwingen. Wir dürfen uns keine Schwächen erlauben.

Der heutige Tag verspricht aufgrund meines allgemeinen Erschöpfungszustandes nicht den erhofften großen Punktzuwachs auf dem Konto der Trainings-Gesamtwertung. Doch es ist ohnehin nur lockeres Laufen geplant, und das wird ja wohl irgendwie hinzukriegen sein. Ein lockerer Dauerlauf gibt nur wenige Punkte – egal, wie schnell er ist. Eine kleine Wertung also im Gegensatz zu den wichtigen Tempoläufen. Daher ist es eigentlich egal, wie ich heute abschneide.

Ich treffe mich mit Ruben sowie den Niederländern Matthijs und Pim, und los geht's. Wir bewegen uns wirklich im gemächlichen Tempo fort. Trotzdem schleppe ich mich über die Strecke, erzähle ausnahmsweise fast nichts und habe noch nicht einmal Lust, die Gespräche auch nur mitzuverfolgen. Das bleibt nicht unbemerkt. Unser kenianischer Begleiter Paul fragt mich, was denn los sei. Ich erzähle von meinem Durchhänger. Wenn ich ehrlich bin, hoffe ich auf ein wenig Mitleid oder aufbauende Worte. Denn auch darin sind wir Läufer ganz groß: Wenn es mal nicht klappt, leiden wir wie die Hunde.

Paul jedoch bemitleidet mich nicht. Keine Chance. Er wirkt nur etwas verwirrt und fragt mich, warum ich denn dann überhaupt mitlaufen würde? Wie jetzt? Das wiederum verstehe ich nicht. Nicht mitzulaufen ist doch keine Option, oder?

Da eröffnet mir Paul eine für mich völlig neue Weisheit der kenianischen Trainingsphilosophie: »If you feel good, you run fast.« Okay, soweit habe ich das hier schon zigmal gesehen und gehört. Doch der entscheidende Zusatz kommt noch: »If you feel bad, you don't run.«

Was? Vollgas, wenn es geht, aber bei Erschöpfung einfach gar nicht trainieren? Ich dachte, die zischen hier permanent auf Anschlag über die Pisten? Doch da bin ich wohl schief gewickelt: Offensichtlich lassen hier sogar die Besten der Besten ihre Einheiten ausfallen, wenn sie sich nicht gut fühlen. Wer hätte das gedacht.

Es scheint also völlig in Ordnung zu sein, sich einfach ab und zu einen freien Tag zu gönnen. Einfach mal eine Einheit auslassen, um Körper und Geist eine zusätzliche Chance zur Erholung zu geben. Die Kunst

Um ein gutes Körpergefühl zu entwickeln, hilft es, nicht nur die Länge und Geschwindigkeit der Trainingseinheiten schriftlich festzuhalten, sondern auch das Belastungsempfinden beim Laufen. So lässt sich noch schneller erkennen, auf welche Reize der Körper besonders anspricht und was eventuell zu viel war. Auch besonders widrige Bedingungen wie zum Beispiel große Hitze oder viel Wind solltest du dir notieren. So kannst du bei späterer Betrachtung leichter nachvollziehen, was die Ursache für die schlechten Tage war und wann der innere Schweinehund für die Formschwäche verantwortlich war.

Andersherum funktioniert es übrigens genauso: Wenn du laut deiner Aufzeichnungen beim Training fast nie k. o. bist, darfst du dich auch ruhig mal etwas stärker fordern.

besteht darin, unterscheiden zu können: Ist die Pause tatsächlich nötig oder stecke ich nur in einem Motivationsloch? Aus Bequemlichkeit den Dauerlauf abblasen, das geht natürlich gar nicht. Wer das Training absagt, muss einen guten Grund dafür haben. Ein Gefühl für den eigenen Körper zu entwickeln ist das A und O für jeden Sportler. Du musst genau wissen: Was kann mein Körper noch vertragen, und was ist schon zu viel? Genau diese Fähigkeit haben die Kenianer perfektioniert.

Noch am selben Nachmittag nehme ich mir meine Pause. Den zweiten Dauerlauf streiche ich ersatzlos. Dafür falle ich in der Trainingslagerwertung zwar ein wenig zurück. Doch an diesem Tag bringt es tatsächlich einfach mehr, mittags noch ein bisschen zu schlafen und sich auf der Tastatur des PCs auszutoben, statt auf den Lehmwegen des Landes. Eine schwere Entscheidung, aber ich will von den Kenianern lernen. Deshalb setze ich schweren Herzens auch meine neuste Lektion sofort in die Tat um.

If you feel good, you run fast.
If you feel bad, you don't run.

KILOMETER 26

JUNGE BEINE

EINE DER SCHÖNSTEN Erfahrungen im Trainingslager war für mich, wenn uns die einheimischen Kids beim Dauerlauf ein Stück begleiteten. In solchen Momenten wurden wir Zeugen der enormen Lebensfreude der nächsten Generation und deren unglaublicher Begeisterung fürs Laufen. Womit wir bei der nächsten großen Frage angelangt sind: Stimmt es, dass die kenianischen Kinder schon als Schüler enorm weite Strecken zur Schule zu Fuß zurücklegen müssen? Ist das ein weiterer Grund dafür, warum die Kenianer als Läufer so erfolgreich sind?

Kinder sehen wir bei unseren Läufen tatsächlich sehr viele. Immer, wenn wir am wenigsten damit rechnen, tauchen Jungs und Mädels verschiedenster Altersklassen aus einem Maisfeld auf. Sie winken und rufen uns freudig ein »How are you, how are you?« hinterher. Englisch wird in der Schule unterrichtet und die ungewöhnlichen weißen Läufer sind ein perfektes Testobjekt für die neu gewonnenen Sprachkenntnisse. Großen Jubel gibt es immer, wenn wir auf Swahili mit *mzuri* oder *mzuri sana* antworten. Dann passiert es häufig, dass die Kids aus Spaß an der Bewegung und purer Neugierde einige Kilometer neben uns herlaufen.

»How are you,
how are you?«

Heute ist wieder so ein Tag, an dem wir fest mit kleinen Begleitern rechnen. Diesmal bin ich mit Sebastian Hallmann, Falk Cierpinski, Martin Beckmann und einigen weiteren deutschen Läufern unterwegs. Ich habe in Erwartung der jungen Weggefährten sogar meine Kamera dabei, um alles zu filmen.

An einer Wegkreuzung stehen die Hütten deutlich dichter als an den meisten anderen. Ein Dorf ist es noch nicht, aber eine kleine Ansammlung von Häuschen. Hier laufen wir häufiger vorbei. Die Kids kennen uns schon und erwarten uns voller Vorfreude. Alle, einfach alle, laufen ein Stück mit. Mit viel »Hallo« und Geschrei, mit viel Einsatz, laufender Schnoddernase und rutschenden Hosen, die festgehalten werden. Meist ist die Kinderschar natürlich barfuß unterwegs.

Während wir in Deutschland oft nur belächelt werden, weil wir laufen, statt Fußball zu spielen, sind wir hier die Helden – Champions, die nicht so schnell sind wie die großen Vorbilder der kenianischen Kinder, aber doch echte Athleten in der einzig wichtigen Sportart des Landes. Wir freuen uns über die Begeisterung und feuern die Kids ordentlich an. Eine Zeit von 4:30 Minuten pro Kilometer scheint für einen Fünfjährigen hier keine besondere Herausforderung zu sein. An diesem Tage begleitet uns Albert vier Kilometer lang. Er ist noch nicht ganz sieben. Rücksicht nehmen wir keine. Brauchen wir auch nicht. Albert rennt einfach mit. Das ist schließlich die natürlichste Sache der Welt. Er ist gut drauf. Irgendwann hört er allerdings auf zu lachen. Er ist jetzt im voll im Arbeitsmodus. Genau wie seine großen kenianischen Vorbilder, wenn sie morgens um sechs ihre Runden drehen. Er atmet deutlich hörbar und ab Kilometer drei fällt es ihm nicht mehr leicht mitzukommen. Aber er kämpft. Und er will kämpfen. Er will testen, was er kann, wie weit er kommt. Wir brauchen ihn dafür gar nicht groß anzustacheln.

Irgendwann bleibt er plötzlich doch stehen. Wir sind sowohl beeindruckt als auch ein wenig erleichtert. Das war doch eben eine etwas unheimliche Begegnung. Dieser Knirps rennt bei uns Profis so lange mit?! Muss man sich in diesem verrückten Land sogar anstrengen, um einen Sechsjährigen abzuschütteln? Gut, dass wir heute keinen schlechten Tag hatten.

Dass wir häufig so viel lustige Begleitung haben, liegt auch daran, dass die Kinder hier in Kenia natürlich nicht so viel anderweitige Ablenkung haben wie die Schüler bei uns. Keine Sandkiste voller Spielsachen wartet zu Hause, kein Bobby Car und ganz bestimmt keine PlayStation. Der Spielplatz ist das Maisfeld. Während die deutschen Kids Jump-and-Run-Games auf der Konsole zocken, gehen die kenianischen Kinder auf *Mzungu*-Jagd. Und wir waren heute ihre Spielgefährten. Das Geschrei und der Spaßfaktor sind mindestens genauso groß wie beim Hightech-Entertainment in unseren Industrienationen. Der deutliche Unterschied ist aber natürlich die Bewegung. Würden wir spontan sämtliche Fernseher, Spielkonsolen und sonstiges Indoor-Entertainment aus den Kinderzimmern verbannen, hätten die Sportvereine sicher einen großen Zulauf an Nachwuchsspielern und auch -läufern zu verzeichnen.

Am wildesten wird es bei unseren Dauerläufen in Iten immer, wenn wir gegen 16 Uhr noch eine lockere Runde drehen und damit genau den Schulschluss erwischen. In Kenia ist das Schulsystem stark vom englischen Vorbild geprägt. So tragen die Kinder etwa Schuluniformen in den Farben ihrer Lehranstalt.

Außerdem haben viele einen Wasserkanister dabei, mit dem sie auf dem Rückweg nach Hause noch Wasser für die Familie mitbringen. Wenn sie uns kommen sehen, hindert sie aber auch der Kanister nicht daran, uns ein Stück zu begleiten. Was für ein Trubel. Wir haben fast den Ein-

Ein Dauerlauf, der in der Pause an einer Schule vorbeiführt, sorgt für besonders viel Geschrei.

TIPP TRAINING IM ALLTAG

Den riesigen Trainingsvorsprung, den sich die Kenianer ganz nebenbei schon zu Schulzeiten erarbeiten, kann ein Erwachsener nicht mehr aufholen. Es besteht jedoch auch bei uns in Deutschland immer die Möglichkeit, für den Weg zur Arbeit oder für sonstige Besorgungen das Auto stehen zu lassen. Schnapp dir das Rad oder lauf einfach zum Ziel. Das kostet manchmal etwas Überwindung, und nicht immer gibt es auf der Arbeit eine Möglichkeit zum Duschen. Oft findet sich aber ein Fitnessstudio oder eine Sporthalle in der Nähe, wo du dich umziehen und frisch machen kannst. Du musst nur kreativ nach Lösungsmöglichkeiten suchen. Ich habe auf jeden Fall großen Respekt vor den Leuten, die schon vor der Arbeit ihr Trainingspensum abspulen. Umso besser, wenn sich das dann auch noch mit dem Weg zum Job verbinden lässt.

druck, als könnte jeder zweite dieser Rabauken in einigen Jahren den Berlin-Marathon gewinnen. Und natürlich wird keiner vom Schulbus nach Hause gebracht. Es gibt auch keine Fahrräder für den Schulweg. Hier wird prinzipiell immer gelaufen.

Die Schule liegt nur selten direkt in der Nachbarschaft. Die Hütten der Familien sind vielmehr weit verstreut und die Wege sind lang – egal, ob es zum Wasserholen oder in die Schule geht. Teilweise werden diese Wege dann auch noch mehrmals am Tag zurückgelegt. Zum Mittagessen geht es meist an die heimische Feuerstelle, und danach müssen alle erneut los. So kommt ein ziemliches Volumen zusammen. Die Kinder trainieren sozusagen nebenbei, ohne dass jemand überhaupt darüber spricht.

Krame ich meine ersten Trainingstagebücher heraus, die ich im Alter von 14 Jahren zu schreiben begonnen habe, stehen dort im Vergleich verdammt wenige Laufkilometer. Zweimal die Woche joggen, vielleicht dreimal. Vor der großen Niedersachsenmeisterschaft noch kurz ein paar Tempoläufe, das war's. Ich habe vergleichsweise spät angefangen, und das Training war anfangs noch sehr locker. Eine Besonderheit findet sich jedoch in den Aufzeichnungen: Jeden Tag steht dort der Vermerk »Rad zur Schule«. Natürlich hätte ich den Bus nehmen können, doch der hätte aufgrund von Umwegen für den acht Kilometer langen Schulweg länger gebraucht als die Fahrt mit dem Rad. Schon damals hatte ich von den Kenianern und ihren Alltagsgewohnheiten gehört. Jeden Tag zur Schule zu laufen kam für mich nicht in Frage, doch das

QR-Code zum Film auf meiner Homepage: »Kids beim Laufen«

Motorrad mit
Beifahrern

mit dem Rad schien mir ein guter Kompromiss zu sein. Jeden Tag also
16 Kilometer Rad und an den Trainingstagen im Verein, dem Osnabrücker Turnerbund, nochmal jeweils acht Radkilometer zum Training und
zurück. Wenig Lauftraining, aber doch eine super Ausdauerbelastung,
die sicher nicht geschadet hat. Und da ich natürlich oft zu spät in die
Gänge kam, hatten die Fahrten auch häufig ein gutes Temponiveau.
Heute, hier in Iten, muss ich wieder daran denken. Was hätte alles aus
meinen Schulkameraden und mir werden können, wenn die Busfahrer
häufiger gestreikt und die Räder häufiger einen Platten gehabt hätten …
Aber dann hätten uns ja unsere Eltern mit dem Auto gefahren …

Hier in Iten freuen wir uns über die Laufbegeisterung der Kids, über ihre
Willensstärke und über die vielen Talente. Es ist einfach toll anzusehen,
wie sie zur Schule rennen. Das erklärt natürlich auch ein Stück weit,
warum immer wieder neue kenianische Gesichter auf den Siegertreppchen der Weltklasse-Marathons auftauchen. Der Schulweg per pedes ist
ein automatisches Training für die Grundausdauer und vieles mehr. Ob
das in den nächsten Jahren so bleibt, wird sich zeigen. Zurzeit ist es auf
jeden Fall noch die Ausnahme, dass einem ein Schulkind vom Sozius
eines Fahrrads oder Motorrades aus zuwinkt und dann mit einer großen
Staubwolke im Schlepptau nach Hause braust.

KILOMETER 27

SCHULISCHE WURZELN

DIE GRUNDSCHULE IST in Kenia, anders als die High-School, für alle kostenlos. Und was herrscht an diesen Schulen für ein Trubel. Ist gerade Pausenzeit, so schaffen wir es nie vorbeizulaufen, ohne ein mittleres Chaos auf dem Schulhof anzurichten. Wir kommen uns dabei ein wenig vor wie exotische Tiere im Zoo. Uns zu füttern haben sie noch nicht versucht. Doch unsere Hand schütteln wollen die Kinder alle.

Jedes Mal, wenn wir während der Unterrichtszeit und außerhalb der Pausen an den Ansammlungen sehr einfacher Wellblechhütten vorbeikommen, versuchen wir, einen neugierigen Blick durch die Fenster zu werfen. Hier drängen sich nicht selten bis zu hundert Kinder in einen Klassenraum, wo sie von nur einem Lehrer unterrichtet werden. Die Eltern, die es sich leisten können, schicken ihre Kinder auf eine der oftmals teuren Privatschulen. An diesen werden vereinzelt Stipendien für Talente vergeben, darunter auch begabte Läufer. Letzten Endes verdient der Besitzer der Schule gutes Geld damit. Er verbindet die Mission Bildung mit einem guten Einkommen für sich selbst.

Die Kinder, die gestern mitgelaufen sind, haben uns auf jeden Fall derma-ßen beeindruckt, dass wir heute eine ganz besondere Bildungseinrich-tung besuchen möchten. Dafür machen wir ein Treffen in der Brutstätte des Laufsports schlechthin aus, der St. Patrick's High School. Die liegt – wie könnte es anders sein – hier in Iten direkt an einer unserer Routen.

Im Unterschied zur Grundschule sind die weiterführenden Schulen in Kenia immer gebührenpflichtig. Auch die St. Patrick's High School ist da keine Ausnahme, wenngleich die Schulgebühren hier dank verschiedener Maßnahmen deutlich geringer ausfallen als andernorts.

Die Bildungsanstalt gilt als Keimzelle kenianischer Laufwunder. Das liegt nicht zuletzt an der Trainerlegende Colm O'Connel, den es vor vielen Jahren dorthin zog. Brother Colm O'Connel, den wir vor wenigen Tagen noch bei uns im Kerio-View Hotel gesehen haben, begründete den Mythos, der sich heute um diese Lehranstalt rankt.

Bei der Besichtigung des Schulgeländes staunen unsere niederländi-schen Freunde, Ruben und ich nicht schlecht. Das Gebäude ist in einen kleinen Wald eingebettet – ein ganz besonderer Hain: Vor jedem Baum steht ein mehr oder weniger verblasstes Schild mit dem Namen und den Erfolgen eines Läufers. Für jeden Schüler, der bei internationalen Wettkämp-fen eine Medaille gewonnen hat, wurde auf dem Schulgelände ein Baum gepflanzt. So ist über die Jahre ein richtiger kleiner Wald gewachsen. Da stehen Namen, an die wir uns nicht mehr genau erinnern können, aber auch aktuelle Weltmeister und Weltrekordhalter sind dabei. Wir suchen und finden den Baum von David Rudisha, stoßen auf den Namen Wilson Kipketer, der vor Rudisha den 800-Meter-Weltrekord hielt. Wir sehen die Bäume so mancher Hindernislauf- und Marathon-Asse und werden von dem Lehrer, der uns begleitet, voller Stolz auf weitere Erfolgsläufer hingewiesen. Es ist schier unglaublich, wer hier schon alles die Schulbank gedrückt und dabei nicht nur seine klei-nen grauen Zellen, sondern besonders auch seine langen Läuferbeine trainiert hat. Hier liegen die Wurzeln des kenianischen Laufsports.

Das Gegenstück der St. Patrick's High School für den weiblichen Nachwuchs ist die Signore Girls

Fest verwurzelt, schon mit Erfolgen geschmückt, aber noch mit Wachstumspotenzial: der Baum von David Rudisha

School. Sie liegt nicht weit entfernt, etwa zwei Kilometer die Staubpiste hinab. In den beiden Bildungsstätten waren mehr Weltklasse-Läufer und -Läuferinnen in den Klassenzimmern gesessen als in sämtlichen deutschen Schulen zusammen. Und dabei wird in Kenia noch gar nicht so lange erfolgreich trainiert. Erst mit den Triumphen von Kipchoge Keino in den sechziger Jahren und wenig später mit Henry Rono begann der Aufstieg zur Läufernation. An der St. Patrick's High School ist man sehr stolz auf die

In diesen Klassenzimmern saßen schon etliche spätere Weltmeister.

Errungenschaften der Schüler. Der Lehrer erzählt uns von dem Plan der Schulleitung, ein kleines Museum zu eröffnen, um diese Triumphe entsprechend zu würdigen. Außerdem sind die Volleyballer der St. Patrick's national ebenfalls sehr erfolgreich – für uns Laufwütige natürlich nur eine Fußnote.

Der Eingang zu der Schule, von der weltweit die meisten Spitzenläufer stammen.

INFO SCHULE UND SPORT

Das kenianische Konzept erinnert ein wenig an amerikanische Verhältnisse. Während sich ein Sportler bei uns in Deutschland immer wieder dafür rechtfertigen muss, dass er neben dem Studium versucht, sich als Hochleistungssportler zu etablieren, kann man sich in den USA das Studium oft nur durch ein Sportstipendium überhaupt leisten. Mein Trainingskollege Jannis studiert derzeit an einer sehr guten Uni, der University of Illinois at Urbana-Champaign. Obwohl das Leichtathletik-Team national nicht ganz vorne dabei ist, werden die Sportler dort unglaublich gefördert. Den Stundenplan stimmen Coach, Athlet und Lehrer gemeinsam aufs Training ab. Massagen gibt es, wenn gewünscht drei Mal am Tag und nicht wie bei mir nur ein Mal pro Woche. Riesige Trainingsgruppen, hauptamtliche Trainer und viele weitere Fördermaßnahmen ermöglichen Topleistungen. Kein Wunder, dass die Amerikaner zurzeit sehr gute Läufer haben.

In Deutschland gibt es einzelne Förderer, die sich für eine Kombination aus Laufsport und Bildung stark machen. Gerät ein Schüler an den falschen Lehrer oder Ausbilder, ist die sportliche Karriere allerdings bereits vorbei, bevor sie überhaupt angefangen hat.

Die Tour durch die St. Patrick's High School ist für uns eine äußerst spannende Sache. Eine gute Gelegenheit, auch abseits der Trainingseinheiten etwas von Land und Leuten zu sehen. Neugierig schauen wir durch die offenen Klassenfenster. Sitzt da schon der nächste Abel Kirui und flucht über den Geschichtsunterricht? Wer von den Jungs, die dort gerade nicht aufpassen, träumt in diesem Moment vom Sieg bei den Spielen in Rio? Die Chancen, einen der zukünftigen Stars zu sehen, sind hier so groß wie nirgends sonst auf der Welt, das ist klar.

Wir lassen uns kurz James aus dem Klassenzimmer holen, um ihn kennenzulernen. James hat gerade bei der Weltmeisterschaft in der Altersklasse unter 18 Gold gewonnen. Nach einer schüchternen Begrüßung berichtet er, dass David Rudisha sein großes Vorbild sei. Dann verschwindet er schnell wieder im Klassenzimmer. Das Gesicht von James, das werden wir uns merken. Bin gespannt, ob ich ihn eines Tages auf der ganz großen Bühne wiedersehe.

An einer Ehrentafel finden wir den Namen Brother Colm O'Connell. Er unterrichtet hier nicht mehr, trainiert aber auch im Alter von 65 Jahren noch immer seine Athleten. Außerdem berät er weiterhin zahlreiche

Natürliche Produkte

AUS UNSEREM ONLINESHOP

BIO SCHWARZ-KÜMMELÖL

nativ, ungefiltert und naturrein. Da es nicht gefiltert wird, enthält es alle wertvollen Trüb- und Schwebstoffe der Schwarzkümmelsamen mit ihren Inhaltsstoffen.

500 ml, Best.-Nr. 25837

€ 16,90

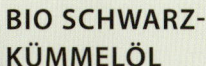

OPC TRAUBENKERNEXTRAKT

Nahrungsergänzungsmittel mit Traubenkernextrakt aus französischen Weintrauben und Extraktion in Frankreich. Eine Kapsel enthält 400 mg Traubenkern-extrakt, davon 190 mg OPC.

180 Kapseln, Best.-Nr. 25218 • **€ 19,50**

FRUCHTGUMMIS

Fruchtgummis mit Mission: VITAL Multivitamin Fruchtgummis von Unimedica läuten eine neue Ära ein! Die neue, innovative Form der Nahrungsergänzung: Vitamine und Mineralstoffe zum Naschen ohne Zucker. So nimmt man Vitalstoffe gerne ein!

Immun Holunder Zink*

40 Stück   Best.-Nr. 27966

Beauty Vitamine*

60 Stück   Best.-Nr. 27993

Vital - Multivitamin*

60 Stück   Best.-Nr. 27994
• **€ 9,90**

Set- Fruchtgummi*

480g   Best. Nr. 28243
• **€ 29,70**

OREGANO ÖL FORTE

Oregano Öl, 100 % natürlich rein, ohne Zusätze. Jede Flasche Oregano Öl von Unimedica enthält 10 ml ätherisches Oregano Öl. Dieser Oregano Extrakt ist sehr hoch konzentriert und mit 86% Carvocrol intensiver als viele anderen Produkte.

10 ml Best.-Nr. 25778 • **€ 16,90**

Unsere
BESTSELLER

Bio Jojobaöl 50 ml
Best.-Nr. 25838 • € 10,9
Bio Arganöl 50 ml
Best.-Nr. 25839 • € 10,9

Propolis 30% Tinktur 50 ml
Best.-Nr. 25589 • € 19,90
Magnesium Öl 100 ml
Original Zechsteiner
Best.-Nr. 25552 • € 12,50

Bio Rizinusöl 200 ml
Best.-Nr. 26220 • € 19,50

Magnesiumflocken 750 g
Original Zechsteiner
Best.-Nr. 26094 • € 12,90

BIO SUPERFOODS

Matcha Pulver Bio
100 g, Best.-Nr. 25766 • € 16,–
Rote Beete Pulver Bio
500 g, Best.-Nr. 25759 • € 17,–
Hagebuttenpulver Bio
500 g, Best.-Nr. 25845 • € 11,90
Curcuma Pulver Bio
500 g, Best.-Nr. 25851 • € 9,90
Chiasamen Bio
500 g, Best.-Nr. 25756 • € 6,90
Hanfsamen Bio
500 g, Best.-Nr. 25841 • € 8,90
Kakao Nibs Bio
300 g, Best.-Nr. 25761 • € 9,50

* IN BIO-
QUALITÄT

UNIMEDICA

BIO Ashwagandha 600 mg
Wird seit jeher in der ayurvedischen Naturheilkunde aufgrund seiner vielfältigen Eigenschaften sehr geschätzt.

180 Kapseln, Best.-Nr. 25637 • **€ 16,50**

Camu-Camu-Extrakt 500 mg
Hochdosiertes natürliches Vitamin C.

120 Kapseln, Best.-Nr. 24911 • **€ 13,50**

Acerola-Extrakt 494 mg
Hochdosiertes natürliches Vitamin C.

180 Kapseln, Best.-Nr. 24912 • **€ 19,50**

Vitamin B12-Lutschtabletten
Für ein funktionierendes Nerven- und Immunsystem.

100 Tabletten, Best.-Nr. 24913 • **€ 14,90**

L-Arginin 620 mg
Hochdosiertes rein pflanzliches L-Arginin.

365 Kapseln, Best.-Nr. 24944 • **€ 18,50**

Bio-Grapefruit-Extrakt
Hochkonzentriertes Bio-Grapefruit-Extrakt.

100 ml, Best.-Nr. 24945 • **€ 17,90**

Magnesium forte 667 mg
Nahrungsergänzungsmittel mit 400 mg elementares Magnesium

365 Kapseln, Best.-Nr. 25219 • **€ 17,50**

Veganes Vitamin D3
30 ml
Best.-Nr. 26320
€ 22,50

Vitamin-D3-Tropfen
50 ml,
Best.-Nr. 24904
€ 12,99

Vitamin-D3/K2-Tropfen
50 ml, Best.-Nr. 24905
€ 18,90

Hyaluronsäure Kapseln
90 Kapseln,
Best.-Nr. 24906 • € 14,50

Schwarzkümmelöl-Kapseln 500 mg
400 Kapseln, Best.-Nr. 24951
€ 19,80

MCT-Öl C8+C10 gefiltert
500 ml, Best.-Nr. 25179 • € 15,99

Bio Hanföl *
250 ml,
Best.-Nr. 24952
€ 8,50

Bio Kokosöl nativ *
1000 ml,
Best.-Nr. 24954
€ 12,90

* IN BIO-QUALITÄT

Weitere Bücher für ein natürlich gesundes Leben

VON UNIMEDICA

Michael Greger / Gene Stone

HOW NOT TO DIE

Entdecken Sie Nahrungsmittel, die Ihr Leben verlängern - und bewiesenermaßen Krankheiten vorbeugen und heilen.

512 Seiten, geb., Best.-Nr. 20587 • € 24,80

Michael Greger / Gene Stone

DAS HOW NOT TO DIE KOCHBUCH

Über 100 Rezepte, die Krankheiten vorbeugen und heilen.

272 Seiten, geb., Best.-Nr. 22997 • € 29,–

Dr. Gabor Maté

WENN DER KÖRPER NEIN SAGT

Wie chronischer Stress krank macht und was Sie dagegen tun können.

328 Seiten, kart., Best.-Nr. 25537 • € 24,80

Shawn Achor

DAS HAPPINESS-PRINZIP

Wie Sie mit 7 Bausteinen der Positiven Psychologie erfolgreicher und leistungsfähiger werden

318 Seiten, kart., Best.-Nr. 25290 • € 19,80

Dr. Judy Mikovits / Kent Heckenlively

DIE PEST DER KORRUPTION

Wie die Wissenschaft unser Vertrauen zurückgewinnen kann.
Mit einem Vorwort von Robert F. Kennedy, Jr.

282 Seiten, geb., Best.-Nr. 25855 • € 19,80

Andreas Moritz

DIE WUNDERSAME LEBER- UND GALLENBLASENREINIGUNG

Ein kraftvolles, selbst durchführbares ' Verfahren für mehr Gesundheit und Vitalität

496 Seiten, kart., Best.-Nr. 17048 • € 22,90

Direkt bestellen bei: www.narayana-verlag.de

In unserem Onlineshop führen wir ein großes Sortiment an Büchern über gesunde Lebensführung, Naturkost-Produkte, Superfoods und vieles mehr.

Online finden Sie ausführliche Informationen zu den einzelnen Titeln sowie aussagekräftige Leseproben.

© Narayana Verlag GmbH 2021. Unimedica ist ein Imprint des Narayana Verlags.

Bestellhotline:
0049 (0) 76 26 97 49 70-0
Täglich 7.30 bis 21.00 Uhr,
auch am Wochenende
Narayana Verlag GmbH,
Blumenplatz 2, D-79400 Kandern
info@narayana-verlag.de

Versandkosten: Innerhalb Deutschlands ist Versand von Büchern portofrei, für andere Produkte: € 2,80. Ab Auftragswert von € 29,– ist Versand für alle Produkte portofrei. Österreich, Schweiz: Ab Auftragswert von € 60,– ist Versand portofrei.

Geschäftsführer: Dr. Herbert und Katrin Sigwart, HR: Amtsgericht Freiburg, HRB 413609, Redaktioneller Inhalt: Dr. Katrin Sigwart. Preisänderungen oder Irrtümer sind vorbehalten.

Sportler. Ein Leben für den Laufsport. Dieser Mann war schon das Thema ganzer Bücher, und auch eine Dokumentation gibt es über ihn. Er ist nicht nur in Kenia eine Legende, sondern in der gesamten Welt des Laufsports. Der Vorteil von Brother Colm ist, dass er in Iten aus einem schier unerschöpflichen Pool top motivierter Talente auswählen kann. Doch auch das größte Talent wird kein Weltklassesportler, wenn es nicht entsprechend gefördert wird. Und genau das passiert an diesen Schulen und mit diesen Lehrern. Hier wirft der Lehrer nicht einfach einen Ball in die Mitte und sagt »macht mal«. Und der Sportunterricht fällt auch nicht ständig aus. Nein, hier steht der Sport im Vordergrund.

Das Gästebuch der St. Patrick's High School. Auch Superstar Haile Gebrselassie war schon zu Besuch.

Was den Läufern mittlerweile bewusst ist: Manche Nachwuchsathleten schaffen es bei entsprechenden schulischen und besonders auch sportlichen Leistungen, ein Stipendium für ein Auslandsstudium oder einen Schulbesuch zum Beispiel in Amerika zu bekommen. Was für eine Chance. Aus einem kleinen Dorf in Kenia hinaus in die große weite Welt. Mit einer guten Ausbildung ergibt sich schnell auch die Möglichkeit zum sozialen Aufstieg. Dafür muss man zwar verdammt schnell rennen können, aber wer es packt, dem eröffnen sich ungeahnte Möglichkeiten und Fördermöglichkeiten.

Brother Colm U'Connel: Die Legende!

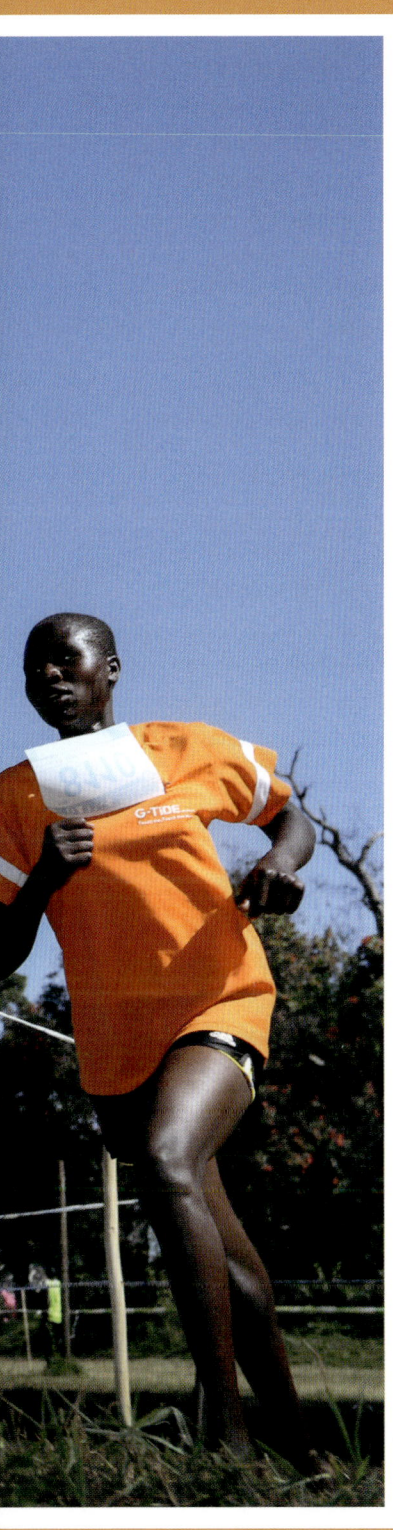

KILOMETER 28

BARFUSS ÜBERS STOPPELFELD

DAS KLISCHEE DES armen Afrikaners, der nicht mal Schuhe hat und den ganzen Tag barfuß durch die Steppe läuft, bestätigt sich in Kenia nur teilweise. Selbst die langsamen Läufer (die meistens aber immer noch schneller unterwegs sind als wir) sind mit Schuhen großer Firmen ausgerüstet. Und ihr Schuhwerk sieht zumindest auf den ersten Blick gar nicht mal so übel aus.

Nur die Kinder, die Ruben und mir begegnen und die uns begleiten, entsprechen eher der typischen Vorstellung. Sie sind in abgetragenen Schuhen, Gummischlappen oder tatsächlich barfuß unterwegs. Die Sandpisten wären an sich barfuß gar nicht so schlecht begehbar. Die ganzen Steine allerdings machen das Barfußlaufen schon unangenehmer. Noch ein Stück härter wird es auf den Stoppelfeldern. Was für eine Hornhaut muss man haben, um das unbeschadet zu überstehen? Für unsereins wäre es schlichtweg unmöglich, sich hier ohne Schuhwerk frei zu bewegen. Keine Chance. Da bin ich dann doch dankbar für meine Nikes.

Nichtsdestotrotz: Das Barfußlaufen stärkt gerade in jungen Jahren in Kombination mit den Holperwegen natürlich ungemein die Fußmuskulatur. Da werden sämtliche Zehen und kleinen Muskeln im Fuß beansprucht und trainiert. Auch das Reaktionsvermögen und das Gefühl für den Boden verbessern sich durchs Barfußlaufen. Bei Betrachtung der Läufer vor Ort in Kenia, bei großen Meisterschaften auf der ganzen Welt oder bei den Straßenläufen in Deutschland springt immer deren eleganter Laufstil ins Auge. Kürzester Bodenkontakt, dazu ein kraftvoller und doch energiesparender Abdruck. Der Grundstein dafür wird von Kindesbeinen an durch die langen, täglichen Barfußstrecken und durch die steinigen Wege gelegt, die uns bereits in den ersten Tagen unseres Aufenthaltes hier in Iten aufgefallen sind.

An einem der seltenen trainingsfreien Vormittage fahren wir mit dem *matatu* nach Eldoret, um uns dort einen der Crossläufe anzusehen. Was für ein Gewimmel am Start und was für ein Kampf auf den ersten Metern. Es wird gespurtet, als wäre die Strecke nur hundert und nicht zehntausend Meter lang. Jeder möchte sofort ganz vorne laufen. So kenne ich das eigentlich nur von den Rennen, bei denen in Deutschland die Sechsjährigen losstürmen, weil sie die Streckenlänge noch nicht ganz einschätzen können. Da denkt jeder nur an die ersten hundert Meter. Bei dem Rennen in Eldoret wird jedoch schon nach zwei Minuten klar, dass zumindest die meisten der verrückten Start-Sprinter genau wissen, was sie tun. Plötzlich nämlich hat sich eine schier endlose Kette an Läufern gebildet. Das Feld, das an die 500 Athleten zählt, hat sich zu einer Schlange aus Läufern verjüngt, die sich zwischen den flatternden Absperrbändern über eine riesige Fläche windet – allerdings sehr viel schneller als jede andere mir bekannte Schlange. Wer jetzt noch von einem der hinteren Plätze auf die Topränge vorlaufen will, hat ganz schlechte Karten. Der Spurt auf den ersten Metern hatte also durchaus einen Sinn.

Am Ende des ersten Drittels der Läuferschlange tauchen sie dann auf: die Barfußläufer, die hoffnungsfrohen Erwachsenen oder Jugendlichen, die einfach noch nicht lange genug dabei oder nur ein wenig zu langsam

sind, um sich die entsprechende Ausrüstung zu kaufen. Wie bei jedem Crosslauf wären auch hier für alle Teilnehmer Spikes angesagt – Spezialschuhe mit Stahlnägeln, die sich in den Boden bohren. Solche Spikes sind aber deutlich schwerer zu bekommen als normale Laufschuhe, da sie nur für harte Trainingseinheiten auf der Bahn und Cross-Wettkämpfe genutzt werden können. So kommt es, dass hier und heute tatsächlich so manche Fußsohle ungeschützt auf die Rennpiste trommelt. Wir bekommen sie also doch noch vor die Linse, unsere barfußlaufenden Rennmaschinen. Das sieht einfach richtig gut aus, nach dem ultimativ ursprünglichen Lauferlebnis.

Gerne hätte ich jetzt eine Kamera für Zeitlupenaufnahmen dabei, um eine Laufstilanalyse machen zu können. Dieser Fußaufsatz ist fantastisch. Ganz kurz nur berührt der Vorfuß den Boden. Vielleicht gerade noch der Mittelfuß. Die Ferse, die bekommt bei dieser Geschwindigkeit keinen Kontakt zur Rennstrecke. Und immer der dabei aufgewirbelte Staub. Wow. Was ich mir jedoch nicht ausmalen möchte, ist das Gefühl, von den Konkurrenten mit den Spikes einen Tritt auf die eigenen unbedeckten Füße abzubekommen. Vermutlich ist auch das ein großer Ansporn, sich nach dem Rennen ganz schnell um eigene Schuhe zu bemühen und ein Grund dafür, warum Barfußläufer selten geworden sind.

Trotzdem ist zumindest auf dem Land jeder Kenianer einige Jahre seines Lebens barfuß unterwegs gewesen. Durch das viele Barfußlaufen im Kindes- und teilweise noch im Erwachsenenalter sehen die Füße dann tatsächlich anders aus als bei uns: Das Stützgewölbe ist erhöht und der gesamte Fuß funktioniert wie ein gut geöltes, filigranes und doch kräftiges feinmechanisches Gerät. Was haben wir Europäer im Gegensatz dazu oft für Platt-, Spreiz- und Senkfüße. Jeder Besuch beim Orthopädie-Schuhmacher offenbart neue Fehlstellungen. Ich weiß gar nicht, wie viele verschiedene Schuheinlagen ich im Laufe meines bisherigen Läuferlebens schon getragen habe. Viel zu viele auf jeden Fall. Da hilft es nur, die Füße zu stärken.

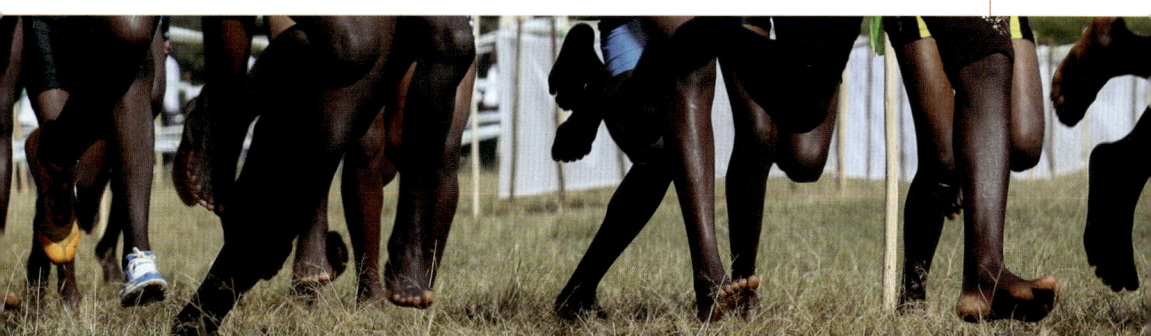

Eine Zeitlang wurden in die Laufschuhe auf der ganzen Welt immer mehr Dämpfungen und immer größere und stärkere Stützen zum Beispiel gegen seitliches Abknicken eingebaut. Seit zehn Jahren findet in der Sportbekleidungsindustrie ein Umdenken statt. In viele Schuhe werden inzwischen nicht nur weniger Stütz- sondern auch deutlich weniger Dämpfungselemente eingebaut. Besonders ausgeprägt ist die Tendenz bei den Barfuß-Schuhen, die momentan der große Renner sind. In der Schule werden die Barfußläufer vermutlich eher aus modischen Gründen getragen. Wir Läufer aus den Industrienationen versuchen damit genau das zu erreichen, was die kenianischen Kinder zwangsläufig von Grund auf richtig machen. Das Barfußlaufen stärkt nämlich die Füße.

Das ist dringend nötig, da wir bei jedem Aufprall, der einem Laufschritt folgt, etwa das Dreifache unseres Körpergewichts abfangen müssen. Einen Großteil dieser Arbeit übernimmt der Fuß. Dem biologischen Wunderwerk stehen dafür 26 Knochen und 24 Muskeln zur Verfügung. Insbesondere die kleinen Fußmuskeln wollen genau wie die dicken Oberschenkelmuskeln und Waden trainiert werden. Die Frage ist nur, wie das gehen soll. Ganz einfach: durch Barfuß-Schuhe und spezielles Fußkräftigungstraining wie beispielsweise die bereits beschriebenen

Ob wir Europäer auf dem Untergrund überhaupt einen Schritt schmerzfrei rennen könnten?

Greifübungen. Dabei versuchst du, mit den Zehen ein Handtuch zu-sammenzurollen.

Bei dem Gedanken an die verschiedenen Arten von Barfuß-Schuhen muss ich hier in der Hitze Eldorets plötzlich an den Schnee der USA denken. Als wir in einem der Höhentrainingslager in Arizona im frisch gefallenen Neuschnee unterwegs waren, stießen wir damals auf die Spuren des Yeti oder Bigfoot, wie er in Amerika genannt wird. Da waren tatsächlich Abdrücke im Schnee, an denen deutlich jeder einzelne Zeh zu erkennen war. Kein Wanderschuh, kein Schneestiefel, sondern ganz klar die Fährte eines barfuß durch die Landschaft stapfenden Lebewesens. Es musste sich um einen kleinen Yeti handeln, etwa Schuhgröße 46.

Wir verfolgten die Abdrücke so gut es ging, doch irgendwann war der Weg zu Ende. Der Schnee war an einer Stelle getaut, die Fährte somit nicht mehr erkennbar. Als wir schließlich einen uns entgegen-kommenden einheimischen Läufer nach dem Bigfoot fragten, musste er lachen und berichtete von den Zehenschuhen, bei denen tatsächlich jeder Zeh einzeln verpackt wird. So wie bei einem Fingerhandschuh. Wer mit Zehenschuhen läuft, hinterlässt im Schnee solche Spuren, wie

Koordinationsübungen am Wegesrand – natürlich barfuß oder in Schlappen

TIPP BARFUSSLAUFEN

Minimalistische Schuhe verzichten bewusst auf starke Dämpfung und Stützfunktionen. Sie sollen eine möglichst natürliche Bewegung des Fußes ermöglichen. Oft sind sie sehr leicht und bequem. Wer den Einsatz richtig dosiert und sie insbesondere anfangs nicht zu oft und zu lange trägt, kann mit Barfußschuhen sehr gut die Füße kräftigen. Besonders wichtig finde ich es jedoch, möglichst oft richtig barfuß zu laufen. Du musst ja nicht wie manche Leute in der Heimat jeden Trainings- und Wettkampfkilometer ohne schützendes Schuhwerk zurücklegen. Aber auf Hausschuhe kannst du beispielsweise ab und zu auch verzichten. Was gibt es Schöneres, als im Sommer zusätzlich zum normalen Dauerlauf ein paar Runden mit nackten Sohlen am Strand entlang oder über den Rasen des Sportplatzes zu joggen? Dass ein Wackelbrett, ein Stabilisierungskreisel und ähnliches Spielzeug aus meiner Sicht genauso wie unsere Laufsocken immer parat liegen und auch genutzt werden sollten, darauf bin ich bereits bei Kilometer 2 dieses Buches eingegangen. Das Barfußlaufen und die steinigen Wege in Kenia sorgen nämlich gleichermaßen dafür, dass die vielen Muskeln im Fuß effektiv arbeiten müssen. Wir Europäer sollten nach Möglichkeiten suchen, diesen Vorteil auch für uns zu nutzen.

wir sie gesehen hatten. Verflixt, dabei waren wir so dicht dran an der sensationellen Entdeckung des Bigfoot.

Ob es wirklich diese Zehenschuhe sein sollen, muss jeder für sich selbst entscheiden. Wer will, dass die Nachbarn dumm schauen, hat damit aber ganz gute Karten.

Doch zurück nach Kenia: In unserem großen Rennen gewinnt keiner der Barfußläufer. Die schnellen Athleten sind eben meist doch gut ausgerüstet. Trotzdem: Spezielle Übungen zur Fußstabilisierung brauchen auch sie nicht mehr. Schließlich haben sie in den ersten 15 Jahren ihres Lebens genug in dieser Richtung getan.

QR-Code zum Crosslauf-Video

Die Kids machen sich über Dinge wie Fußstabilisierung und Krafttraining für den dicken Zeh ohnehin keine Gedanken. Hier wird über die Felder gerannt, dass der Staub nur so aufwirbelt. Von ein paar spitzen Steinen oder Stöckchen lässt sich ohnehin niemand aufhalten. Das wäre ja noch schöner! So werden ganz nebenbei die Grundlagen für den Fuß eines Weltrekordlers gelegt.

Beim Crosslauf noch recht oft zu sehen: Barfüßiger Nachwuchs.

KILOMETER 29

DIE LIEBE
ZUM SCHUH

ICH GESTEHE: Ich bin ein Schuh-Fetischist. Ich kann mir keinen schöneren Geruch vorstellen als den Duft von Laufschuhen, die frisch aus dem Karton kommen. Nichts ist verführerischer als diese Mischung aus verschiedenen Klebstoffen und Hightech-Fasern, die zu einem einzigartigen Arrangement verschmelzen und in uns die Kauf- und Lauflust wecken. Bei den großen Autoherstellern gibt es Fachleute, die sich nur um den Geruch ihrer Neuwagen kümmern. Ich bin mir sicher: Auch in den Sportschuhfirmen sitzen Duftdesigner.

Das Gefühl, mit den neuen Wundersohlen das erste Mal auf die Piste zu gehen, ist unbeschreiblich. Anfangs hast du noch Angst, sie schmutzig zu machen. Zu schön sehen sie aus, so funkelnagelneu wie sie sind. Dann aber entscheidest du dich anders. Ein Laufschuh wird schließlich erst richtig wertvoll, wenn man ihm ansieht, dass du kein Schönwetterläufer bist. Schlamm und leichte Abnutzungserscheinungen gehören dazu. In die Waschmaschine wandern die Treter nur im

Notfall. Das ist nicht gut fürs Material und auch nicht für die Optik. Der schöne Schmutz ist schließlich hart erarbeitet.

Für mich waren in den ersten Jahren als Läufer die Laufschuhe noch wichtiger als heute. Die allerneusten Modelle waren grundsätzlich unerschwinglich und für einen Schüler wie mich unbezahlbar. Natürlich haben mich meine Eltern unterstützt. Doch konnte es nicht immer das Super-Elite-Modell sein. Nach meinem ersten Sieg bei der Niedersachsenmeisterschaft, für mich ein Riesenerfolg, hat mich dann mein Onkel Wolfgang gesponsert. So durfte ich mir meinen Lieblingsschuh aussuchen. Den Duft, der mir beim Öffnen des Kartons in die Nase stieg, habe ich bis heute nicht vergessen. Später bekam ich eine große Sportfirma als Sponsor, die mich seit mittlerweile 15 Jahren unterstützt. Inzwischen kann ich mir also jeden Schuhwunsch erfüllen. Bei einem Verbrauch von etwa 10 Paaren pro Jahr eine gute Sache.

In Iten ist vieles anders als bei uns. Trotzdem fühle ich mich unter den dortigen Läufern in vielerlei Hinsicht wie zu Hause. Mein Schuh-Tick zum Beispiel ist verglichen mit dem, was ich in Kenia erlebe, noch harmlos. Hier werden Schuhe nicht nur beschnüffelt oder als Werkzeug betrachtet. Nein, sie gelten neben dem Kenia-Schilling sogar als Zweitwährung und ungeheuer wichtiges Statussymbol.

Dazu eine kleine Anekdote: Die Jungs, die uns am ersten Tag unseres Trainingslagers zum Sightrunning eingeladen hatten, fragten uns schon am Tag darauf, wann wir denn wieder abreisen würden. Wir waren verstört: Wollten die uns schon wieder loswerden? Hatten wir es geschafft, uns in so kurzer Zeit so unbeliebt zu machen? Hatten wir zu viel des wertvollen Sauerstoffs eingeatmet, zu laut geschnauft oder zu viele Kühe erschreckt?

Unsere Verunsicherung war uns wohl deutlich anzusehen, denn schnell wurde das Missverständnis beseitigt: Es ging nur um unsere Schuhe und Shirts. In Iten ist es nämlich mittlerweile üblich, dass alle ausländischen Athleten quasi sportliche Entwicklungshilfe leisten. Dazu überlassen sie nach dem Trainingslager ihre noch brauchbaren, aber eben nicht mehr unbedingt topaktuellen Laufklamotten den einheimischen Läufern. Da heißt es für die kenianischen Läufer nicht nur im Rennen schnell zu sein, sondern auch, wenn es um die Schuhe der Trainingslagertouristen geht. Deshalb fragen sie rechtzeitig nach, bevor die Sachen einem anderen versprochen werden. Ein gutes Timing unserer Begleiter.

Welche Bedeutung Laufschuhe in der Läuferwelt Itens haben, lässt sich auch daran ablesen, wie das Schuhwerk behandelt wird: Bei einem kleinen Nachmittagsspaziergang treffen Ruben und ich auf den kenianischen Läufer Felix. Er steht mit einem großen Wasserbottich am Fluss und wäscht seine Rennschlappen. Laufschuhe waschen? Was macht denn das für einen Sinn? Die sind doch ohnehin sofort wieder schmutzig. Wenn man jetzt eine Waschmaschine hätte und ohne

Ein Shirt vom Hamburger Alsterlauf mitten in Kenia

Aufwand die Treter kurz einmal durchspülen könnte, wäre das notfalls eine Option. Aber mit einer Bürste hier im Wald stehen und die Treter schrubben? Felix erklärt uns, warum er seine Schuhe so hegt und pflegt: Er hat nur dieses eine Paar und es bedeutet ihm sehr viel. Er wohnt in dem Läufercamp nebenan und hat die Schuhe von einem seiner deutlich schnelleren Kollegen geschenkt bekommen. Der Kollege hat einen Ausrüstervertrag mit einer amerikanischen Sportartikelfirma und ist so in der glücklichen Lage, einfach und kostenlos an neues Laufequipment zu kommen. Die etwas abgetragenen Schuhe erben dann die Trainingspartner des schnellen Mannes. So wird das halbe Camp indirekt mitgesponsert.

Felix ist einer der Glücklichen, die von der indirekten Unterstützung profitieren. Bei genauerem Hinsehen bemerken wir erst, wie viele Kilometer der Schuh, den er gerade wäscht, schon hinter sich haben muss. Die Außensohle ist total hinüber. So abgelaufen, dass ein halber Zentimeter Gummi schlichtweg fehlt. Eigentlich müssten die Staubpisten bei dem, was hier in der Umgebung heruntergelaufen wird, nicht aus Sand und Lehm, sondern aus sehr feinen Gummipartikeln bestehen. Felix' Schuhen sieht man ihr Alter aufgrund der guten Pflege aber nicht an. Klar, die Löcher im Obermaterial kommen früher oder später. Doch nach der Wäsche sieht der Schuh erst einmal fast wie neu aus. Das ist Felix wichtig, denn sein Laufschuh ist sein ganzer Stolz. Er ist Zeuge seiner Hingabe an den Laufsport und seiner Fähigkeiten. Langsame Läufer haben keine so schöne, optisch fast neuwertige, saubere Schuhe.

Eine andere Geschichte zum Thema Schuhe trägt unser kenianischer Trainingspartner Paul bei: Am Sonntag zur Kirche, da zieht er nicht etwa seine feinen Lederschuhe an. Nein, dafür schnallt er sich das beste Paar an die

Füße. Und das sind ... na klar, seine neuesten Laufschuhe. Die Turnschuhe sind Statussymbol. Sie zeigen, dass du gut genug bist, um gesponsert zu werden oder genug Geld beziehungsweise die richtigen Kontakte hast, um sie dir leisten zu können. Das darf jeder wissen, denn das ist etwas ganz

TIPP DIE RICHTIGE BESOHLUNG

Der Schuh ist das mit Abstand wichtigste Werkzeug eines jeden Läufers. Du kommst gut ohne Hightech-Laufjacke und auch ohne GPS-System aus. Hochwertige Schuhe sind jedoch unverzichtbar. Dabei ist es gar nicht so einfach, die richtige Entscheidung zu treffen. Es gibt zahllose Modelle für jeden Läufertyp. Vom Barfuß- zum Stabilschuh, vom Schuhwerk mit Stützfunktion bis zum neutralen Modell, vom ultraleichten Wettkampf-Rennschuh bis hin zur extrem griffigen Trailsohle. Die Anbieter versuchen ständig, sich gegenseitig zu übertrumpfen. Die Auswahl ist genau so groß wie die Bandbreite an unterschiedlichen Füßen und Laufstilen. Daher kann ich nur wärmstens empfehlen, beim Fachhändler einzukaufen. Dort findest du am ehesten die perfekten Begleiter, die dich dann kilometerweit durch die Lande tragen. Beim Fachhändler wirst du von Profis beraten. Du kannst eventuell eine kleine Laufstilanalyse auf einem Laufband oder vor der Haustür des Geschäfts machen und findest so das passende Modell. Da die Besohlung nicht ewig hält (bei mir etwa 800-1.200 km) solltest du auch nicht zu lange warten, um dir neue zuzulegen. Neue und gebrauchte Schuhe sind in den Läuferhochburgen besonders gefragt. Wir sortieren daher vor jedem Kenia-Trainingslager zu Hause unsere Laufbekleidung und nehmen alles mit, was im Koffer Platz hat: Laufjacken, Hosen, T-Shirts und viele, viele Schuhe — gerne auch von Freunden. Wer selbst nach Kenia reist, sollte das im Hinterkopf behalten. Eine gute Option ist auch, die Bekleidung gegen Souvenirs zu tauschen.
Mit dem Sammeln von Schuhen fing auch bei der Organisation Shoe4Africa alles an. Mittlerweile betreut das Team um Läufer Toby Tanser auch den Aufbau von Schulen, Krankenhäusern und so weiter.
Informationen dazu gibt es unter folgenden Links:
http://www.shoe4africa.de/
http://www.shoe4africa.org/

Besonderes. Was für ein fantastisches Land. Keine langweiligen, unbequemen Lederschuhe werden hier bei besonderen Anlässen getragen. Nein, die guten Laufschuhe müssen es sein. Joschka Fischer hatte ja 1985 bei seiner Amtsvereidigung damit angefangen, den Trend auch bei uns zu etablieren. Doch leider setzte sich das hierzulande nicht so durch wie in Kenia. Unsere Politiker und Wirtschafts-

Auch den Bahn-Wettkampfschuhen, den Spikes, sieht man auf den zweiten Blick die vielen Kilometer an.

bosse wären bestimmt körperlich besser drauf, wenn sie den ganzen Tag in Sport- und nicht in Lederschuhen unterwegs wären.

Da ich stets versuche, von den Kenianern zu lernen und möglichst viele ihrer Rituale selbst teste, liegt mir natürlich auch die gesellschaftliche Aufwertung des Laufschuhs am Herzen. Nicht viele Menschen heiraten, so wie ich, in ihren Lieblingsrennschlappen. Doch mir hat es bislang Glück gebracht. Und zum Schnüffeln verziehe ich mich jetzt nicht mehr nach Hause ins stille Kämmerlein. Auch im Schuhgeschäft streiche ich inzwischen mit dem Riechkolben gern genüsslich übers Netzmaterial. Dabei gilt es nur zu beachten, ob der Schuh schon geschnürt ist oder nicht. Wenn ja, hatte ihn vermutlich schon jemand an, und der Duft ist nicht mehr ganz so, wie er eigentlich sein sollte.

Die Preisfrage ist natürlich, inwiefern diese Liebe zum Laufschuh den kenianischen oder deutschen Läufer schneller macht. Sind saubere Schuhe leichter und damit besser für Rekorde geeignet? Blenden blitzblanke Treter den Gegner oder lenken sie die Konkurrenz durch ihren Glanz und ihre Schönheit ab? Funktioniert die Belüftung des Schuhs besser, sodass der Fuß stärker gekühlt wird? Strömt der Fahrtwind bei einem sauberen Schuh schneller vorbei als bei einem dreckigen?

Meine Recherchen konnten diese Thesen nicht eindeutig belegen. Doch was ich mit Sicherheit sagen kann: Die Liebe zum Schuh zeugt von einer ungeheuren Motivation. Die Liebe zum Schuh ist gleichbedeutend mit der Liebe zum Laufsport. Und die macht definitiv schneller.

INFO FORMEL 1 IM LAUFSCHUH

Eine echte Revolution im Hochgeschwindigkeitssektor gibt es durch die Laufschuhe mit Carbon in der Sohle. Durch eine oder sogar mehrere in die Schuhsohle eingearbeitete Carbon-Platten gibt es in Verbindung mit den entsprechenden Schaumstoffen drumherum einen messbaren „Sprungfeder-Effekt". Auch die Form spezieller Hochgeschwindigkeitsschuhe soll einen Anteil an den vielen neuen Rekorden seit Einführung der Carbon-Technologie haben.

Eliud Kipchoge war einer der ersten, der mit Carbon-Schuhen für Aufmerksamkeit sorgte, als er 2017 in Monza in einem von Nike speziell organisierten Rennen nur ganz knapp die 2 h-Marke im Marathon verpasste. Auch seinen danach aufgestellten Marathon-Weltrekord und den ersten Marathon, den je ein Mensch unter 2 h lief (Wien, 2019, 1:59:40,2 h), bestritt er in Carbon-Schuhen von Nike.

Mittlerweile haben zahlreiche andere Hersteller nachgezogen und bieten ebenfalls Schuhe mit Carbon-Platten an. Das „Wettrüsten" ging so weit, dass vom Leichtathletik Weltverband (World Athletics) extra Regeln für rekordkonforme Schuhe festgelegt wurden. So darf die Dicke der Sohle 40 Millimeter nicht überschreiten und auch keine sich überlappenden Carbon-Platten eingebaut werden, wenn mit dem Schuh ein Rekord erzielt werden soll.

Ob und wie die Schuhe mit Carbon auch im ambitionierten Freizeitsport für Bestleistungen sorgen ist nicht ganz klar, zumal es mittlerweile verschiedenste Modelle auch fürs Training gibt. Es besteht zumindest die Gefahr, dass extreme Wettkampfschuhe von Läufern genutzt werden, für die diese eventuell nicht geeignet sind. Das kann durchaus zu Verletzungen führen. Eine gute Beratung ist daher sehr empfehlenswert.

Zweifellos haben aber die Schuhe mit Carbon-Platte ebenso wie neue Sportgetränke einen enormen Einfluss auf viele, viele Bestzeiten und auf die enorme Rekordentwicklung der Langstrecken seit 2018.

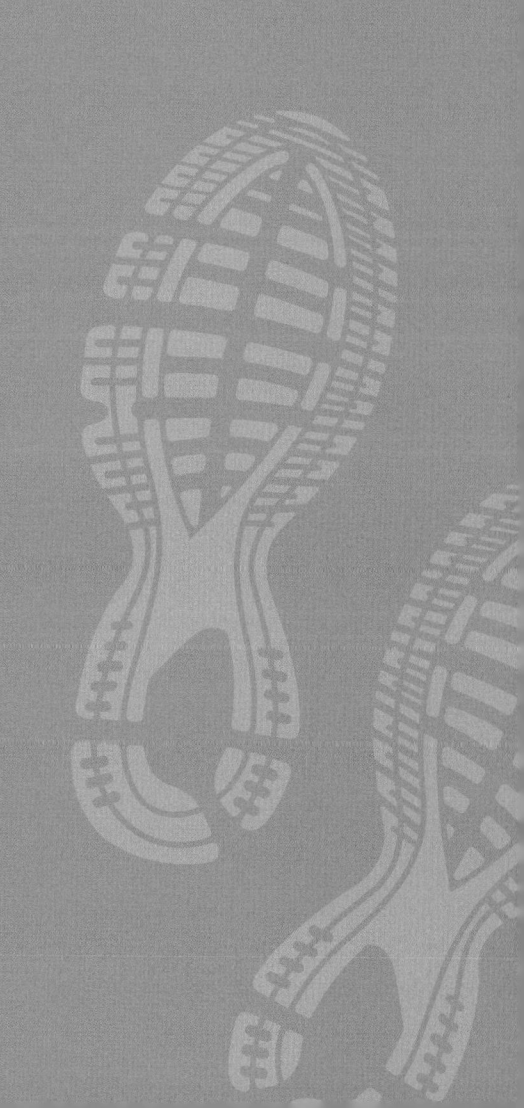

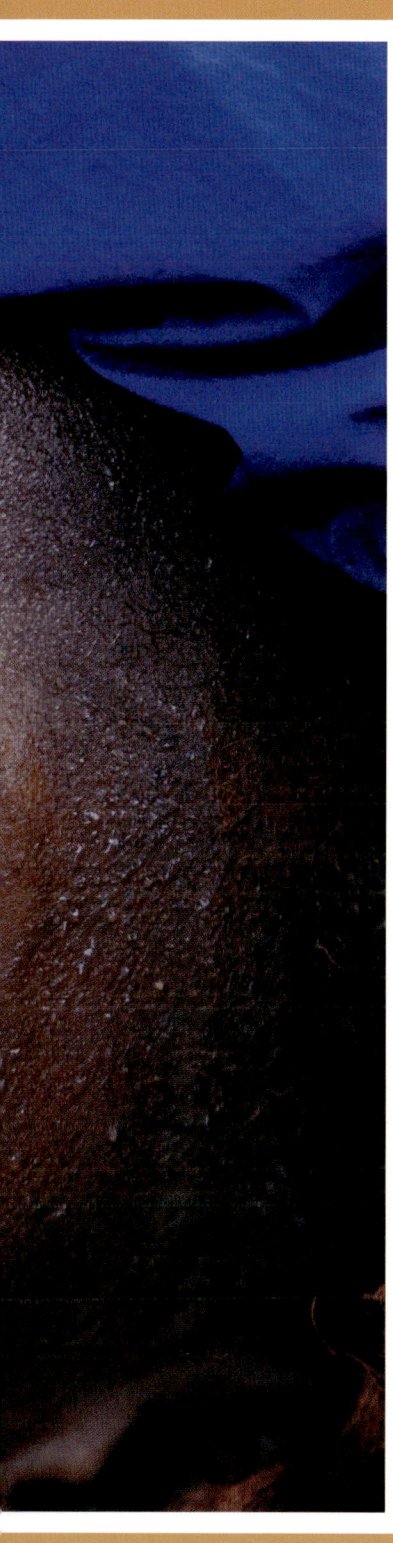

KILOMETER 30

KENIAS SCHNELLE FRAUEN

ES IST WIEDER einmal ein Dauerlauf angesagt. Etwa 70 Prozent des Langstreckentrainings besteht aus den unterschiedlichsten Formen dieser Ausdauereinheiten. Heute bin ich mit Ruben und Sebastian Hallmann vergleichsweise locker unterwegs. Ein 4:40er-Schnitt. Plötzlich nähern sich Schritte von hinten, gewohnt leichtfüßig. Viel hören wir nicht. Schon sind sie an uns dran und noch schneller wieder vorbeigezogen. Erstaunlich – die Läufer dieser Gruppe sind noch zierlicher und leichter, als wir es bislang beobachtet haben. Erst da wird uns klar: Das waren alles Mädels. Alle Mitglieder der Gruppe haben die gleichen extremen Kurzhaarfrisuren wie die männlichen Kollegen. Und sie sind ebenfalls sehr flott unterwegs Oh Mann, wir haben uns gerade von einer reinen Frauengruppe abziehen lassen. Auch, wenn es Kenianerinnen waren: Das schlägt aufs Gemüt.

Ich gebe offen zu, dass mir das ganz schön gegen den Strich geht. Was für eine Schande. Zu Hause passiert mir das nicht oft. Klar weiß ich, dass sich das eigentlich nicht gehört, aber so ein ganz klein wenig Macho bin ich dann doch. Aber in diesem Land reicht ein Schnitt von unter 5:00 Minuten einfach nicht, um die Nase vorn zu behalten. Nicht für die breite Masse der männlichen Läufer, aber auch nicht für die Läuferinnen Itens, die sich deutlich unterhalb dieser Grenze bewegen.

Wenn ich in den bisherigen Kapiteln stets über Kenianer und nicht über Kenianerinnen geschrieben habe, dann meinte ich natürlich trotzdem beide Geschlechter. Dass meine Beispiele ausschließlich von den Herren handeln, liegt einfach daran, dass wir mit ihnen schneller ins Gespräch gekommen sind. Die Mehrzahl der gelüfteten Geheimnisse betrifft aber genauso die Sportlerinnen. Um ehrlich zu sein, haben wir auch leichte Hemmungen, die Damen zu einer gemeinsamen Trainingsrunde ein-zuladen. Denn wie wird so etwas hier aufgenommen? Darf man das überhaupt? Oder sitzen wir dann nicht ganz schnell selbst auf einer der Farmen fest und hüten Haus, Hof und Vieh? Bei so was können schnell Missverständnisse entstehen und wir sind hier, um zu trainieren und etwas über die Laufgeheimnisse zu erfahren. Nicht, um die gesellschaft-lichen Hintergründe der Brautwerbung zu erkunden.

Das Verhältnis von Männern zu Frauen im Laufsport würde ich hier in Iten auf 100:1 beziffern. Du siehst einfach weitaus mehr Kerle durch die Maisfelder rennen. Das hat in erster Linie traditionelle Gründe, ist im Leistungssport aber auch bei uns in Deutschland zumindest ähnlich. Warum sich länderübergreifend viel mehr Jungs leistungsorientiert auf die Langstrecke begeben, ist mir ein Rätsel. Schade ist es ja schon. Aber das Laufen ist wohl immer noch eher ein Männersport. In Kenia liegt das häufig an dem noch immer stark ausgeprägten Rollenbild der Familie. Der Mann arbeitet – in diesem Fall als Läufer –, und die Frau kümmert sich um die Kinder und die Feldarbeit. So war das schon immer.

Ein gutes Beispiel hierfür ist die Signore Girls School, an der, wie der Name schon sagt, nur Mädchen unterrichtet werden. Sie ist das Gegen-stück zur St. Patrick's High School von Brother Colm O'Connell, die den Jungs vorbehalten ist. An beiden Institutionen wird der Laufsport stark gefördert. Was aber heißt hier in Iten »stark gefördert«? Natürlich gibt es keine Tartanbahn, keine Ernährungsberater, keine Sportpsychologen oder Vergleichbares. Stark gefördert bedeutet für einen Kenianer: mit der üblichen Gelassenheit in Bezug auf Trainingswissenschaften etc. Trotzdem ist die Unterstützung sehr konsequent, wenn es darum geht, den Läufern die nötige Zeit fürs Training einzuräumen. Viel Technik und Wissenschaft steckt hierzulande nicht dahinter. Die Förderung besteht im spezifischen

uchs-Läuferinnen im
mpf, teilweise barfuß

Sportunterricht. Dazu kommen der eine oder andere laufsporterfahrene Lehrer sowie eventuell Stipendien für besonders begabte junge Mädchen.

Dank dieser Schule und anderen Einrichtungen dieser Art sind bei den zahlreichen Schulwettkämpfen nicht nur viele Jungs, sondern auch Hunderte talentierter junger Frauen am Start. Zusätzlich sind dort natürlich viele Mädchen vertreten, die sich auch ohne Schulförderung von den großen Vorbildern zum Sport motivieren lassen.

Oft genug endet die Karriere der Nachwuchsathletinnen jedoch nach der Schulzeit mit der Heirat und dem ersten Kind. Aber das ändert sich zunehmend. Viele junge Frauen haben entdeckt, dass die Konkurrenz im weiblichen Laufsport viel kleiner ist als bei den Männern. Das ist eine einfache Rechnung: Hundert mal weniger Konkurrenz bedeutet gleichzeitig hundert mal bessere Erfolgschancen. Hier kann man daher vergleichsweise leicht auf den vorderen Plätzen landen, tolle Erfolge erzielen und Geld für sich und die Familie verdienen. Dadurch brechen die traditionellen Muster auf, die Kindererziehung und die Feldarbeit werden anders verteilt. Manchmal packt der Mann stärker mit an, manchmal die Verwandten. Zudem kann ja auch eine Frau mit Kindern Leistungssport treiben.

So gibt es Trainingsgruppen, die sich fast ausschließlich aus Frauen zusammensetzen. Diese bestehen dann meist nur aus etwa fünf Top-Athletinnen und nicht wie bei den Männern aus fünfzig Sportlern. Insgesamt gibt es auch viel weniger solcher Damen-Teams. Wenn sich dann aber ein Trainer wie der Italiener Gabriele mit besonderem Einsatz dahinterklemmt, stellen sich die ersten Erfolge schnell ein. Männer werden nur als Tempomacher für die harten Einheiten mitgenommen – und, um den Frauen die Trinkflaschen zu reichen. Auch das ist bei uns ähnlich: Als Mann jemanden zu finden, der einen im Training unterstützt, ist oft nicht so einfach. Zumindest nicht ab einem gewissen Niveau. Bei den Frauen findet sich da deutlich schneller ein ausreichend starker Partner.

Auch der kenianische Staat hat erkannt, welches Potenzial in seinen Läuferinnen steckt. Immer häufiger finden sich die Sportlerinnen, genau wie ihre männlichen Kollegen, in den begehrten Sportförderstellen der Polizei, beim Militär oder etwa als Gefängniswärterinnen wieder. Hier ist der Job relativ sicher, es besteht ein geregeltes Einkommen und die Vorgesetzten betrachten gute sportliche Leistungen sehr wohlwollend. Dadurch fällt die Konzentration auf den Sport leichter.

Starke Nachwuchsläuferinnen

Wenn die Frauen die Möglichkeit haben, richtig anzugreifen, geht es hoch her. Zu Wettkampfzeiten wird deutlich härter trainiert als bei den Männern. Genau wie in Europa also. So ist meine Marathonbestzeit zwar um einiges schneller als die der besten deutschen Frauen. Bei den meisten meiner Dauerläufe bin ich aber nicht viel flotter unterwegs als die Damen. Irina Mikitenko, die deutsche Rekordhalterin (2:19:19), hat zum Beispiel oft genug den Kopf geschüttelt, als sie mich beim Training beobachtete. Ich war stets

Die Weltrekordlerin Brigid Kosgei. Nicht viele Fotografen durften sie bisher in ihrem Camp besuchen.

froh, dass sie so lieb war, sich die Kommentare zu meinen Einheiten zu verkneifen und sich ihren Teil nur zu denken. Entweder wir Männer trainieren viel zu lasch oder die Frauen sind härter im Nehmen. Auch gut möglich, dass wir Kerle einfach keine so hohe Belastung vertragen. Vielleicht sind wir da tatsächlich ein wenig zu wehleidig.

Wenn ich höre, dass die Frauengruppe von Trainer Gabriele einen 30-Kilometer-Dauerlauf im 3:40er-Schnitt macht, wundert mich nichts mehr. Logisch, dass dann auch die kenianischen Frauen so erfolgreich sind. Ihre Triumphe stechen nur bei uns in Deutschland nicht ganz so ins Auge. Denn aufgrund der deutlich geringeren Anzahl an Athletinnen können sie im Vergleich zu den Männern nicht immer und bei allen Wettkämpfen vorne mitlaufen. Im Sommer pilgern ganze Scharen kenianischer Männer in Deutschland von Lauf zu Lauf. Sie verteilen sich auf Hunderte von Wettbewerben, wo sie jeweils die ersten zehn Plätze belegen. Im gleichen Zeitraum sind bei uns aber nur zehn Kenianerinnen unterwegs. Die können dann natürlich nicht bei allen 100 Läufen starten. So gewinnen sie nur bei vereinzelten Rennen und stellen auch nicht gleich geschlossen die besten zehn Athletinnen des Wettkampfs. Das wiederum ist eine schöne Sache für unsere deutschen Marathon-Frauen. Denn während ich mich bei all der kenianischen Konkurrenz über eine Top-Ten-Platzierung bei einem der ganz großen Rennen freue, hat eine deutsche Frau durch die entsprechend geringere Beteiligung der Afrikanerinnen auch eine reelle Chance auf einen Sieg.

Das zahlenmäßige Verhältnis zwischen Läuferinnen und Läufern mag in Kenia der Situation in Europa ähnlich sein, und auch die Förderung und Akzeptanz nähert sich unseren Maßstäben. So wird die Dominanz der kenianischen Athletinnen immer deutlicher. Sie ist jedoch durch die vergleichsweise geringere Anzahl an Sportlerinnen noch nicht ganz so stark ausgeprägt.

Dass die Überlegenheit im weiblichen Laufsport nicht ganz so stark ins Gewicht fällt, ist auch daran zu erkennen, dass zum Beispiel der Marathon-Weltrekord lange Zeit von der Britin Paula Redcliffe (2:15:25 h) gehalten wurde. Erst 2019 wurde er von der Kenianerin Brigid Kosgei mit 2:14:04 h deutlich unterboten.

Kosgei lebt und trainiert in Kapsait, ebenfalls in der Nähe von Iten. Allerdings liegt diese Region noch höher (knapp 2.900 Meter) und sehr unzugänglich. Während wir mit einigen Laufcamp-Teilnehmern 2020 meinen Freund Jacob besuchten, hatte unser Fotograf Norbert Wilhelmi die Chance, Brigid an ihrem Trainingsort zu besuchen und für euch weitere Bilder zu schießen. Da ich weiß, dass der Weltrekord bei 2:14 Stunden liegt und die Mädels hier und heute auf der imaginären Jagd danach sind, kann ich persönlich ausnahmsweise mit der Schmach leben, mich von ihnen überholen zu lassen.

Dieser Plan hängt im Camp von Brigid Kosgei. Ob es jedoch ihr Plan, oder der für die mit ihr trainierenden Männer ist, haben wir nicht in Erfahrung bringen können

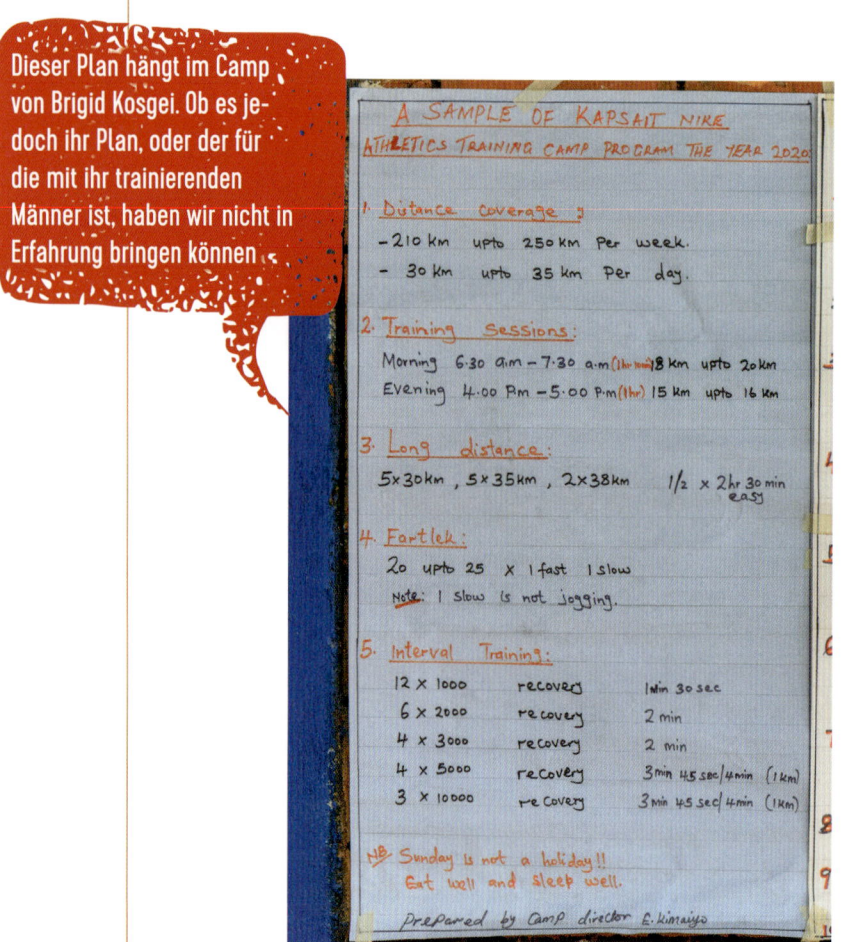

Blick in ein Zimmer im Laufcamp von Brigid Kosgei. Jeweils 2 Athleten teilen sich diesen kleinen Raum.

INFO TRAININGSBLOCK DER WELTKLASSE-LÄUFERIN MARY KEITANY

In Kapitel 16 habe ich über das Training des Marathon-Weltrekordhalters Eliud Kipchoge berichtet. Kurze Zeit später erreichte mich eine E-Mail mit den Aufzeichnungen der intensiven Programme, die Mary Keitany vor ihrem 2:18-Stunden-Marathon 2012 in London absolviert hatte. Erneut konnte ich nur staunen. Ich kann kaum glauben, wie unheimlich hart auch die Frauen in Kenia trainieren. In diesem Fall stammen die Informationen nicht von ihr selbst, sondern von ihrem Coach Gabriele Nicola. Er legt großen Wert auf harte Einheiten, die aufs Genaueste dokumentiert werden. Die Befindlichkeiten der Sportlerin, die äußeren Bedingungen und der Trainingsort werden präzise vermerkt. Bei den Intervalleinheiten wird jeder einzelne schnelle und langsame Abschnitt protokolliert. »Fülleinheiten« wie die täglichen Dauerläufe sind nicht ganz so entscheidend. Sie werden von der Athletin nach Gefühl gestaltet und auch nicht so genau aufgeschrieben. Sie dienen in erster Linie dazu, die Grundlagen zu festigen und sich auf die schnellen Tempoläufe sowie die harten, langen Dauerläufe vorzubereiten. Coach Gabriele beschreibt mir in seiner E-Mail zusätzlich, dass Mary Keitany 12–13 Einheiten pro Woche absolviert. Auch sonntags steht hier – meiner Erfahrung nach eher Kenia-untypisch – ein Training an. Der gesamte Wochenumfang beträgt 150–170 Kilometer. Auch in diesem Fall sei wegen der Gefahr für die eigene Form und Gesundheit davor gewarnt, den Plan 1:1 zu kopieren.

TRAININGSBERICHT MARY KEITANY (01.02.2012 BIS 30.04.2012)

Trainingstag: 03.02.2012
Trainingsort: Moiben-Road/Iten
Art der Einheit: 2:45:00 langer Dauerlauf, Tempo nach Gefühl
                   42 km und 250 m in 2:45:00

Trainingstag: 09.02.2012
Trainingsort: Chepkoilel University Track
Art der Einheit: 20:00 Warm-up + 6 x 2.000 in 6:15 (Regeneration 3:00)
                   6:29,4 – 6:18,1 – 6:15,4 – 6:15,1 – 6:15,3 – 6:12,2 (Durchschnitt: 6:17,5)

Trainingstag: 13.02.2012
Trainingsort: Kipsoen Road
Art der Einheit: 30:00 locker + 15 x 1:00 schnell/1:00 locker
                   Alle Variationen ohne Ermüdung absolviert

Am 17.   Teilnahme am RAK-Halbmarathon in den VAE (1. in 1:06:49)
                   (Durchschnitt: 3:10.0 pro km)
Zwischenzeiten: 15:37 – 31:09 (15:32) – 47:12 (16:03) – 1:03:12 (16:01) – 1:06:49
                   (3:37 – letzte 1.097 m)
Notiz: sehr schlechte Wetterbedingungen
                   (viel Wind und etwas Regen)

Vom 18.–23.   Lockeres Training zur Regeneration vom RAK-Halbmarathon

Trainingstag: 24.02.2012
Trainingsort: Iten
Art der Einheit: 2 Std. langer Dauerlauf, Tempo nach Gefühl
                   2:02:00 (etwa 30 km) ohne Probleme

Trainingstag: 27.02.2012
Trainingsort: Chepkoilel University Track
Art der Einheit: 20:00 Warm-up + 4 x 3.000 m in 9:30 (Pause 4:00)
                   9:36,9 – 9:31,2 – 9:31,9 – 9:29,0 (Durchschnitt: 9:32,2)

Trainingstag: 02.03.2012
Trainingsort: Moiben/Ziwa Road

Art der Einheit: 10:00 locker + 30 km Langstreckenlauf mit 3:35/km
17:44 – 35:13 (17:29) – 52:46 (17:33) – 1:10:13 (17:27) – 1:27:39
(17:26) – 1:44:25 (16:46) (Durchschnitt: 3:28,9/km)
Notiz: Auf den letzten 10 km der Straße geht es bergab

Trainingstag: 06.03.2012
Trainingsort: Chepkoilel University Track
Art der Einheit: 20:00 locker + 10 x 1.000 m in 3:00 (Pause 2:00)
2:58,5 – 3:02,2 – 2:59,8 – 3:00,5 – 3:00,0 – 3:00,2 – 3:00,4 – 3:01,4
– 3:02,5 – 3:00,5 (Durchschnitt: 3:00,6)
Notiz: Wind während der gesamten Einheit, Tendenz stark steigend in
den letzten 3/4 Durchläufen

Trainingstag: 09.03.2012
Trainingsort: Moiben/Ziwa Road
Art der Einheit: 20:00 locker + 5 x 5.000 Tempoverschärfung mit 17:00 – 16:45 –
16:30 – 16:15 – 16:00 (Pause 5:00)
16:52 – 16:48 – 16:40 – 16:18 – 15:47
(Durchschnitt auf 5.000 m: 16:29–3:17,8/km)

Trainingstag: 13.03.2012
Trainingsort: Moiben/Sirgoek Road
Art der Einheit: 40:00 mäßiges Tempo + 10 x 1:30 schnell/1:30 locker
10.200 m bei 40:00 im mäßigen Tempo + 7.380 m in 28:30 mit
Fahrtspiel (Durchschnitt: 3:51,5/km)
Notiz: Viel Wind während der gesamten Einheit, Gegenwind bei der
Rückkehr

Trainingstag: 16.03.2012
Trainingsort: Nangli/Ziwa Road
Art der Einheit: 10:00 locker + 40 km Langstreckenlauf bei 3:36/km
17:58 – 35:40 (17:42) – 53:23 (17:43) – 1:11:53 (18:30) – 1:29:50 (17:57)
1:48:40 (18:50) – 2:07:20 (18:40) – 2:24:47 (17:27)
(Durchschnitt: 3:37,1/km)
Notiz: Während der gesamten Einheit Schmerzen in der linken Wade
und im Brustkorb

Trainingstag: 22.03.2012
Trainingsort: Chepkoilel University Track

Art der Einheit: 20:00 Warm-up + 10 x 2.000 m in 6:20 (Pause 3:00)
6:22,0 − 6:13,1 − 6:15,2 − 6:19,4 − 6:19,6 − 6:21,4 − 6:18,0 − 6:16,5 − 6:13,9 − 6:11,9 (Durchschnitt: 6:17,1)
Notiz: Mäßiger Wind während der gesamten Einheit, gegen Ende hin zunehmend

Trainingstag: 27.03.2012
Trainingsort: Kipsoen Road
Art der Einheit: 20:00 locker x 2:00 schnell/1:00 locker
16.500 m in 59:00 Fahrtspiel (Durchschnitt: 3:34,5/km)
Notiz: Viel Wind während der gesamten Einheit, auf dem Rückweg sehr starker Gegenwind

Trainingstag: 31.03.2012
Trainingsort: Kiplombe/Cemetery Roads
Art der Einheit: 10:00 locker + 35 km abwechselnd 7 Mal 1 km in 4:15 und 4 km in 13:40 (3:25/km)
3:57 − 17:48 (13:51) − 21:51 (4:03) − 36:01 (14:10) − 40:07 (4:06) − 53:58 (13:51) − 58:09 (4:11) − 1:12:09 (14:00)
1:16:23 (4:14) − 1:30:12 (13:49) − 1:34:16 (4:04) − 1:48:00 (13:44) − 1:52:18 (4:18) − 2:06:22 (14:04)
(Durchschnitt insgesamt: 3:36,6/km − Durchschnitt der schnellen 28 km: 3:28,9/km)
Notiz: Viel Gegenwind im letzten Teil der Einheit (letzte 6/7 km)

Trainingstag: 06.04.2012
Trainingsort: Kiplombe Road
Art der Einheit: 20:00 locker + 24 km Dauerlauf mit Wechsel 1.000 m in 3:45/1.000 m in 3:15
3:48 − 6:52 (3:04) − 10:48 (3:56) − 14:02 (3:14) − 17:55 (3:53)− 21:11 (3:16) − 25:04 (3:53) − 28:35 (3:31) − 32:34 (3:59)− 35:57 (3:23) − 40:06 (4:09) − 43:16 (3:10) − 47:08 (3:52) − 50:22 (3:14) − 54:04 (3:42) − 57:25 (3:21) − 61:06 (3:41) − 64:21 (3:15) − 68:07 (3:46) − 1:11:22 (3:15) − 1:15:16 (3:54) − 1:18:36 (3:20) − 1:22:41 (4:05) − 1:26:06 (3:25)
(Durchschnitt insgesamt: 3:35,2 pro km − Durchschnitt der schnellen 12 km: 3:17,3/km)
Notiz: Viel Gegenwind im letzten Teil der Einheit (letzte 8/10 km)

Trainingstag: 11.04.2012

Trainingsort: Chepkoilel University Track
Art der Einheit: 20:00 Warm-up + 10 x 1.600 m in 5:00 (Pause 3:00)
                 4:59,5 – 4:57,4 – 4:57,2 – 4:58,4 – 4:58,6 – 4:59,4 – 4:59,3 – 4:59,0 –
                 5:00,4 – 5:00,2 (Durchschnitt: 4:58,9)
Notiz: Mäßiger Wind während der gesamten Einheit, Zunahme zum
                 Ende hin

Trainingstag: 14.04.2012
Trainingsort: Iten
Art der Einheit: 1:45:00 langer Dauerlauf, Tempo nach Gefühl
                 1:47:00 (ca. 26.000 m) ohne Probleme

Lockeres Training vom 15.–21. ohne harte Workouts vor dem Wettkampf

Am 22.   Teilnahme am London Marathon (1. Platz in 2:18:37)
                 (Durchschnitt: 3:17,1/km)
Zwischenzeiten: 16:51 – 33:36 (16:45) – 50:27 (16:51) – 1:07:14 (16:47) – 1:10:53 (Halb-
                 marathon-Marke) – 1:23:37 (16:23)
                 1:39:53 (16:16) – 1:56:01 (16:08) – 2:11:46 (15:45) – 2:18:37 (6:51)
                 Erste Hälfte: 1:10:53 (Durchschnitt: 3:21,5/km) – Zweite Hälfte:
                 1:07:44 (Durchschnitt: 3:12,6/km)

Vom 23.–30.   Regeneration nach dem Marathon

Hier steckt sie mitten drin: Die Marathon Weltrekordlerin Brigid Kosgei

Nein, dieses Foto ist zum Glück, wie man schon an der Tartanbahn sieht, nicht in Kenia entstanden, sondern stammt von einer Fotodatenbank.

KILOMETER 31

DOPINGKONTROLLE

SELBST AUF DEN Hochebenen Itens sind wir nicht ganz von der Außenwelt abgeschnitten. So bekommen wir per Laptop und Internet ab und zu doch ein wenig vom Weltgeschehen mit. Heute habe ich mehrere Nachrichten erhalten, alle mit ähnlichem Wortlaut: »Schon gehört? In Russland haben sie wieder ein paar Sportler erwischt!« Die Nachforschung auf dem Online-Portal Laufen.de ergibt, dass tatsächlich fast zehn russische Sportler, darunter auch einige Läufer, mit verbotenen Substanzen im Blut ertappt worden sind. Positive Tests, negatives Ergebnis: Die Sportler müssen jetzt mit meist langen Wettkampfsperren sowie dem Verlust an Sponsoren und Glaubwürdigkeit rechnen. Eine positive Meldung ist das für alle sauberen, ungedopten Athleten. Denn mit jedem überführten Dopingsünder wird der Sport wieder etwas fairer.

Was bedeutet der Anti-Doping-Kampf für uns Top-Athleten in der Praxis? Ganz einfach: Ab einem bestimmten Niveau, etwa bei Aussicht auf internationale Einsätze in der Nationalmannschaft, müssen wir tagtäglich Rechenschaft darüber ablegen, wo wir uns gerade aufhalten. Schon ein viertel Jahr im Voraus müssen wir auf einer Online-Plattform der WADA (Welt-Anti-Doping-Agentur) angeben, wo wir wann übernachten werden, wo wir gewöhnlich trainieren, wo wir arbeiten oder studieren etc. Ändern sich die Orte und Zeiten, müssen wir immer daran denken, die Planänderung der WADA mitzuteilen. Wir müssen außerdem immer erreichbar sein. An jedem Tag im Jahr. Fahre ich beispielsweise am Wochenende mit meiner Frau nach Osnabrück, um meine Mutter zu besuchen, muss ich das der WADA melden. Entscheiden wir uns spontan, am Abend doch bei meinen Schwiegereltern zu übernachten, muss ich daran denken, auch darüber die WADA in Kenntnis zu setzen. Am weitesten geht aber die Ein-Stunden-Regelung für die erfolgreichsten Sportler. Dabei musst du einen bestimmten Ort angeben, an dem du zu einer bestimmten Stunde anzutreffen bist. Die Auswahl kannst du natürlich bei Bedarf noch anpassen, musst aber immer daran denken, den Verantwortlichen deinen Aufenthaltsort mitzuteilen. Im normalen Tagesablauf lässt sich so etwas natürlich nie genau vorhersehen. Außerdem kannst du auch einmal vergessen, dich umzumelden. Daher suchen sich die meisten Sportler einen Zeitpunkt aus, zu dem sie mit 99-prozentiger Sicherheit am angegebenen Ort anzutreffen sind: 6 Uhr früh, daheim im Bett. Das wiederum hat zur Folge, dass du mehr oder weniger regelmäßig morgens um kurz nach sechs durch ein Klingeln an der Wohnungstür geweckt und freundlich begrüßt wirst: »Guten Morgen Herr Fitschen, Doping-Kontrolle.« Dann stehst du in deiner Toilette, die Hose zu den Knien herunter- und das T-Shirt zu den Achseln hochgezogen, um in einen Becher zu pinkeln, während dir jemand interessiert auf den Schniedel glotzt. Bei aller Schikane: Ich unterstütze dieses Kontrollsystem voll und ganz und bin glücklich darüber, dass es die Kontrollen gibt. Auch aus ganz egoistischen Gründen: Ohne die Kontrollen hätte ich häufiger gegen gedopte Gegner antreten müssen, gegen die ich chancenlos gewesen wäre. Trotz des riesigen Aufwandes frage ich mich aber auch häufig, ob das Kontrollsystem wirklich funktioniert.

Jedes Mal, wenn ich Zeit in die Dateneingabe auf der WADA-Online-Platt-form investiere, jedes Mal, wenn ich zulasse, dass mir ein fremder Mensch beim Pinkeln in den Plastikbecher zuschaut und bei jedem Nadelstich eines Kontrolleurs in den Arm zur Blutprobe stelle ich mir die Frage: Werden diese Kontrollen wohl in anderen Ländern genauso rigoros durchgezogen wie bei uns in Deutschland? Die Berichte etwa aus Russland und die Leistungssprünge einiger Konkurrenten lassen deutliche Zweifel daran aufkommen.

Doch wir sind momentan nicht in Russland, wir sind in Kenia. Auch die WADA weiß, dass ich hier im Kerio-View Hotel in Iten gastiere. Jederzeit kann ein Kontrolleur mir und meinen Kollegen einen Besuch abstatten. Aber wie ist das bei den einheimischen Sportlern? Nehmen sie hier auch EPO wie die überführten Sportler aus Russland, um noch mehr Ausdauer zu bekommen? Oder brauchen die Kenianer das überhaupt nicht? Ich denke, es wäre sehr blauäugig zu behaupten, es gäbe irgendein Land auf der Welt, in dem nicht gedopt wird.

Mir ist klar, dass überall, wo es ums Geldverdienen geht, betrogen wird. Das ist in der Wirtschaft so und leider auch im Sport. Wer richtig gut ist, kann auch mit dem Laufen viel Geld verdienen. Das ist in Kenia nicht anders als im Rest der Welt. Oft sind es selbst im Marathonlauf nur Sekunden, die über Sieg und Niederlage und damit auch über den Gewinn oder Verlust eines satten Preisgeldes entscheiden. Natürlich ist da die Versuchung groß.

Wohl dem, der sich seine Brötchen nicht durch Siege verdienen muss, um seine Familie zu ernähren. Ich habe das Glück, notfalls auch andere, besser bezahlte Berufe ergreifen zu können. Wenn ich im Sport keinen Erfolg mehr habe, werde ich eben doch Physiker oder ich gehe in die Wirtschaft. Kein Problem. Das Laufen macht mir einfach Spaß. Dass ich mir damit meinen Unterhalt verdienen kann, ist für mich ein schöner Bonus. Diese Freiheit hat leider nicht jeder Sportler, wodurch es nicht einfacher wird, konsequent nein zu sagen.

Ich will damit jetzt nicht das Doping rechtfertigen, sondern nur die Problematik auch aus anderen Perspektiven beleuchten. Selbst bei differenzierter Betrachtungsweise gilt natürlich: Doping ist ein Verbrechen. Jeder überführte Doping-Sünder muss mit den Konsequenzen seines Handelns klarkommen. Vor allem aber gehören die Strippenzieher hart bestraft.

Beim Dauerlauf schneide ich das Thema an. Paul, unser kenianischer Trainingspartner und Freund, sieht die Sache genauso wie ich. Auch für ihn sind Dopingsünder und die dazugehörigen Hintermänner schlichtweg Verbrecher.

Allerdings sind wir beide nur zwei Läufer von vielen. Wenn Paul und ich gegen das Doping sind, heißt das nicht, dass alle deutschen und kenianischen Läufer genauso denken.

Objektivere Informationen zur Situation in Kenia finde ich bei einer Internetrecherche. Es hat dort in letzter Zeit vermehrt Dopingfälle gegeben. Mehr als 30 mittlerweile. Auch die jüngsten Enthüllungen einer ARD-Reportage von Hajo Seppelt zeigen, dass das Dopingproblem längst auch in Kenia angekommen ist. Es wird viel zu wenig kontrolliert, und laut Reportage steht der Kenianische Leichtathletikverband leider nicht hinter einem effektiven Anti-Doping-Kampf. Dass jedoch die Überlegenheit der kenianischen Läufer in erster Linie auf Doping zurückzuführen ist, das kann und will ich nicht glauben. Sicher ist die Verführung in einem Land wie Kenia sehr viel größer als bei uns. Hier entscheidet der sportliche Erfolg nicht nur über den wirtschaftlichen Aufstieg des Einzelnen, sondern auch über den seiner Familie. Da ist die Hemmschwelle ungleich geringer als bei uns in Deutschland, wo niemand primär läuft, um damit sein Geld zu verdienen.

Ich würde nicht für jeden Top-Athleten meine Hand ins Feuer legen. Doch die Masse der kenianischen Läufer – davon bin ich überzeugt – rennt auch ohne verbotene Hilfsmittel sehr viel schneller als die Konkurrenz aus anderen Ländern.

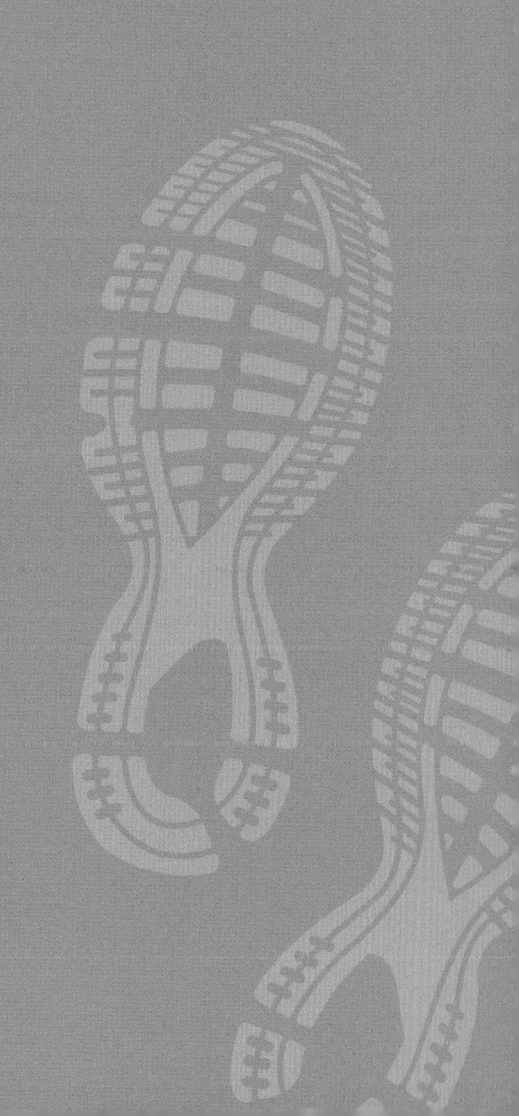

KÖRPER-
BAU

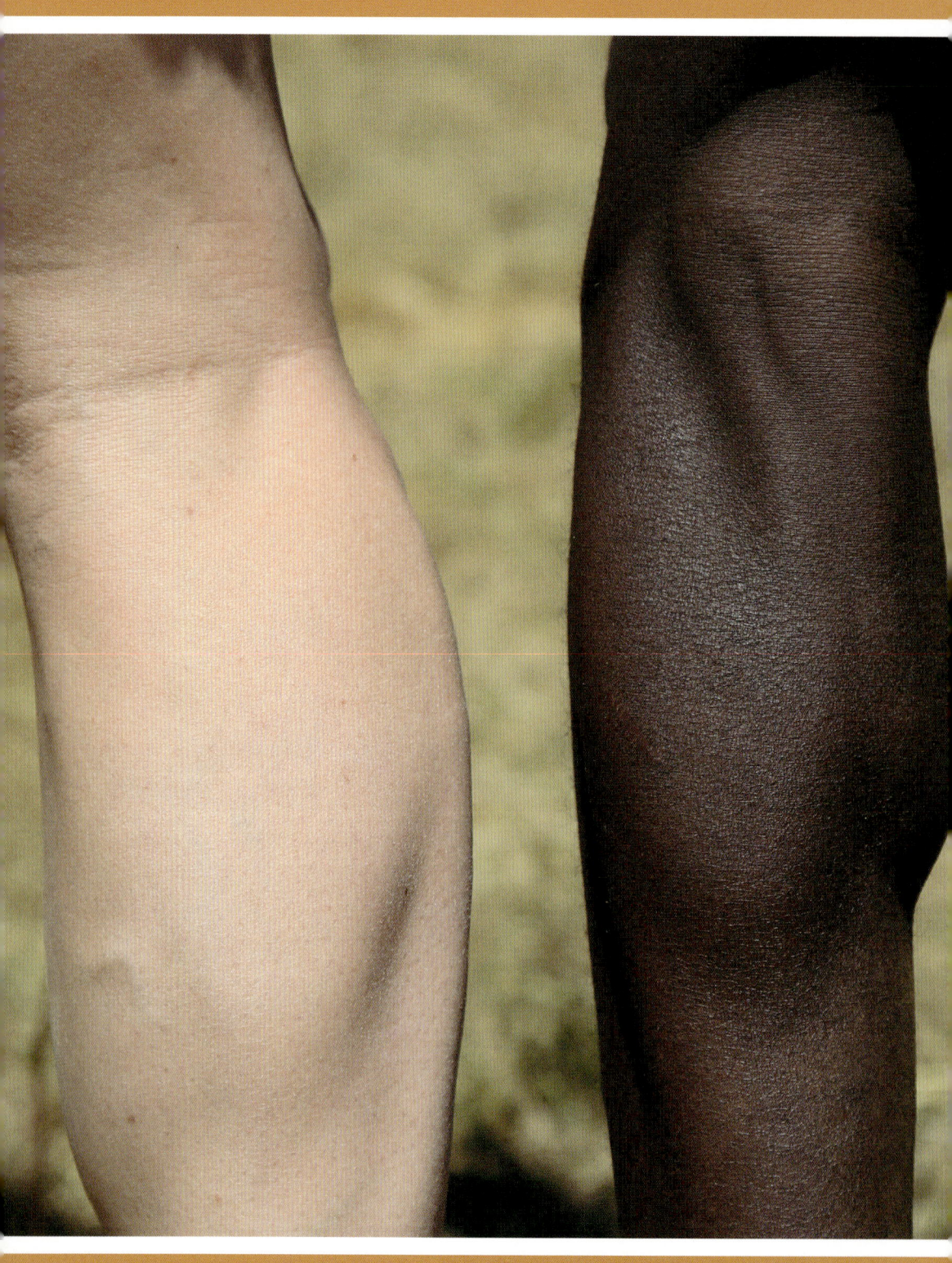

KILOMETER 32

DER KÖRPER EINES ATHLETEN

ICH STEHE VOR dem Spiegel und blicke auf meinen mageren Läuferkörper. Wie viele Kalorien haben wir in den letzten Tagen und Wochen hier in Iten schon verbrannt? Wie sehr haben wir uns weiterentwickelt? Wer sich im Sport nicht gut auskennt, denkt beim Begriff »Athlet« immer an den großen, muskelbepackten und sonnengebräunten Superhelden, Typ Zehnkämpfer oder vielleicht Schwimmer. Wir Läufer wissen es zum Glück besser. Ob du ein echter Athlet bist oder nicht, das ist Kopfsache. Ein Langstreckenläufer zerreißt keine Telefonbücher als Ausdruck seiner animalischen Kräfte. Er trägt kein Riesentattoo auf dem Oberarm spazieren und prahlt beim Trikottausch nicht mit seinem Sixpack. Er unterwirft auch nicht ständig andere Alpha-Tiere im Ringkampf. Nein, er besiegt in erster Linie immer wieder sich selbst und seinen inneren Schweinehund. Diese innere Stärke lässt sich von außen nur an den funkelnden Augen des Läufers ablesen.

Die Leute sind beim ersten Treffen mit mir oft enttäuscht: »Oh, ich hatte mir dich viel größer und kräftiger vorgestellt.« Ja, ich bin klein und dünn. Sicher wünsche ich mir manchmal den Körper eines Adonis, aber eigentlich bin ich doch ziemlich stolz auf diese Läuferfigur. Ich muss für meinen Sport zäh sein und das bin ich.

Warum alle denken, ich wäre so viel kräftiger als in Wirklichkeit? Weil ich neben unseren kenianischen Kollegen noch immer wirke wie ein wahrer Herkules. Das mit den Muskeln ist wie immer eine sehr relative Angelegenheit. Im Wattenscheider Kraftraum werde ich beim Bankdrücken mit 20 Kilo ausgelacht, im Fitness-studio ebenso. Doch an der Startlinie vom Mara-thon, da kann ich in der ersten Reihe den Bizeps spielen lassen. Nur nützt mir das leider nichts. Sobald nämlich der Startschuss fällt, sind wieder die mit den noch dünneren Ärmchen und erstaun-licherweise auch mit den noch sehr viel dünneren Beinchen auf und davon.

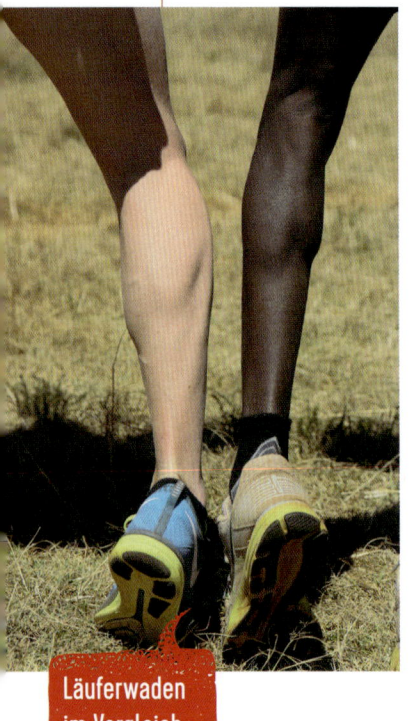

Läuferwaden im Vergleich

Das ist wirklich faszinierend. Dünne Arme, okay. Wer braucht schon einen dicken Oberarmmuskel zum Laufen? Damit komme ich klar, das klingt vernünftig. Hier lässt sich Gewicht sparen und somit der Organismus fürs Laufen optimieren. Aber dünne Beine? Verdammt, irgendwo muss doch die Kraft herkommen, um immer wieder und wieder die Schwerkraft zu besiegen. Um den Körper von der Straße nach oben und nach vor-ne zu katapultieren. Sollte diese Kraft nicht auch irgendwie sichtbar sein? Wie kann das sein, dass die Läufer mit den dünnsten Stelzen bei internati-onalen Wettkämpfe und speziell auch hier in Iten so flott davonziehen?

Die Erklärung: Es gibt zwei Arten von Muskelfasern. Einerseits die di-cken, voluminösen, die eher für die Schnell- und Maximalkraft zuständig sind. Andererseits die dünnen, sehnigen, die ausdauernd arbeiten und wiederholte kleine und leichte Bewegungen ermöglichen.

Zu einem gewissen Teil kannst du steuern, welche Art von Muskeln du im Training aufbaust. Gewichtheber sehen nicht ohne Grund an-ders aus als wir Läufer. Wir bauen keine dicken Muskelberge auf, denn wir möchten ja in erster Linie an Ausdauer gewinnen. Die Muskulatur passt sich den Anforderungen entsprechend an. Trotzdem können wir Europäer wohl soviel rennen wie wir wollen. Wir werden immer einen höheren Anteil an »Werfermuskeln« haben als die Kenianer. Ziemlicher Mist. Ich fresse nun schon seit 20 Jahren den ganzen Tag lang praktisch nur Kilometer. Ich mache kein Krafttraining mit dicken Hantelscheiben, nichts dergleichen. Trotzdem sind meine Waden dicker als die Oberschenkel der kenianischen Konkurrenz.

Bei näherer Betrachtung ist bei den Wunderläufern sogar die Kniescheibe dicker als der Oberschenkel. Der Muskel selbst versteckt sich irgendwo und ist kaum zu sehen. Und die Wade erst: Die besteht aus einem winzigen, maximal tennisballgroßen Knubbel, der nicht nicht etwa im unteren Drittel des Unterschenkels ansetzt wie bei uns Europäern, sondern sehr weit oben. Alles andere sind Sehnen und sonst nichts.

INFO

Die Muskelstruktur eines Kenianers ist für dich unerreichbar, wenn du nicht zufällig kenianische Eltern hast. Durch das regelmäßige Lauftraining vergrößert sich zwar der Anteil der längeren ausdauernden Fasern im Muskel, während der Fettanteil abnimmt. Doch ganz so dünne und sehnige Beine wie die Kenianer werden die meisten von uns nie haben. Da hilft nur eins: Du musst dir einreden, dass knackige, etwas dickere Waden verdammt gut aussehen. Und das ist ja auch schon viel wert.

Das ist etwas, worauf du unbedingt achten solltest, beim nächsten City-Lauf mit kenianischer Beteiligung oder beim nächsten großen Marathon in der Nähe. Im Fernsehen lässt es sich schon gut erahnen, aber live wirken die Beinchen noch viel krasser. »Bitte nicht abbrechen, bitte nicht durch die Rillen des nächsten Gullideckels plumpsen«, möchte man rufen. Trotzdem tragen diese dürren Fahrgestelle die Ostafrikaner leicht und locker bis ins Ziel.

Auch Kenianer haben einen gewissen Anteil an »Werfermuskeln«, aber offensichtlich einen deutlich geringeren als wir Europäer. Es ist ja auch irre praktisch, wenn man weniger dieser dicken Muskeln mit sich herumschleppen muss: geringeres Körpergewicht und somit weniger unnützes Zeug, das mit Blut und Sauerstoff versorgt werden muss. Da sind die Ostafrikaner evolutionstechnisch ganz klar im Vorteil. Ihre Muskulatur ist für den Langstreckenlauf wie gemacht.

KILOMETER 33

SUPERMODELS

HEUTE HABEN RUBEN, Sebastian und ich nach dem Dauerlauf (20 km in 4:10 Min/km) noch ein paar kleine, circa 100 Meter lange Steigerungsläufe auf dem berühmten Camariny-Track drangehängt. Ob in Kenia, in den USA oder bei uns in Wattenscheid: Solche Steigerungsläufe bauen Läufer in aller Welt immer wieder in ihre Einheiten ein. Diesmal begleiten uns Paul und einer seiner Kollegen namens Wilson beim Training. Danach sitzen wir, zufrieden mit unserer Leistung, noch ein wenig gemeinsam im Schatten auf dem Hindernisbalken des Stadions.

Meine Freunde machen mich auf eine weitere Besonderheit der hiesigen Läufer aufmerksam: Im Sitzen sind Wilson und ich nämlich gleich groß. Wenn wir jedoch aufstehen, überragt er mich sofort um fast einen ganzen Kopf.
Ich blicke nach unten. Stehe ich in einer Kuhle? Läuft Wilson hier in hochhackigen Schuhen herum, um einen speziellen Trainingsreiz zu erzielen? Steht er auf den Zehenspitzen oder mogelt er sonst irgendwie? Die Erklärung ist ganz einfach: Unsere Oberkörper sind annähernd gleich groß, bei den Beinen jedoch ergibt sich ein deutlicher

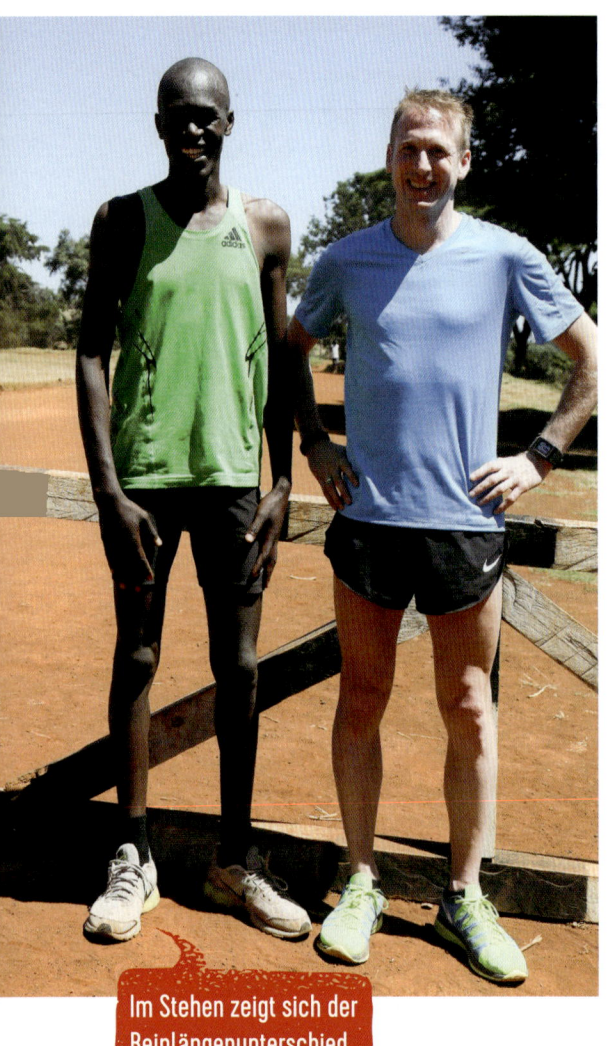

Im Stehen zeigt sich der Beinlängenunterschied.

Längenunterschied, der erst im Stehen auffällt.

Nur zur Verdeutlichung: Ich habe durchschnittlich lange Beine. Jeansweite 30, Länge 32. Einigermaßen stimmig also. Wilson jedoch dürfte in der Weite eine 28 haben und in der Länge, so kommt es mir gerade vor, eine 48.

Was für Proportionen. Beine bis zum Himmel, davon träumen die schicken Mädels in den Casting-Shows und die heißen Feger auf den Laufstegen der ganzen Welt. Lang und noch länger sollen die Beine sein, das ist angesagt. Bis zu einem gewissen Grad auch bei uns Läufern. Ich kann da nicht ganz mithalten. Wilson und viele seiner Landsleute jedoch schon. Die meisten Kenianer sind nicht so groß wie Wilson und ich, sondern eher kleiner. Meine Körpergröße liegt bei 1,76 Metern, die Durchschnittsgröße der weltbesten Marathonläufer bei nur 1,72 Metern. Ich kann mich also hier in Iten bei Tempoläufen meist nicht hinter jemandem verstecken. So groß wie die weiblichen Supermodels sind die Kenianer also nicht. Aber wenn man sich nur das Verhältnis von Oberkörper zu Beinlänge anschaut, haben die hiesigen Läufer Maße wie bei uns die Models auf dem Laufsteg.

Dieser Körperbau ist wie gemacht fürs Laufen. Der ganze Wilson scheint bei genauerer Betrachtung nur aus Beinen zu bestehen. Kein überflüssiges Gewicht am Oberkörper. Wozu auch? Für die Lunge ist genug Platz und so einen ausgeprägten Verdauungstrakt wie unsereins braucht bei dem Essen hier vermutlich auch niemand. *Ugali* wird sofort in Energie

umgewandelt. Eisbein mit Sauerkraut braucht da deutlich länger.

Lange Beine ermöglichen bei einem
sauberen Laufstil lange Schritte.
Natürlich kommst du damit flotter
voran als mit kleinen Trippelschrit-
ten, die nur von der Frequenz leben.
Welcher Raumgewinn dabei mit einem einzelnen Laufschritt möglich
ist, wird bei uns durch aufwendige
Leistungsdiagnostik auf dem Laufband ermittelt. Sensoren im Boden
messen dabei den Aufprall des Fußes
und die Dauer der Abdruckphase.
Für mich und meine Wattenscheider Vereinskollegen in der
Heimat sind neben vielen anderen
Parametern zur Leistungsmessung
die Laktatwerte und der Puls aus-
schlaggebend. Die Schrittlänge ist
eher ein untergeordneter Wert, der
nicht viel Einfluss auf die anschließende Trainingssteuerung hat. Dennoch ist der Vergleich mit eigenen,
früher ermittelten Werten oder mit
denen der Trainingskollegen immer interessant. Bei steigender Geschwindigkeit wird bei einem Läufer

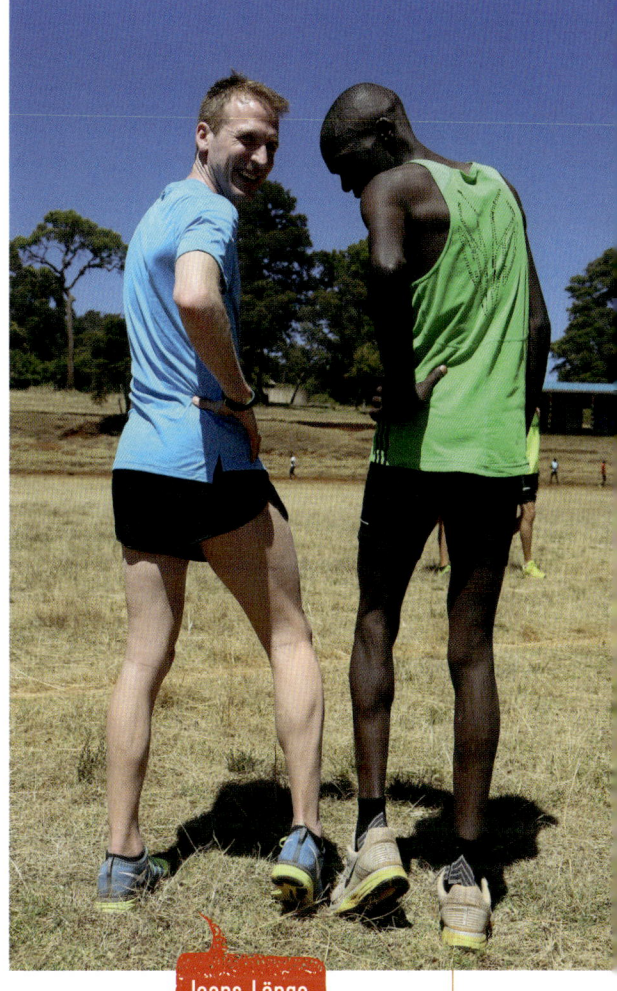

Jeans-Länge
32 zu 48?

zunächst die Schrittlänge immer größer, bis diese Möglichkeit ausgereizt
ist. Irgendwann muss er dann die Schrittfrequenz deutlich erhöhen, um
das Tempo noch forcieren zu können. Ich lege beispielsweise bei einer
Geschwindigkeit von 3:30 Minuten pro Kilometer mit jedem Schritt
etwa 1,70 Meter zurück, und bei 3:00 Minuten pro Kilometer (20 km/h)
schon fast 1,90 Meter.

Zu gerne hätte ich die entsprechenden Werte von Wilson mit seinen
langen Beinen und seinen raumgreifenden Schritten gewusst. Doch
ein Laufband mit entsprechendem Diagnoseaufbau findet sich in Iten
und Umgebung nicht. Daher hat von den lokalen Superstars und erst

TIPP GRÖSSERE SCHRITTLÄNGE DURCH STEIGERUNGSLÄUFE

Deine Beinlänge kannst du nicht verändern, dafür aber den Raumgewinn mit jedem Schritt. Zur Optimierung sind unter anderem die am Anfang des Kapitels erwähnten Steigerungsläufe gut. Sie stellen verglichen mit dem Lauf-ABC und anderen Übungen eine einfache und unkomplizierte Methode zur Optimierung des Laufstils dar. Fürs Training brauchst du eine gerade, flache oder nur minimal abschüssige und in etwa 100 Meter lange Strecke. Zunächst trabst du locker los. Anschließend nimmst du Fahrt auf, um die Geschwindigkeit schließlich so zu steigern, dass du nach 50 Metern auf etwa 80–90 Prozent deiner individuellen maximalen Sprintgeschwindigkeit kommst. Dieses Spurttempo dann über 20–30 Meter halten und am Ende langsam wieder verringern, sodass du nach insgesamt 100 Metern nur noch trabst. Nach dem Steigerungslauf vor der nächsten Runde zur Erholung weitere 100 Meter locker traben oder gehen.

Achte bei der Steigerung ein wenig auf deinen Laufstil, mach dich groß und zieh den Schritt sauber durch. Auf diesem Weg kannst du die eigene Lauftechnik deutlich verbessern. So gerätst du nicht so schnell in den typischen schlappen Energiesparmodus, wie er oft bei Langstreckenläufern zu beobachten ist. Der Raumgewinn, der Abdruck und damit die Laufgeschwindigkeit profitieren davon. Für Steigerungsläufe musst du nicht auf den Sportplatz gehen. Du kannst sie überall ins persönliche Training integrieren. So kannst du den gewohnten Dauerlauf absolvieren und dann am Parkplatz fünf abschließende Steigerungsläufe dazunehmen. Das bedeutet nur einen minimalen zeitlichen Mehraufwand, bringt aber sehr viel. Eine gute Idee ist auch, sich nach Möglichkeit bei den Steigerungen von einem erfahrenen Läufer beobachten zu lassen. Der kann dir eventuell noch den einen oder anderen zusätzlichen Tipp etwa zur Armhaltung oder zum Aufsetzen des Fußes machen. Lass dich davon aber auch nicht verrückt machen. Denn die Kenianer bewegen sich auch nicht alle mit dem perfekten Laufstil fort.

recht von den Athleten aus der zweiten Reihe keiner jemals eine solche Leistungsdiagnose gemacht.

Es bleibt mir also nichts anderes übrig als zu schätzen. Jeder einzelne von Wilsons Schritten ist im Vergleich zu mir locker zehn Zentimeter länger – eher sogar noch mehr. Angenommen, ich mache beim Marathon 1,80 Meter lange Schritt. Dann brauche ich 23.440 Schritte bis ins Ziel. Macht Wilson ebenfalls 23.440 Schritte bei 1,90 Metern Schrittlänge, landet er bei Kilometer 44,54. Er wäre also bei gleicher Schrittfrequenz locker zwei Kilometer weiter gerannt als ich – oder eben einfach mal ganz entspannt über sechs Minuten vor mir im Ziel gewesen. Sechs Minuten früher im Ziel, das sind wirklich Welten. Lange Beine bedeuten natürlich nicht automatisch einen großen Vorsprung beim Laufen. Sie wollen auch entsprechend bewegt werden. Dennoch ist der Vorteil nicht von der Hand zu weisen.

Fakt ist: Mit langen Beinen können nicht nur die Supermodels auf dem Laufsteg der Modenschauen glänzen. Auch auf der Laufstrecke sind die langen Stelzen hilfreich, weshalb meistens nicht die kurzbeinigen Europäer, sondern eher die langbeinigen und schnellen Kenianer im Rampenlicht stehen.

einfach lange Beine...

KILOMETER 34

HUNGERHAKEN

IN DEN LETZTEN TAGEN des Trainingslagers werde ich im Gesicht immer schmaler. Es gibt nicht viele Menschen auf der Welt, die den Satz »Junge, was siehst du abgemagert aus!« als Kompliment betrachten. Ein ehrgeiziger Läufer ist aber von einem solchen Urteil total begeistert. Das heißt soviel wie: Du hast alles richtig gemacht und dein Kampfgewicht erreicht. An der internationalen Spitze zählt jedes Pfund. Ein gutes Kraft-Last-Verhältnis kann nur hilfreich sein. Dabei ist wichtig: Leistungssport ist eine komplett andere Schiene als der gesundheitsorientierte Sport. Auch, was das Gewicht angeht. Wenn du nicht ganz so leistungsorientiert unterwegs bist, kommt es auf ein paar Gramm hin oder her nicht so genau an. Dann ist es eher wichtig, mit einem gesunden Wohlfühlgewicht durch die Welt zu laufen.

Als ich wegen des Studiums und des Sports vom beschaulichen Osnabrück nach Bochum umgezogen bin, um mich dort dem TV Wattenscheid anzuschließen, wehte beim Training auf einmal ein neuer Wind: viel höhere Umfänge und für mich damals abartige Intensitäten. Jeden Tag standen nun zwei Einheiten auf dem Programm. Von montags bis samstags war Anwesenheitspflicht. Nach den Tempoläufen am Samstag in der Früh ging es dann möglichst schnell heim, wo die Regeneration auf dem Programm stand – inklusive der guten Küche meiner Mutter. Ob es mir mein Trainer Tono tatsächlich immer angesehen hat oder ob er nur gut im Raten war, weiß ich nicht. Doch jedes Mal, wenn ich am Montag wieder in Wattenscheid auf der Matte stand, hieß es: »Ach, wieder bei Mutti gewesen und gut gefuttert?«

Tatsächlich merkt man bei einem sehr austrainierten Läufer zunächst an den eingefallenen Wangen, ob er sein Wettkampfgewicht hat. Das sieht dann wirklich oft sehr ungesund aus.

Bei uns im Verein und auch für mich persönlich ist das Gewicht eigentlich sonst nie ein Thema. Stehen genug Kilometer im Trainingsplan, kannst du ohnehin den ganzen Tag futtern, was das Zeug hält und bist trotzdem noch klapperdürr. Trotzdem stelle ich mich natürlich manchmal auf die Waage und schaue, was die Anzeige sagt. Bei mir bleibt der Zeiger bei 1,76 cm Körpergröße im Ferienmodus auf 63 und im Wettkampfmodus auf 61 Kilo stehen. Das passt, damit fühle ich mich wohl und bin leistungsfähig.

Perfekt wäre es natürlich, wenn es noch drei Kilo weniger wären. Das tut mir aber nicht gut. Sobald ich mich der 60-Kilo-Grenze nähere, schwächelt nämlich das Immunsystem. Ich werde dann außerdem ständig krank, habe keinen Abdruck mehr im Fuß und keine Kraft mehr in den Beinen. Keine Chance also. Das ist meine Untergrenze.

Anders ist das wieder einmal bei der kenianischen Konkurrenz. Über die dünnen und leichten Muskeln habe ich ja bereits berichtet. Und auch der Rest des typisch kenianischen Läufers scheint konsequent nach den Gesichtspunkten der Ultraleichtbauweise konstruiert zu sein. Wenn ich hier in Iten jemanden frage, wie viel er denn wiegt, bekomme ich nur selten eine Antwort. Zumindest keine wirklich glaubhafte. Eine Waage hat hier nämlich keiner. Da hilft es nur, die Manager in den Camps zu belauschen, denn zumindest dort gibt es hier und da so ein »Highend-Messgerät«. Die Schlussfolgerung: Verglichen mit den Einheimischen bin ich ein richtig dicker Brummer. So ist der Weltrekordhalter im Marathonlauf, zweifacher Olympia Sieger und sub 2 h- Läufer (INEOS159 Challenge) Eliud Kipchoge nur etwa 52 kg schwer. Bei einer Körpergröße von 1,67 Meter. Patrick Makau, ehemaliger Marathon-Weltrekordhalter, ist 1,70 Meter groß, wiegt aber auch nur 56 Kilogramm. Dabei sieht er für einen Kenianer sogar eher stämmig aus. Noch viel extremer ist es bei den Frauen: Edna Kiplagat, unter anderem Weltmeisterin im Marathon

Die kenianischen Läuferinnen und Läufer sind spindeldürre Gazellen.

2011 und 2013, holt all die Energie für ihre großartigen Rennen aus einem 1,62 Meter schlanken und 50 Kilo leichten Läuferkörper. Die Liste der »Laufflöhe« ließe sich an dieser Stelle beliebig fortsetzen, und es finden sich noch weit extremere Beispiele.

Verschiedene Selbstversuche haben mir gezeigt, dass sich auch diese Veranlagung zum Federgewicht nicht oder nur sehr bedingt kopieren lässt. So habe ich zum Beispiel einfach einige Wochen lang weitestgehend auf Fett und Öl verzichtet. Ich nahm damals keine Butter zu mir und verzehrte nur Magermilchprodukte, sehr mageres Fleisch ohne Soße oder Ähnliches. Das war aber nicht besonders hilfreich und führte nur zum rasanten Formabfall. Doppelt schlecht wäre es, gar komplett auf Nulldiät umzustellen. Schon allein deshalb, weil der Körper durchs Training extrem viel Energie benötigt und verbrennt. Gewisse grundlegende Reserven brauchst du einfach. Wer es mit dem Abnehmen übertreibt, bekommt schnell die gesundheitliche Quittung dafür. Und auf der stehen garantiert keine neuen Bestzeiten.

Bei uns gibt es nur sehr wenige Leute, die ohne gesundheitliche Einbußen so dürr wie die Kenianer werden können. Wer sich richtig gut ernähren und trotzdem Gewicht verlieren will, dem rate ich zur Fitschen-Kenia-

TIPP ABNEHMEN FÜR UND DURCH DAS LAUFEN

Wer zusätzlich zum Training noch über die Ernährung abnehmen und damit sein Kraft-Last-Verhältnis auf vernünftigem Wege optimieren möchte, dem empfehle ich weniger Kohlenhydrate und mehr Eiweiß. Die einfache Methode hat nur wenig mit Verzicht zu tun. Hungern solltest du dabei nicht. Bei einem hohen Trainingsumfang ist es sogar unbedingt nötig, ausreichend zu essen.

Wer es schafft, insbesondere am Abend sehr wenig Kohlenhydrate zu sich zu nehmen, wird rasch Erfolge sehen. Ab und zu ein Stück Schokolade ist aus meiner Sicht auch in Ordnung. Doch für den Heißhunger zwischendurch sollten es auch häufiger mal Gurkenscheiben oder Möhrenstäbchen sein.

Was du dir auf jeden Fall klarmachen solltest: Du nimmst nicht nur während des Trainings ab. Wer viel Sport treibt, erhöht seinen Energie-Grundumsatz und lässt dadurch auch in den Pausen mehr Pfunde. Das Abspecken auf dem Sofa funktioniert also durchaus, wenn du vorher eine Runde laufen warst.

Diät: lauf einfach jede Woche 200 Kilometer. Dann kannst du essen, was und so viel du willst. Du benötigst dafür keine teuren und ungesunden Pillen und Präparate, sondern nur ein paar gute Laufschuhe. Das Laufen ist ohnehin das Schönste auf der Welt. Wenn es denn gar nicht anders geht, kannst du die Fitschen-Kenia-Diät auch mit weniger Wochen-kilometern absolvieren. Wer das Prinzip einigermaßen durchzieht, dem garantiere ich: Es tut sich was beim Bauchumfang. So kommst du den starken Rekordzeiten der kenianischen Hungerhaken ein Stück näher.

Wenn das Knie dicker ist
als der Oberschenkel...

KILOMETER 35

DIE LÄUFER-DNA

IN DEN VERGANGENEN dreieinhalb Wochen hier im Trainingslager sind mir die körperlichen Unterschiede zwischen den Hochlandgazellen und uns schwerfälligen Waldläufern aufgefallen. Es lässt sich leider nicht leugnen: Die Kenianer haben einen angeborenen genetischen Vorteil, wenn es ums Rennen geht: eine günstigere Muskelstruktur, längere Beine und weniger Gewicht.

Auf der einen Seite ist das für uns eine sensationell gute Ausrede. Solchen angeborenen Turbo-Ausdauer-Spezifikationen gegenüber sind wir ab einer gewissen Stufe selbst mit dem härtesten Training machtlos. Da können wir *mzungus* machen, was wir wollen: gesunde Ernährung, Höhentrainingslager, Aquajoggen, Radfahren, Gymnastik, Leistungsdiagnostik, Unterwasser- oder Anti-Schwerkraftlaufband ... All das wird uns höchstens helfen, die Abstände zu verringern. Wenn ein talentierter Kenianer hingegen die gleichen oder ähnliche Mittel nutzt, wird er grundsätzlich immer besser sein.

Ausrede hin oder her – auf der anderen Seite ist das mit dem konstitutionsbedingten Vorteil manchmal sehr frustrierend. Den Hochlandgazellen fällt es einfach deutlich leichter als uns, im Laufsport an die Spitze zu kommen. Das zeigt sich auch daran, dass es immer wieder absolute Späteinsteiger aus Ostafrika gibt, die quasi von heute auf morgen zum Weltklasseläufer werden. Ein Beispiel ist Wilson Kipsang, der erst im Alter von 21 Jahren mit dem Profisport anfing und noch später, im Alter von 25 Jahren, zum ersten Mal von einem richtigen Manager betreut wurde. Spät eingestiegen, nach fünf Jahren schon Weltklasse-Sportler und schließlich sogar ab in Richtung Weltrekord. Da kann keiner mehr behaupten, das läge nur am jahrelangen Marathon-Training. Hier spielt das Talent eine entscheidende Rolle. Andere Läufer sind schon mit 18 Weltklasse. Auch für diese jungen Wunderläufer gilt, dass so ein Erfolg ohne die Kombination aus großem Talent und körperlichen Vorteilen nicht möglich ist. Und so eine erfolgversprechende Kombination kommt eben in Europa eher selten und in Kenia doch ziemlich häufig vor.

Ich persönlich habe mit 14 Jahren begonnen, zielorientiert zu trainieren. Mit 21 habe ich sogar auf die Abifahrt verzichtet, um bei den Niedersachsenmeisterschaften gut auszusehen. Auf so mancher Party habe ich außerdem die Finger vom Alkohol gelassen – nur um später während des Studiums in Wattenscheid im Training trotzdem unzählige Male eins auf die Mütze zu bekommen. Weltklasse war ich damals nicht, und ich bin auch heute noch immer weit davon entfernt. Trotz des Trainings, des Verzichts auf viele Annehmlichkeiten und eine für europäische Verhältnisse recht gute körperliche Konstitution für einen Spitzenläufer. Dazu war und bin ich meist sehr konsequent. Dennoch scheint mein Talent ab einem gewissen Punkt an seine Grenzen zu stoßen – zumindest im Vergleich mit den Kenianern.

Meine Nachforschungen haben ergeben, dass allerdings noch kein Genetiker dem Geheimnis der kenianischen Läufer wirklich auf die Spur gekommen ist. Keine große Studie konnte so etwas wie ein spezifisches Läufer-Gen nachweisen, in dem sich die Kenianer von uns unterscheiden. Eigentlich seltsam bei den läuferischen Qualitäten, die einem bei jedem Marathon dermaßen ins Auge springen. Da sollten doch auch in der DNA des Menschen eindeutige Sequenzen zu finden sein. Ich denke, es handelt sich nur um eine Frage der Zeit, bis die Forscher die Läufer-DNA etwas besser verstehen.

Bislang haben die Wissenschaftler zumindest schon 73 Gen-Regionen ausfindig gemacht, die unsere Fitness beeinflussen. Australische Forscher haben außerdem das sogenannte Alpha-actinin-3 (ACTN3) untersucht, welches in einer genetischen Ausprägung (R-Kopie) das Protein Actinin hervorbringt. Letzteres kommt nur in den schnellen und kraftvollen Muskelfasern vor. Je weniger Actinin ein Sportler hat, umso besser ist er für Ausdauerleistungen geeignet. Bei der X-Kopie des Gens hingegen wird kein Actinin produziert. Deutliche Unterschiede hinsichtlich dieses Gens gibt es zwischen afrikanischen und europäischen Läufern aber nicht. Bisher lässt sich nur sagen, dass du mit viel Actinin aus ACTN3 eher nicht zum Olympiasieger im Marathonlauf wirst – ob du nun aus Kenia oder Deutschland kommst.

Einen Vorteil durch besonders wenig ACTN3 haben die Kenianer nach heutigem Kenntnisstand also nicht. Doch die vielen in den vorhergehenden Kapiteln beschriebenen Vorteile im Körperbau müssen sich ja irgendwie entwickelt haben. Warum haben wir hierzulande nicht solche endlos langen Beine, so eine schlanke Muskelstruktur und dasselbe perfekte Gewicht-Kraft-Verhältnis?

Ein Nachfahre der mutmaßlichen Viehdiebe mit seiner Beute?

Der Schweizer Journalist Richard Etienne hat ein Buch über das Wunderläuferland Kenia verfasst (»Le pays de courreurs: ...dans la fouleé des Kenyans«, erschienen 2010). In einer weiteren Publikation beschreibt der Experte als mögliche Erklärung für die Unterschiede einen Jahrhunderte anhaltenden Selektionsprozess, wie er härter kaum sein könnte: Laut Etienne hat insbesondere der Läuferstamm der Kalendjin über die letzten 2.000 Jahre eine besondere Form des Viehdiebstahls perfektioniert, die seiner Meinung nach die heutige Überlegenheit auf den Laufstrecken der Welt erklärt.

Seine Theorie sieht folgendermaßen aus: Lange Zeit lebten viele afrikanische Stämme als Nomaden. So auch die Stämme der Kalendjin und die Massai. Für beide Volksgruppen war der Viehdiebstahl ein legitimes Mittel, den eigenen Lebensunterhalt zu bestreiten. Doch während die Massai mit vielen Kriegern angriffen und sich nahmen, was sie wollten, legten die Kalendjin unauffällig und in kleinen Gruppen von etwa 20 Kriegern bis zu 160 Kilometer zurück, um sich beim Viehbestand eines weit entfernten Stamms zu bedienen – und das am besten möglichst rasch, heimlich, still und leise ohne jeglichen Kampf. Diese Taktik setzte voraus, dass man extrem gut zu Fuß war und besonders nach erfolgtem Diebstahl mit dem neu »erworbenen« Vieh auch schnell zurück in die Heimat gelangte. Wer auf frischer Tat ertappt wurde, hatte kaum eine Chance, sich gegen die erbosten Besitzer zu verteidigen. Er wurde gnadenlos niedergemacht. Wer aber schnell genug war und schließlich siegreich mit vielen Rindern zum heimischen Stamm zurückkehrte, der war ein reicher Mann und konnte es sich leisten, viele Frauen zu heiraten. So wurde, wie Etienne schreibt, über viele Hundert Jahre insbesondere das Erbgut von erfolgreichen Viehdieben und damit von schnellen Läufern an die nächste Generation weitergegeben.

Ich kann an dieser Stelle nicht anders, als mir diesen Prozess bildhaft vorzustellen: Da ist ein junger Mann, dessen eigener Viehbestand nicht so schnell wächst, wie er es gerne hätte. Er würde aber später gern heiraten und eine Mitgift für die Eltern der Braut haben. Vielleicht hat gerade eine Dürre-Periode das Vieh dahingerafft. Was liegt also näher, als sich beim Nachbarn zu bedienen, wenn auch mit unerlaubten Methoden? So nimmt der Plan Gestalt an und es geht los: Zwanzig mit Speeren, Pfeil und Bogen bewaffnete und extrem durchtrainierte Gestalten schleichen durch die kenianische Steppe. Um Gegenangriffe auf den eigenen Stamm zu vermeiden, müssen sie weit laufen, bevor sie zuschlagen. Hundert, vielleicht auch die von Etienne beschriebenen 160 Kilometer (einen

Kühe sind auch heute noch Zeichen des Wohlstands und wichtige Nährstofflieferanten.

echten Ultramarathon also). Nach einer Wanderung von mehreren Tagen erreicht die Krieger-Gruppe einen weit entfernten Stamm und pirscht sich an dessen Kuhherde heran. Der Wächter des anderen Stammes hält gerade in der Abendsonne ein Nickerchen unter einem Akazienbaum. Dann geht alles sehr schnell: Die Krieger springen auf, stürzen sich auf die Kühe und treiben sie unter lautem Rufen und viel Geschrei hinaus in die einbrechende Dämmerung.

Der Angriff bleibt natürlich nicht unbemerkt. Aus den Rundhütten, die genauso aussehen wie auch heute noch, eilen die Besitzer der Tiere herbei und schwingen ihre Waffen. Mit Gebrüll auf die Angreifer! Doch die Viehdiebe haben einen ordentlichen Vorsprung – die meisten sind mit den Kühen längst auf und davon. Einige wenige jedoch werden eingeholt und mit sehr schlagkräftigen Argumenten davon überzeugt, dass sich Diebstahl nicht lohnt.

Diejenigen, die sich erfolgreich mit den eroberten Kühen aus dem Staub machen konnten, ziehen schließlich Tage später triumphierend in ihr heimisches Dorf ein und werden dort begeistert empfangen. Von den 20 Kriegern, die aufbrachen, sind nur 15 zurückgekehrt. Es sind die schnellsten und ausdauerndsten, oder mit anderen Worten: die besten Läufer. »Survival of the fittest« nannte Darwin diesen Selektionsprozess – das Überleben des Stärkeren (in dem Fall: des Schnelleren). Knallhart und gnadenlos. Der Marktwert der erfolgreichen Viehdiebe ist natürlich extrem gestiegen. Sie sind plötzlich wohlhabend und haben ihren Mut, ihr Können und besonders ihre Ausdauer und Schnelligkeit unter Beweis gestellt. Das zieht bei den Damen des Dorfes. So mancher heiratet gleich vier bis sechs Frauen und setzt viele, extrem laufbegabte Kinder in die Welt.

Ich stelle mir vor, dass es in Kenia in den vergangenen 2.000 Jahren vielleicht immer und immer wieder auf diese Art abgelaufen ist. Jedes Mal wurde die neue Generation ein wenig schneller, ausdauernder und schlanker. Und von Mal zu Mal wurden die Beine ein wenig länger. Für mich klingt es durchaus plausibel, dass genau aus diesem Grund heutzutage so viele extrem begabte Läufer unter den Kalendjin zu finden sind.

Ich lasse mein Kopfkino noch etwas weiterlaufen und stelle mir die Frage: Warum haben wir Europäer uns denn so komplett anders entwickelt? Warum sind wir keine geborenen Läufer, wo doch die Vorfahren der gesamten Menschheit aus Afrika stammen? Vielleicht lief es so ab: Schon früh kamen unsere Vorfahren in Europa auf die Idee, ein paar Bäume zu fällen und sesshaft zu werden. Jeder bestellte sein Feld und hatte somit etwas, was er beschützen musste. Schon war Schluss mit dem Umherlaufen und dem Nomadentum. Gefragt waren vielmehr Baumfäller und Bauern, und damit auch echte Muskelpakete.

Ich spinne den Gedanken noch weiter und stelle mir meine keulenschwingenden Vorfahren vor, wenn es Krach zwischen den einzelnen Stämmen gab. Erfolgreich war, wer dank seiner Körperkraft die Angreifer in die Flucht schlug oder selber überlegen angriff.

Vielleicht treibe ich die Theorien des Journalisten Etienne zu sehr ins Extrem. Dennoch lässt sich nicht von der Hand weisen: Wir Europäer sind noch immer ganz weit mit vorne dabei, wenn es darum geht, schwere

Gegenstände durch Stadien zu schleudern, werfen oder stoßen. Die europäischen Läufer gewinnen im Gegensatz dazu nur selten Medaillen. Gut möglich, dass wir Europäer an den Startlinien der Marathonläufe deshalb so einen schweren Stand haben, weil wir von unserer Evolutionsgeschichte her dazu nicht so prädestiniert sind wie unsere kenianischen Kollegen.

Was auch der Grund ist: Fest steht, dass die leichtfüßigen kenianischen Hochlandgazellen mit einem konstitutionsbedingten Vorteil ins Rennen gehen. Dem mitteleuropäischen Wolf bleibt da erst einmal nur die Rolle des Jägers.

MOTIVATION

KILOMETER 36

SCHWEISS IN DER REGENJACKE

EIN GANZ WESENTLICHER Grund für die Erfolge der Kenianer sind ihre enorme Motivation und ihr felsenfester Glaube an sich und ihre Mission. Und dafür nehmen sie so einiges in Kauf, wie wir heute wieder einmal feststellen.

Als Ruben, Sebastian und ich an diesem Morgen ganz gemütlich um halb acht zur ersten Trainingseinheit aufbrechen, strahlt bereits die Sonne am Himmel. Unsere Konkurrenten und Mitstreiter sind schon wieder vom Training zurück. An jeder Ecke stehen sie, während sie sich dehnen und dabei unterhalten. Ein herrliches Bild. Wegen unseres relativ späten Starts in den Tag werden wir zwar ein wenig belächelt, aber man grüßt sich freundlich. Dann geht es für uns auch schon los zum Dauerlauf.

Von Minute zu Minute wird es wärmer. Ganz so schlimm, wie es sich mancher vorstellt, ist es im Hochland allerdings nicht. Bei Kenia denkt jeder sofort an Hitze, Sonnenhüte und Malaria, vielleicht sogar an die schönen Strände. Doch einen Sonnenhut brauchst du hier oben nur ab und zu, Malaria gibt es

Auch Brigid Kosgei trainiert gerne mit warmer Bekleidung.

in unserer Höhenlage überhaupt nicht und vom Strand sind wir gefühlte Lichtjahre entfernt. Die Temperaturen sind auch nicht typisch afrikanisch. Es wird zwar in der Mittagszeit auch ab und zu so warm, dass das Training nur bedingt zu empfehlen ist. Am frühen Morgen aber ist es sogar oft noch ziemlich kühl.

Bei diesen Überlegungen fällt mir auf, dass die ganzen Sportler am Streckenrand in Klamotten herumstehen, die man bei uns nur im tiefsten Winter anziehen würde. Und das Beste ist, dass wir sogar extrem viele Läufer sehen, die nicht mit atmungsaktiven Hightech-Laufjacken, sondern mit mindestens ebenso teuren, aber völlig wasserdichten Regenjacken unterwegs sind. Dabei ist es nicht etwa so, als würden sie nicht schwitzen. Im Gegenteil: Das Wasser rinnt in Strömen über die Gesichter. Wozu ist denn das nun wieder gut? Sauna auf kenianisch? Wollen die noch mehr abspecken und auch noch die letzten Fettreserven verlieren? Damit der Körperfettanteil unter null sinkt?

Wir forschen nach. Dafür wenden wir uns wieder an unsere kenianischen Kollegen: »Sagt mal, ist das mit den langen Hosen und Jacken nicht etwas übertrieben? Und was bringen die Regenjacken in der Sonne? Haben die Läufer nichts anderes im Schrank?«

Die Lösung des Rätsels: Sobald es etwas kälter wird, werden die langen Klamotten ausgepackt. Und die meisten Läufer haben tatsächlich nur eine Montur zur Verfügung. Spezielle Laufsachen für jedes Wetter oder gar das Zwiebelschalenprinzip sind hierzulande praktisch unbekannt. Die Läufer schlüpfen einfach in die dicke Jacke und los geht's. Viele der Laufjacken tragen übrigens Aufschriften wie »OTB Silvesterlauf«, »Nike – Winterlauf Duisburg«, »Läufermüsli.de« und Ähnliches. Die Kleiderspenden der ausländischen Gastsportler finden hier dankbare Abnehmer. In den allermeisten Fällen hat jeder Läufer nur eine Jacke. Falls er doch eine zweite organisieren kann, gibt er sie häufig an einen Trainingskollegen weiter.

Auch tagsüber bleibt die Bekleidung gleich. Läufer mit superkurzen Laufhosen und nacktem Oberkörper oder bauchfreie Mädels sieht man hier nur unter den *mzungus*, den Weißen. Kenianer tragen solche Outfits höchstens zum Tempotraining. Wenn wir ehrlich sind, machen wir das natürlich meist, um uns auch farblich unseren großen Vorbildern etwas anzunähern, denn ein bisschen eitel sind wir ja schon. Wir wollen, dass man nicht nur an den roten Socken und an unserer Form sieht, dass wir in Kenia waren. Besonders, wenn man im April aus dem Frühjahrstrainingslager zurückkommt, ist ein schöner Teint ganz prima, um zu Hause neidische oder bewundernde Blicke zu ernten.

Dicke Trainingsjacken unter der Sonne – bitte nicht nachmachen!

Doch zurück zu den Kenianern: Schweiß ist also schick, wie es scheint. Je mehr Hitze desto besser. Aber passt das zusammen? Auf der einen Seite früh aufstehen und sofort losrennen, um der Wärme des Tages zu entgehen, um dann wieder die dicksten Sachen anzuziehen?

Langsam wird es mächtig warm.

Wie für die meisten Gewohnheiten bekommen wir auch hierfür eine Begründung geliefert: Das frühe Training ist einfach ein Muss. Neben der frischeren Luft gibt es noch tausend weitere Punkte, die dafür sprechen – von der Routine bis hin zur besseren Anpassung des Körpers an die begrenzte Energiezufuhr beim Nüchternlauf.

Das Phänomen mit den Regensachen erklären uns die Kollegen folgendermaßen: »Sweat is weakness, leaving the body.« Schweiß gleich Schwäche also. Und die kann man nach Verständnis der kenianischen Läufer gar nicht oft genug aus dem Körper heraustreiben.

Aber mal ehrlich: möglichst viel schwitzen, um besser zu werden? Da könnte man genauso gut versuchen, beim Laufen möglichst lange die Luft anzuhalten, um den Höheneffekt zu verbessern. Eine wirklich wilde Theorie. Jetzt habe ich also endlich etwas gefunden, was ich definitiv absolut nicht zur Nachahmung empfehlen würde. In vielem sind uns die Kenianer deutlich voraus: Trainingshärte, Ernährung, Motivation und so weiter. In vielem müssten wir konsequenter sein und schaffen es leider nicht, mit unseren sportlichen Vorbildern gleichzuziehen – bedingt durch unseren Lebensstil oder auch dadurch, dass wir schlichtweg zu verwöhnt sind.

INFO

Das Schwitzen beim Training ist gesund, keine Frage. Übertreiben solltest du es damit aber nicht. Die Verdunstung des Schweißes und damit seine kühlende Wirkung mittels einer Regenjacke zu behindern ist kontraproduktiv. Wer glaubt, mit extrem warmen Klamotten trainieren zu müssen, um über noch mehr Schweiß noch mehr Gewicht zu verlieren, denkt nur sehr kurzfristig. Natürlich wird die Waage auf die Art direkt nach dem Training einige Gramm weniger anzeigen. Doch liegt das in erster Linie nur am Flüssigkeitsverlust, der nachher schnell wieder ausgeglichen werden sollte. Ohne eine gute Wasserversorgung funktioniert der gesamte Organismus nicht mehr richtig. Außerdem werden mit dem Schweiß auch viele Mineralstoffe ausgespült, die wieder aufgefüllt werden wollen.

Was an dem Beispiel mit den Regenjacken jedoch deutlich wird: Motivation kannst du aus allen möglichen Ritualen ziehen. Genau wie beim *Ugali*, beim Honig und bei vielem mehr ist die mentale Komponente entscheidend: Mach das Beste aus dem, was du hast und glaub daran, dass es dir gut tut und dich schneller macht. Auf die Art wirst du tatsächlich schneller. So einfach funktioniert Motivation made in Kenia. Das Prinzip darfst du gern kopieren – nur bitte ohne dicke Jacke in der heißen Sonne.

Bei diesem Wetter würde ich nicht in langer Hose und Jacke trainieren.

Doch in diesem Fall muss ich sagen: Liebe Wunderläufer, ihr seid ja verrückt. Das mit dem Regenanzug ist keine gute Idee und komplett ungesund.

In diesem Punkt können wir *mzungus* sogar den Kenianern etwas beibringen. Wenn ich das nächste Mal für ein Trainingslager bei den Hochlandgazellen die Koffer packe, werde ich jede Menge Laufjacken mitnehmen, die schön atmungsaktiv sind, damit dieser Unfug möglichst bald aufhört. Damit die Kenianer, in diesem Fall durch meine Hilfe, noch schneller werden. Wenn ich dann beim übernächsten Besuch einen Weltrekordler in spe in einer TV Wattenscheid-Trainingsjacke an mir vorbeirasen sehe, werde ich es zwar bedauern, dass nicht ich selbst die Rakete auf zwei Beinen bin. Trotzdem werde ich mich über meinen Anteil am Erfolg des Läufers freuen.

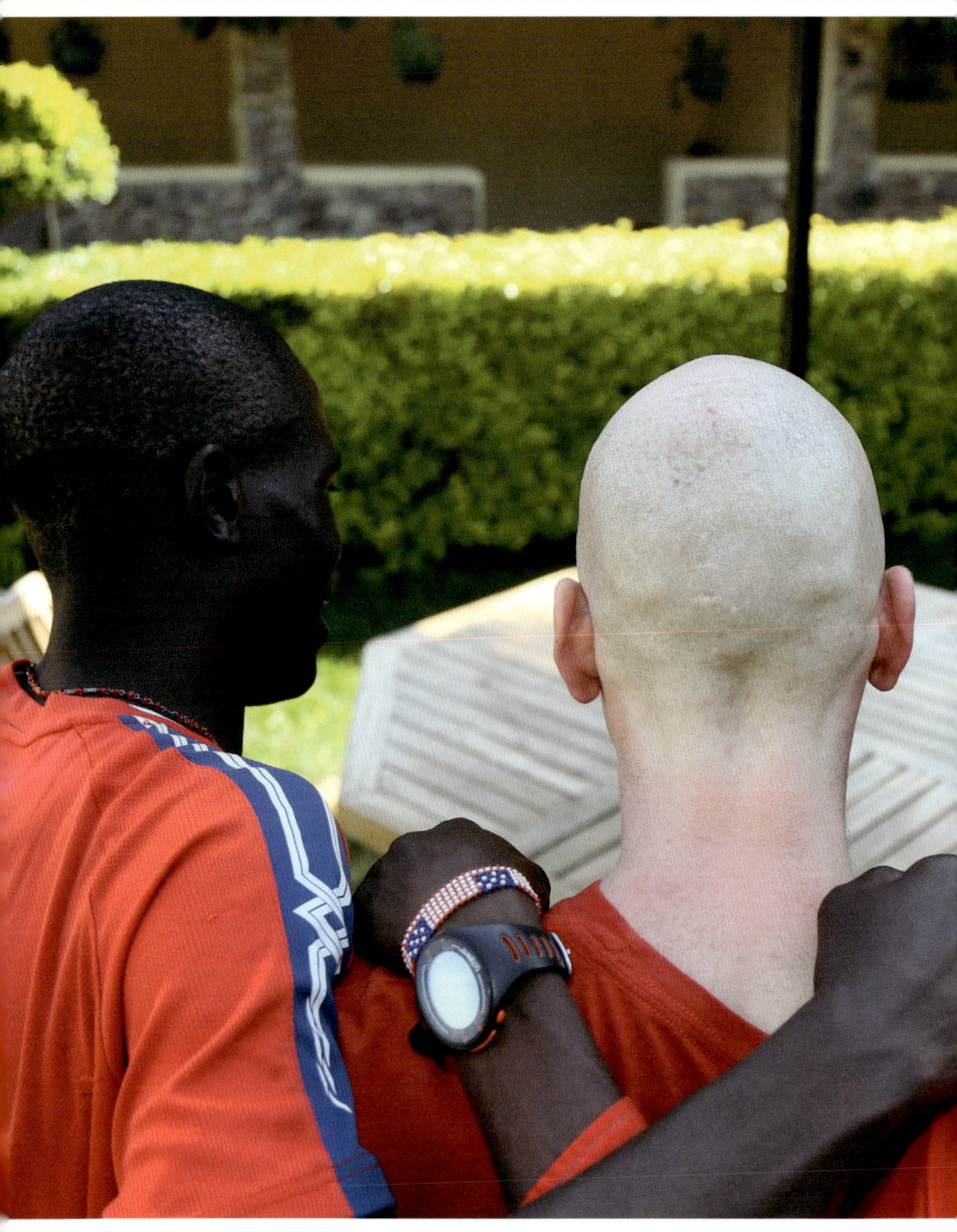

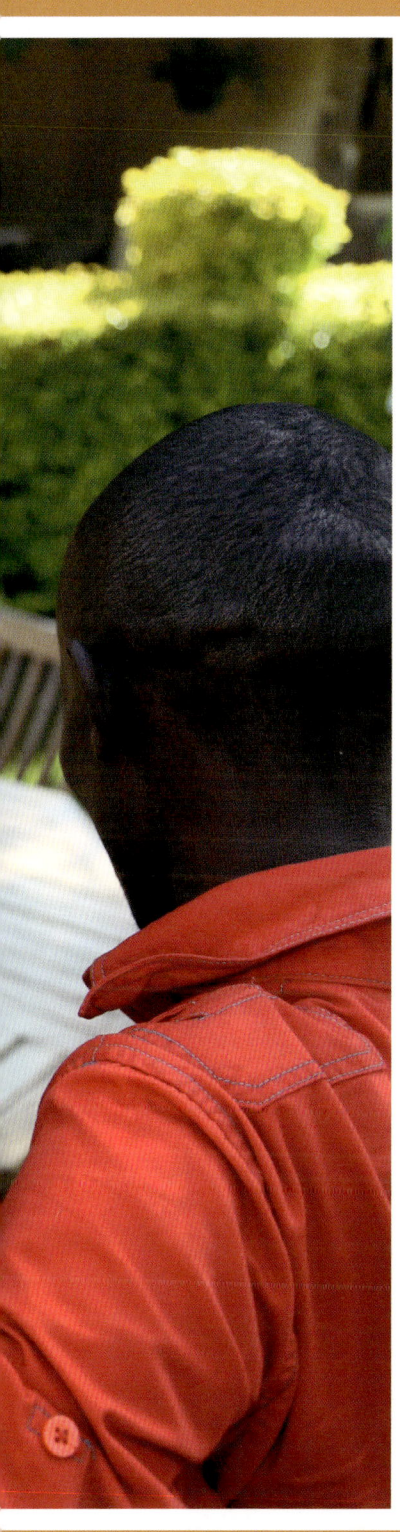

KILOMETER 37

GLATZENSCHNEIDER

ALS ICH VOR einigen Wochen in der Heimat Freizeitläufer und Laufshop-Besitzer Ingo traf und ihm von meinem Buchprojekt berichtete, erzählte er mir, er habe sich vor einem Wettkampf einmal schwarz angemalt, um zu testen, ob die Hautfarbe nicht auch einen Einfluss auf sein Leistungsvermögen habe. Mehr Energie im Blut durch bessere Absorption der Sonnenstrahlen ...

Ganz so weit möchte ich nicht gehen, denn das erscheint mir ein wenig an den Haaren herbeigezogen. Aber wo wir schon einmal bei den Haaren sind: Irgendwie scheinen alle Top-Läufer des Landes denselben Friseur zu haben. Und der scheint nur den einen schnittigen Glatzenschnitt zu kennen.
Auf Nachfrage wird uns versichert, das habe nur optische und praktische Gründe. Die Lockenpracht ließe sich so am besten bändigen. Aber wer weiß schon, ob das stimmt? Mir bleibt wohl nichts anderes übrig, als es selbst zu testen.

Zur Sicherheit begleitet mich Paul, unser einheimischer Laufkollege. Wir setzen uns in den erstbesten Friseursalon, eine kleine Bude in einem Hinterhof, und warten eine Stunde. Als ich an der Reihe bin, mustert der Stylist entsetzt mich und meine »lange Matte«, die ich tatsächlich knapp zwei Monate habe sprießen lassen. Er meint, dass er mir nicht helfen könne. Einen *mzungu* könne er nicht frisieren. Er hatte gedacht, Paul wolle die drei Millimeter Stoppeln auf seinem Kopf entfernt haben.

Der Verdacht erhärtet sich: Steckt da vielleicht doch mehr hinter der Frisur? Ich behalte vorerst meine Haarpracht und die Suche geht weiter.

Beim nächsten Figaro fragen wir sofort nach, ob nur Kenianer frisiert werden, und ich bekomme erneut einen Korb. Als Ausrede wird angeführt, die Maschine könne bei meinen Haaren kaputt gehen. Scheinbar haben kenianische Friseure Angst vor glattem europäischen Haupthaar. Das Argument mit dem empfindlichen Schneideapparat klingt ja dann doch schon ziemlich nach fauler Ausrede. Wir verfolgen die Spur weiter.

Paul und ich möchten wissen, ob es in Kenia nicht doch einen Barbier gibt, der auch die stahlharten, *mzungu*-tauglichen Schermaschinen zur Hand hat. Wir bekommen die Auskunft, dass es solche Haarkünstler tatsächlich gibt: In einem großen Einkaufszentrum in Eldoret. Wahnsinn, wer hätte gedacht, dass eine so simple Frisur so einen Aufwand bedeutet. Also ab ins *matatu* und auf nach Eldoret.

Eldoret ist mit dem Sammeltaxi von Iten aus etwas über eine halbe Stunde entfernt. In der Nähe der Stadt wohnt unter anderem Kipchoge Keyno, einer der Begründer der Laufbewegung dieses Landes. Nach ihm wurde sogar das Stadion in Eldoret benannt.

Na Jungs, habe ich euer Geheimnis gelüftet?

Wir suchen aber heute weder Kipchoge noch das nach ihm benannte Stadion, sondern nur einen normalen Friseur. Das Einkaufszentrum ist dann zum Glück schnell gefunden, und die Wachen am Eingang des Kommerz-Tempels lassen tatsächlich darauf schließen, dass hier ein wohl gehütetes Geheimnis verborgen liegt. Maschinenpistolen und dicke Muskelberge als Schutz für einen wichtigen Teil des kenianischen Erfolgsrezeptes. Gut – vielleicht stehen die Wachmänner auch nur hier, um ein Auge auf die Bank zu werfen, die sich ebenfalls im Einkaufszentrum befindet.

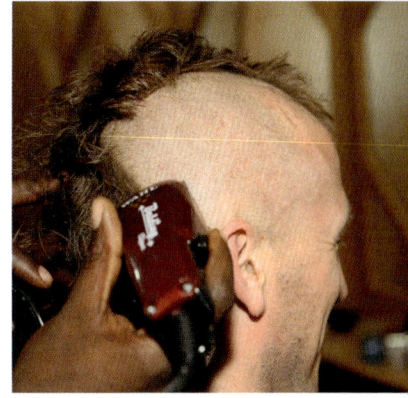

Der Friseursalon des Einkaufszentrums ist gar nicht mal so viel anders als die Läden in Deutschland. Er befindet sich im Untergeschoss, direkt unterhalb der Bank. Ich komme schnell an die Reihe. Doch als ich meine gewünschte Haarlänge mit »komplett ab« angebe, stutzt der Meister sichtbar. Da ich mich aber nicht umstimmen lasse, holt er die große Schermaschine hervor und es geht endlich los. Gut, dass ich hier in Kenia ganz weit vom Schuss bin und mich in den nächsten Tagen kaum einer sieht. Zack, schon zieht sich eine tiefe Furche durch mein rechtes Haupthaar. Die Maschine brummt und der Streifen wird breiter. Ich schaue dem blonden Büschel hinterher, das dabei zu Boden fällt. Der Blick in den Spiegel ist gewöhnungsbedürftig.

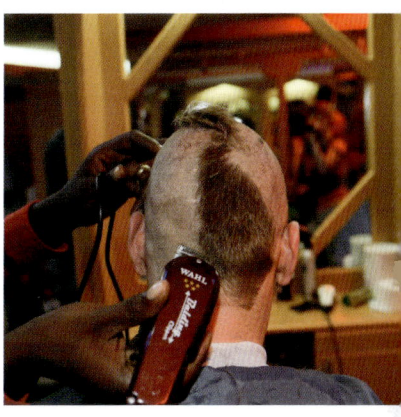

Zumindest der Friseur hat jetzt auf jeden Fall seinen Spaß. Wenn er bei all seiner Euphorie bloß auf meine Ohren aufpasst! Ich habe ganz vergessen zu schauen, ob die kenianischen Läufer da ebenfalls Finetuning betreiben. Doch es geht alles gut. Während der Arbeit erzählt mir der Friseur begeistert, dass er vor einigen Tagen Mo Farah (Olympiasieger über 5.000 und 10.000 Meter in London) den gleichen Schnitt verpasst habe. Erneut bekomme ich das Gefühl, hier einer ganz großen Sache auf die Schliche zu kommen. Mit jedem verlorenen Haar

Knallharte Recherche, die auch Opfer fordert...

fühle ich mich schneller, mit jedem großen Büschel mache ich mental einen riesen Schritt Richtung Weltrekord.

Schließlich betrachte ich den neuen Style im Spiegel. Nicht so übel, wie ich gedacht habe. Zum Glück steht meine Frau ja total auf Bruce Willis, dem ich nun verdammt ähnlich sehe. Ob ein vollgeschwitztes Running-Shirt zur Frisur ebenso sexy wirkt wie die blutverschmierten Unterhemden bei Bruce? Wir werden sehen.

Aber um gutes Aussehen geht es hier ja nicht. Es geht um Ausdauer und vor allem um Geschwindigkeit. Ich möchte am liebsten in meinen schnellen Schuhen aus dem Laden stürmen und bis nach Nairobi düsen. Am besten jetzt gleich.

Aber ich darf noch nicht. Ob als Entschädigung fürs verlorene Haar oder als zusätzliche Möglichkeit, einem *mzungu* noch etwas Geld abzuknöpfen, weiß ich nicht: Aber plötzlich massiert und poliert der Coiffeur meine Platte, was das Zeug hält. Die Kopfhautmassage fühlt sich super an und mit der Politur auf der Birne habe ich nun endgültig etwas von einer Billardkugel. Am Ende werde ich sogar noch geföhnt.

Minutiös habe ich während des ganzen Events jeden Handgriff des Meisters filmen lassen und Fotos gibt es auch reichlich. Alles ganz unauffällig natürlich. Denn schließlich hüten sie dieses kenianische Geheimnis ja scheinbar besonders streng. Trotzdem geht die Spionage-Aktion glücklicherweise reibungslos über die Bühne. Sollte das Experiment gelingen, können wir die Prozedur von einem bislang nicht mit dieser exotischen Magie vertrauten deutschen Friseur kopieren lassen. Ganz wichtig bei allem ist die präzise Dokumentation.

Als wir nach dem Abenteuer zurück auf der Straße sind, sticht die Sonne. Ich setze einen Hut auf. Den werde ich in den nächsten Tagen noch öfter brauchen.

Statt des sofortigen Geschwindigkeitstests nehmen wir doch erst einmal das *matatu* zurück zum Kerio-View Hotel. Es war ein anstrengender Tag. Trotzdem brummt mein ganzer Körper wie eine Transformatorstation auf Hochspannung – so, wie vorhin die Schermaschine des Friseurs. Ich will jetzt sofort da raus auf die Staubpisten. Und genau das mache ich dann auch. Keiner meiner Trainingskollegen will mich begleiten. Haben alle Angst vor meiner äußerlich und innerlich verbesserten Form? Oder liegt es einfach nur daran, dass sie heute ihre 30 Tageskilometer schon hinter sich haben? Ich denke, der Fall ist klar: Sie können meinen plötzlichen Formanstieg sehen und spüren. Sie wissen hundertprozentig, dass sie jetzt chancenlos sind. Und eine solche Demütigung möchten sie natürlich nicht über sich ergehen lassen. Das kann ich verstehen.

Ich renne also alleine los. Um nicht abgelenkt zu werden, verzichte ich bei dieser Einheit auf meine GPS-Uhr. Nur das Gefühl soll mich leiten, nur der Wind auf der Kopfhaut. Genau wie bei den Kenianern. »*I feel good, so I run fast.*« Das soll fortan mein Motto sein. »*I feel bad*«, das ist jetzt passé. Ganz ohne moderne Technik, nur mit der neuen stromlinienförmigen Glatze, ganz ohne Haarbremse, geht es raus ins Läuferparadies.

Ich sause dahin, völlig schwerelos. Neue, unbekannte Energie durchströmt mich. Die Macht ist mit mir, ich gleite förmlich über den Boden hinweg, Kilometer um Kilometer. Wie lange bin ich schon unterwegs? Sind es Minuten, sind es Stunden? Nicht mal fliegen ist schöner. Was für ein Gefühl, der Rausch der Geschwindigkeit. Ich bin im siebten Läuferhimmel.

Friseur Nummer drei. Hier hat sich der Künstler an meine Haarpracht herangetraut.

Woran mag das nur liegen? Mir schwirren Hunderte Fragen durch den Kopf: Kann es sein, dass ich unterbewusst weiß, wie ungewohnt aggressiv ich aussehe und das sofort in Leistung umsetze? Wird mein Kopf besser gekühlt? Vielleicht spare ich dadurch ja die Energie zum Herunterkühlen. Frei nach der Formel: weniger Hitze im Kopf gleich mehr Feuer in den Beinen. Oder nehme ich gerade über die Kopfhaut Sonnenenergie auf, wie es mein Freund Ingo mit seinem Farbexperiment vergeblich versucht hat? Möglicherweise strömt ja auch der schwindelerregende Fahrtwind durch die Glatze leichter an meinem Haupt vorbei. Haben sich vorher in meiner Kurzhaarfrisur tatsächlich so viele bremsende Wirbelwinde gebildet, dass mich das so viel langsamer gemacht hat? Ich stelle mir vor, dass die Verwirbelungen eines jeden Haares den Läufer beim Marathon nur eine tausendstel Sekunde kosten. Als Blondschopf habe oder hatte ich zumindest früher in etwa 150.000 Haare auf dem Kopf. Das bedeutet, dass ich durch einen Friseurbesuch meine Marathonbestzeit um zweieinhalb Minuten verbessern kann. Aber geht diese Rechnung auf? Könnte es nicht sogar sein, dass jedes Haar schon auf einem einzigen Kilometer eine unheimliche Bremswirkung entfaltet? Dass jedes Haar pro Kilometer eine tausendstel Sekunde kostet? Dann wäre der Zeitverlust mit zweieinhalb Minuten mal 42,195 Kilometer zu berechnen. Mir schwinden die Sinne. Der Marathonrekord in einer Zeit von einer halben Stunde scheint greifbar. Welches unglaubliche Potential schlummert in dem neu gewonnenen Wissen. Weltrekord? Kein Problem.

Während ich in Gedanken schon auf sämtliche Siegertreppchen der Welt hinauf federe, wissenschaftliche Vorträge an Elite-Universitäten von Amerika bis Australien halte und schließlich als Trainer ganze Heerscharen von deutschen Läufern zurück in die Weltspitze führe, komme ich an der Wegkreuzung vorbei, an der immer die Kids auf uns warten. Ich grinse in mich hinein. Das wird erst der Anfang sein: die Desillusionierung des kenianischen Nachwuchses. Sie schauen mich an und laufen mit, wie immer ein strahlendes Lachen auf den Lippen. Heute sind sie besonders ausgelassen und jubeln noch lauter als sonst. Könnte an meinem Styling liegen. Eigentlich sollten sie sich darüber nicht so freuen, denn schließlich habe ich gerade das Geheimnis ihres Läufervolkes ergründet.

Wir rennen trotzdem miteinander über die Staubpisten, bis sich einer von ihnen wieder einmal die rutschende Hose hochzieht. Dann trennen sich unsere Wege. Allerdings brechen sie nicht nach links und rechts aus in die Maisfelder. Sie fallen auch nicht nach hinten zurück, wie ich

KOPFSACHE **TIPP**

Das Laufen ist Kopfsache. Positives Denken insbesondere in schwierigen Situationen ist absolut entscheidend. Auch wenn es nicht gleich die Kenia-Glatze sein muss, so kann dir selbst ein neuer Haarschnitt einen gewissen Motivationsschub geben. Genau wie das Lieblings-Trikot, der Lieblings-Schuh oder nur der Lieblings-Socken kann der Friseurbesuch vor einem wichtigen Wettkampf den Kopf nicht nur leichter, sondern auch frischer machen.
Der optimistische Blick in den Spiegel wirkt auf mentaler Ebene leistungsfördernd.

es erwartet hätte. Nein, sie zischen geradewegs nach vorn in meine Laufrichtung, bis sie eine riesige Staubwolke verschluckt. Schwupp und weg sind sie.

Ich stolpere vor Schreck fast über die eigenen Füße, streiche mir gedankenverloren über meine Glatze und stehe schließlich vollkommen ratlos irgendwo in der Landschaft. Welcher Teil war jetzt gerade geträumt und welcher real? Der mit den Siegertreppchen und Vorträgen oder der mit den Kindern? Schwer zu sagen.

Ein ganz klein wenig beschleicht mich das Gefühl, dass die windschnittige Frisur allein vielleicht doch nicht jeden Läufer zum weißen Blitz macht. Wer sich beim Wettkampf aber einmal so fühlen möchte wie seine großen kenianischen Vorbilder und Konkurrenten, darf gern zum Haarschneider greifen.

KILOMETER 38

KÜHE ODER KOHLE

BEI FAST JEDEM unserer Dauerläufe kommen Ruben, Sebastian Hallmann und ich an einem Neubau vorbei, der sich von den meisten anderen Häusern der Umgebung stark abhebt. Es handelt sich um ein relativ großes, zweigeschossiges Hotel, das sowohl von kenianischen als auch ausländischen Läufern bewohnt wird. Mit viel Stolz berichten die einheimischen Sportler, dass dieses Hotel Wilson Kipsang gehört, der mit der Investition Arbeitsplätze geschaffen hat und so die heimische Wirtschaft unterstützt. Kipsang, der mit einem neuen Geländewagen durch die Gegend fährt, ist ein gemachter Mann: Auto, Haus, Hotel, Wohlstand und Reichtum. Alles erarbeitet durch das Laufen. Jeder kennt ihn und weiß um seine Erfolge. Er hat gekämpft, hart und viel trainiert, und er hat oft auch bei großen Rennen gewonnen.

So wie Kipsang haben es schon unzählige andere Sportler gemacht. Ein Großteil der Gebäude im nahen Eldoret gehört ehemaligen Läufern, die bei Wettkämpfen in der ganzen Welt um Platzierungen und um Prämien gerannt sind. Für ein verhältnismäßig ordentliches Einkommen müssen es nicht gleich Weltrekorde sein. Auch bei nicht ganz so bekannten Straßenläufen in Europa, in

Amerika oder in Asien lässt sich gutes Geld verdienen. Selbst wenn das in unseren Augen keine großen Summen sind, lässt sich damit in Kenia doch viel bewegen.

Jeder, der hier im Hochland unter teils wirklich abenteuerlichen Bedingungen auf dem Lande in einer bescheidenen Strohhütte aufwächst, hat einen Bekannten, Freund oder Nachbarn, der es durch das Laufen zu Ruhm und Reichtum gebracht hat. Wichtige Rennen sieht man sich im Fernseher im nächstgrößeren Ort gemeinsam an – auch wenn man bis dorthin zehn Kilometer zu Fuß zurücklegen muss. Alle fiebern mit ihren Landsleuten mit und rechnen aus, über wie viele Ecken sie mit diesen Stars verwandt sind.

Die Erfolge verbinden. Nicht nur durch die Verwandtschaftsverhältnisse, sondern auch durch das allgegenwärtige Talent zum Laufen. Der Sport bietet die große Chance, im Leben Großes zu erreichen. Im Land herrscht zudem eine hohe Arbeitslosenquote mit einem Durchschnitt von 40 Prozent. Also muss man dort zumindest einmal sein Glück als Profi-Läufer versucht haben. Um es etwas überspitzt auszudrücken: Ein kleiner Kenianer vom Land hat hier oft nicht viele andere Berufschancen, als die Kühe des reichen Nachbarn zu hüten oder eben zu trainieren, was das Zeug hält.

In dieser Motivation finde ich einen weiteren Unterschied zu dem Leben eines aufstrebenden Nachwuchsläufers in Deutschland. Wer bei uns zu Hause nur läuft, um damit irgendwann einmal Geld zu verdienen, sollte lieber die Sportschuhe im Regal stehen lassen. Der notwendige Einsatz, um als Läufer vom Sport leben zu können, ist in fast jedem anderen Beruf deutlich sinnvoller investiert. Bei allem Engagement gehört außerdem auch viel Glück dazu, um Profi-Läufer zu werden.

Ihre Brötchen mit dem Laufen verdient in ganz Deutschland nur eine Handvoll Athleten. Und die auch nur, solange sie aktiv und erfolgreich sind. Sponsoren, Vereine, die Sporthilfe oder die Sportfördergruppe der Bundeswehr bieten hier Chancen und Möglichkeiten. Wer aber nur einen Funken Verstand hat, sollte für die Zeit nach der aktiven Laufbahn vorsorgen. Das heißt: Studium oder eine anderweitige Fortbildung zur Vorbereitung auf einen »richtigen Job«. Denn so viel ist klar: Nach der Sportlerkarriere ist die Unterstützung für die weitere Karriereplanung des Athleten doch immer noch recht überschaubar.

Leider kommt es immer noch vor, dass sich ein Athlet für sein sportliches Engagement rechtfertigen muss. »Die Prüfung wegen eines Wettkampfes verschieben? Nein, das geht nicht. Da müssen Sie sich schon entscheiden, ob Sie studieren oder trainieren wollen ...« Dabei wollen wir Sportler doch nichts geschenkt haben. Natürlich machen wir die Prüfung und natürlich lernen wir dafür. Doch ein wenig Flexibilität und Verständnis wären schon ganz schön.

Ich hatte diesbezüglich großes Glück: Bei meinem Physik- und dem anschließenden Wirtschaftsstudium sind mir die Professoren und Prüfer mit den Terminen immer sehr entgegengekommen. Sonst wären meine sportlichen Erfolge auch ausgeblieben. Dafür bin ich auch heute noch sehr dankbar.

Wenn ich mich bei meinen Wattenscheider Trainingskollegen so umhöre, muss ich leider oft feststellen, dass nicht jeder eine solche erstklassige Unterstützung erfährt. Oft fällt wichtige Zeit im Trainingslager weg, weil von den Verantwortlichen an der Uni kein Entgegenkommen zu erwarten ist. Neben den beruflichen Perspektiven oder der finanziellen Motivation sind es hierzulande doch häufig auch die äußeren Umstände, die junge Athleten in ihrer Entwicklung bremsen.

Ganz anders stellt sich die Situation zum Beispiel in den USA dar. Hier erschweren Studiengebühren den Zugang zu den Universitäten. Oftmals können sich die Leute die Uni nur mithilfe eines Stipendiums leisten. Und wofür gibt es diese Stipendien? Richtig: unter anderem für sportliche Leistungen. Wer also schon in der Grundschule gut trainiert, hat die Chance, danach in einem der großen Leichtathletik-Teams der Unis

DIE MOTIVATION VOR AUGEN TIPP

Ein kenianischer Läufer weiß ganz genau, warum er rennt. Warum er bei jedem Wetter, mit schweren Beinen oder einem müden Kopf dennoch die Schuhe schnürt und seine Trainingsrunde dreht. Er hat sein Ziel klar vor Augen. Bei uns sind die Prioritäten sicher ganz anders gelagert als in Kenia. Das Hauptaugenmerk sollte niemals darauf liegen, mit dem Sport Geld zu verdienen. Dafür ist der Beruf einfach nicht lukrativ genug. Dennoch gibt es verschiedene Beweggründe dafür, warum jemand mit dem Laufen anfängt. Jeder hat seine eigene Motivation und die gilt es sich immer wieder deutlich vor Augen zu führen. Ob es nun ums Abnehmen, die Gesundheit, den sozialen Austausch mit den Läuferkollegen oder Wettkämpfe geht, spielt keine entscheidende Rolle. Wichtig ist nur, dass du dein Ziel genauso deutlich vor dir siehst wie der kenianische Läufer das Auto oder Hotel des erfolgreichen Kollegen.

unterzukommen und sich darüber sein Studium zu finanzieren. Dort ist dann für alles gesorgt: Physiotherapie, wenn nötig zweimal am Tag, eine starke Trainingsgruppe, hauptamtliche Trainer und so weiter. Und da sich die Uni bei den Vergleichswettkämpfen der Hochschulen selbst auch in Bestform präsentieren möchte, wird der Stundenplan optimal auf den Trainingsplan abgestimmt. Sportlich gesehen eine wundervolle Sache. Mein Wattenscheider Trainingskollege Jannis, der gerade in den USA studiert, erzählt oft Geschichten, die uns anderen wie Märchen erscheinen. Auch in Amerika lässt sich also über den Umweg des Sportstipendiums mit dem Laufen Geld verdienen. Was für ein riesiger Ansporn. Da ist es nur logisch, dass es in Amerika viel mehr und auch bessere Läufer gibt als bei uns. Tatsächlich sind die US-Amerikaner zurzeit auch in der besten Position, um es mit den Afrikanern aufzunehmen.

Großes Hotel, großes Auto: ein Ansporn auch für alle anderen Sportler in Kenia

Doch zurück ins Land der Wunderläufer, nach Kenia. Auch wenn es wenig idealistisch klingt: Die Kenianer laufen oft in erster Linie, um Geld zu verdienen. Dass es funktioniert, ist hier in Iten so deutlich zu sehen, dass es eine Schande wäre, es nicht zumindest zu versuchen. Von unserem *Ugali*-Koch Jacob bis hin zu unserem Kollegen Paul laufen alle sicher auch, weil es ihnen Spaß macht. Aber in erster Hinsicht geht es eben darum, sich über Wasser zu halten. Und der Laufsport bietet eben die besten Chancen dazu.

Im Sport tummeln sich diejenigen Leute, die besonders ehrgeizig sind. Die Leute, die sich nicht damit abfinden, dass es keine Jobs gibt, sondern stattdessen aktiv werden wollen. Sie haben eine unverrückbare Entscheidung getroffen und ziehen daher das Training knallhart durch. Den nötigen Motivationsschub bekommen sie an jeder Ecke: ein großes Haus oder ein schönes Auto, erworben durch Preisgelder erfolgreicher Kollegen.

So ist es auch kein Wunder, dass selbst wir als Laufkollegen schon am zweiten Tag von Geoffrey angesprochen werden. Er trainiert heute zum ersten Mal mit uns und kommt gleich zur Sache: Ob wir nicht sein Management organisieren wollen, möchte er wissen. Er bräuchte nur das Geld für einen Flug nach Europa, würde dann zunächst durch Straßenläufe sein Flugticket abbezahlen und könnte uns später an seinen Preisgeldern prozentual beteiligen. Genau das ist der Traum eines jeden Läufers hier in Iten: So gut zu werden, dass ein Manager einen entdeckt, mit nach Übersee nimmt und dort die Chance auf Preisgelder ermöglicht.

Es gibt einige Manager, die genau das hauptberuflich machen. Manche organisieren komplette Camps in Kenia, in denen gelebt, trainiert und gesichtet wird, andere fahren nur zur Talentsuche ins Land der Wunderläufer und kehren dann mit einem ganzen Team an Spitzenleuten zurück, die anschließend in Europa von einem Straßenlauf zum nächsten pilgern. Die Sportler kehren natürlich nicht nach jedem Rennen in die kenianische Heimat zurück, sondern sie wohnen während der Saison in der Nähe der Wettkampforte in den Häusern ihrer Manager.

Oft ist es ein riesen Kulturschock, wenn ein Kenianer zum Beispiel in Deutschland beim Silvesterlauf starten soll. Ungewohntes Essen, viele seltsame Gebäude, Hotels und zu allem Überfluss stehen sie am Wettkampftag eventuell auch noch mitten im ungewohnten Schnee … Ich finde es absolut erstaunlich, dass die Athleten trotz all dieser Hindernisse immer noch so gut sind.

Läuft es dann aber wie erhofft (und dafür muss es wie gesagt nicht immer der ganz große Sieg sein), bekommt der Manager etwa 20 Prozent der Prämien. Danach bleibt hoffentlich noch genug für den Sportler übrig, sodass er zurück in der Heimat das Geld in sein eigenes Hotel, ein Taxi, ein Ackerland oder einen Laufshop investieren kann. Oftmals ernähren die Läufer mit den Einnahmen die ganze nähere Verwandtschaft gleich mit. Die Athleten verhelfen ihrem Land durch die erlaufenen Prämien zu einem deutlichen wirtschaftlichen Aufschwung.

Wer als Läufer erfolgreich war, kann sich auch seine eigene Kuhherde kaufen, auf die dann der kleine Nachbarsjunge aufpasst – so lange, bis auch er vor der Frage steht: Kühe oder Kohle?

Hakuna matata, alles easy: erst hart trainieren, dann locker bleiben und abwarten, was das Leben bringt

KILOMETER 39

HAKUNA MATATA

WIR SIND WIEDER unterwegs, doch heute nicht zum Training, sondern zu einem der ganz seltenen Ausflüge ins Zentrum von Iten, das etwa zehn Gehminuten vom Hotel entfernt liegt. Zehn deutsche Gehminuten, wohlgemerkt. In dem Tempo, mit dem sich die Kenianer außerhalb ihrer Trainingszeiten fortbewegen, würde es eher 20 dauern. Die haben, wenn es nicht gerade darum geht, sich komplett auszupowern und mit dem Rest der Trainingsgruppe zu messen, einfach total die Ruhe weg. Niemals hätte ich gedacht, dass ein Profiläufer so langsam gehen kann. Ich selbst stehe dafür auch außerhalb des Trainings stets viel zu sehr unter Strom, und das geht wohl den meisten meiner Landsleute genauso. Termine über Termine – selbst wenn es sich dabei wie hier im Trainingslager nur um den anstehenden Mittagsschlaf handelt.

Wir wandern also gen Dorfzentrum und kommen, wie so oft, mit einem der Kenianer ins Gespräch, der in die gleiche Richtung schlendert wie wir. Wir passen unser Tempo an seines an. Schließlich müssen wir auch das einmal probieren. Beim Gespräch mit Stephen – so heißt unser Begleiter – stoßen wir auf einen weiteren Baustein der kenianischen Lauferfolge.

»Wo kommt ihr her?«, will Stephen wissen. »Was für Strecken lauft ihr, wie schnell seid ihr?« Egal, ob man sich in Bochum für den Halbmarathon einläuft, in Osnabrück beim Silvesterlauf die Schuhe schnürt oder in Kenia mit Läufern ins Gespräch kommt: Die Fragen ähneln sich sehr. Als wir uns als deutsche Marathonläufer vorgestellt haben, erzählt uns Stephen seine Geschichte. Und die geht weit über Bestzeiten und Lieblingsdistanzen hinaus.

Sein Vater habe fünf Frauen, was früher völlig normal gewesen sei und heute noch immer vorkomme. Wir sind überrascht, denn wir treffen zum ersten Mal einen Kenianer, in dessen Familie tatsächlich noch Polygamie gelebt wird. Beim Anblick unserer erstaunten Gesichter ergänzt Stephen, dass sein Vater sehr wohlhabend gewesen sei und auch deshalb immer wieder geheiratet habe. Das sei noch immer eine Art Statusfrage. Soweit, so gut.

Doch als dann ein Kind nach dem anderen zur Welt kam und die Familie immer größer wurde, da wurde offensichtlich irgendwann doch das Geld knapp. Es war kaum noch genug da, um alle zu ernähren, und so beschloss Stephen, damals 17 Jahre alt, Profiläufer zu werden. Auch für Stephen waren es also die schon im letzten Kapitel beschriebenen wirtschaftlichen Überlegungen, die den Ausschlag gaben.

Spannend ist in diesem Zusammenhang auch, dass die Kinder großer Läufer hierzulande nur selten selbst große Laufstars werden. Ganz einfach, weil sie es wirtschaftlich nicht mehr nötig haben, für ihr Geld zu rennen. Wenn die Eltern genug verdient haben, bekommt der Nachwuchs eine gute Schulbildung und somit viele andere Gestaltungsmöglichkeiten fürs eigene Leben. Es gibt für die Kids leichtere und sicherere Wege, den Lebensunterhalt zu verdienen. So ist tatsächlich festzustellen, dass ganze Landstriche, aus denen vor Jahren noch viele Top-Läufer kamen, nun anscheinend keine Talente mehr hervorbringen. Durch die wirtschaftliche Entwicklung geht es den Menschen dort besser. Es gibt neue Jobs und das Laufen, tja, das hat einfach niemand mehr nötig. Wir finden das auf der einen Seite klasse, auf der anderen jedoch auch ein wenig schade.

Stephen auf jeden Fall ist wieder auf den Sport angewiesen: Er läuft die 1.500 Meter, um Geld zu verdienen. Ein klassischer Mittelstreckler. Wie er uns erzählt, hat er mit 4:06 Minuten angefangen. Jetzt, nach zwei Jahren Training, schafft er seine Paradedisziplin schon in 3:52. Wir stutzen ein wenig, denn mit 3:52 Minuten über 1.500 Meter schafft man es selbst in Deutschland kaum ins Finale der nationalen Meisterschaften. Sogar die Qualifikationszeit liegt deutlich darunter. Und dafür gibt es bei uns keinen Cent. Wie soll man dann erst in Kenia von solchen Leistungen leben können? Doch Stephen versichert uns, er komme ganz gut über die Runden. Außerdem sei zu bedenken, dass er seine Zeiten auf über 2.000 Höhenmetern gelaufen sei. In einem oder zwei Jahren komme er problemlos auf 3:36 Minuten, dann flott auf 3:29 Minuten. Und wenn er dann erst bei den schnellen Rennen auf Meereshöhe in Europa mitmachen könne, dann wären auch 3:20 kein Thema mehr.

Wow, Wahnsinn, was für ein Selbstvertrauen. Stephen glaubt felsenfest daran, dass er in ein paar Jahren den Weltrekord mal schnell um sechs Sekunden verbessern wird. Das wäre tatsächlich sensationell. Zumal er ja gar nicht weiß, dass das ein neuer Weltrekord wäre.

An dieser Stelle ist uns klar geworden, was uns Deutschen unter anderem fehlt: Eins von Stephens mentalen Geheimnissen ist zusätzlich zur Motivation, mit dem Sport Geld zu verdienen, auch die Lockerheit, mit der er an die Sache herangeht. So entspannt, wie die Kenianer beim Spaziergang durch die Gegend schlendern, so sind sie manches Mal auch, wenn es um die höchsten Ziele geht. *Hakuna matata*, es wird schon werden. Es wird einfach ausprobiert. Und wenn das Tempo auf den ersten Kilometern in Richtung Weltrekord führt, schaut man eben, wie weit man damit kommt. Leider scheitern naturgemäß auch viele mit dieser Einstellung. Ohne ein grundlegendes Maß an Organisation geht es nämlich nicht.

Ich bin im Großen und Ganzen ein Freund gründlicher Planung und gewissenhafter Vorbereitung – im Sport wie im sonstigen Leben. Manchmal führt das jedoch dazu, dass ich zu viel will und fast schon zu verbissen bin. Auch das ist nicht besonders zielführend. In meinem Fall klappt es mit einer gewissen Lockerheit eher, das Angestrebte zu erreichen. Hier kann ich mir von den Kenianern eine Scheibe abschneiden.

Sicher läuft das Leben hier oft auch *zu* entspannt und ungeplant. Sich in Kenia beispielsweise auf Zusagen für Trainingseinheiten zu verlassen, ist sehr optimistisch. Ein gewisses Maß an *hakuna matata* kann aber durchaus von Vorteil sein. Es lässt sich nicht immer alles vorhersehen. Wenn es zum Beispiel beim angepeilten Wettkampf plötzlich regnet, musst du eben das Beste daraus machen. Es hilft nichts, sofort schlechte Laune zu bekommen und die angestrebte Bestzeit direkt in den Wind zu schreiben. Auch wenn dir eine Erkältung einen Strich durch die Rechnung macht, darfst du nicht gleich aufgeben. Es gibt unzählige weitere Beispiele, bei denen ein gewisses Maß an Lockerheit angebracht ist:

Schneit es im Winter viel, mache ich Kilometer auf den Langlaufskiern statt in Laufschuhen. Ist es im Sommer sehr warm, verlege ich die Trainingseinheiten in die Abendstunden und in den Wald.

Die Lockerheit, mit der kenianische Läufer nach den Sternen greifen, geht oftmals mit einem schier unerschütterlichen Selbstvertrauen Hand in Hand. Weltrekord? Kein Problem! Wer sich nicht zu viele Gedanken darüber macht, wie schwierig es ist, gewisse Ziele zu erreichen, nimmt seine Projekte auch eher offensiv in Angriff. Natürlich ist es gut zu wissen, dass du zum Abnehmen, für die erste 10-Kilometer-Runde deines Lebens oder für einen Wettkampf viel investieren musst. Nur abschrecken darf dich das eben nicht. Oft ist viel mehr drin, als du es dir vorher zugetraut hättest. Der Mut zum Sprung ins kalte Wasser nach Vorbild der Kenianer ist da häufig hilfreich.

Stephen wird vermutlich nie seine 3:20 Minuten auf 1.500 Metern laufen. Doch vielleicht schafft es einer der Tausend anderen, die es wie er einfach versuchen, ohne groß darüber nachzudenken.

TIPP LOCKER BLEIBEN!

Eine Prise *hakuna matata* kann jedem von uns weiterhelfen. Je häufiger du unterwegs bist, desto häufiger gerätst du in unvorhergesehene Situationen. Der ganze schöne Plan, jeden Kilometer im gleichmäßigen Tempo zu absolvieren, ist schnell dahin, wenn der Wind aus der falschen Richtung weht. Ein anderes Beispiel: Wenn du dich am Start von den anderen Läufern mitreißen lässt, sind die ersten Kilometer zu schnell und die nächsten zu langsam, weil 5.000 andere Läufer die Strecke blockieren. In solchen Fällen hilft es, wenn du dir ähnliche Widrigkeiten ins Gedächtnis rufst, die du in der Vergangenheit gemeistert hast. Oft sind es gerade die ungeplanten Ereignisse, von denen du später profitierst. Wer weiß schon, ob nicht genau die Sekunden, die du auf dem ersten Streckenabschnitt zu schnell warst, schließlich den Ausschlag zur persönlichen Bestzeit geben. Umgekehrt funktioniert es genauso: Es kann durchaus sein, dass du durch die anfangs verbummelten ersten Kilometer am Ende des Rennens noch genug Kraft für einen tollen Endspurt hast. *Hakuna matata* ist allerdings nicht gleichbedeutend mit Gleichgültigkeit. Dafür haben die Kenianer viel zu viel Leidenschaft fürs Laufen. Aber wenn es anders kommt als gedacht, machen sie das Beste aus der Situation und schauen, wie weit sie damit kommen.

Passend dazu fällt mir eine Szene vom Berlin Marathon 2014 ein: Bei Kilometer 14,5 lief die Getränkeversorgung in der Spitzengruppe der Männer nur sehr holperig. Der so wichtige Rhythmus war kurz unterbrochen. So etwas ist rein objektiv betrachtet sicher nicht so dramatisch. Aber – wie auch vom Co-Moderator Dieter Baumann angesprochen – sorgte der unprofessionelle Schnitzer für Unruhe. Für so manchen Europäer ist da gleich der ganze Rennplan über den Jordan. Unsereins muss sich in so einer Situation erst einmal wieder neu sortieren. Die kenianischen Spitzenläufer rennen bei solchen Zwischenfällen aber einfach weiter. So kam bei einem über den gesamten Rennverlauf hinweg gesehen eher ungleichmäßigen Tempo dennoch ein sensationeller Weltrekord von 02:02:57 heraus.

Mir passierte beim Berlin Marathon 2012 etwas Ähnliches: Ein kurzer, natürlich unplanmäßiger Toilettenstopp bei 25 Kilometern kostete nicht nur wertvolle Zeit. Besonders mental musste ich anschließend die Unterbrechung abhaken und einfach weiterlaufen. Da das mit dem Abhaken scheinbar sehr gut klappte, sprang am Ende sogar eine Bestzeit (2:13:10) für mich heraus.

Selbst bei scheinbar unbedeutenden Trainingseinheiten streikt manchmal der Kopf. Obwohl gar keiner zuschaut und kontrolliert, ist die ganze Gelassenheit dahin. Ein Laufkollege erzählte neulich erst wieder, wie er bei seinen 1.000-Meter-Intervallen irgendwann beim vierten Intervall plötzlich nach einigen Metern stehen blieb, weil seine GPS-Uhr nicht ganz das erwartete Tempo anzeigte. (Dabei war die Pace nur nicht richtig aktualisiert.) Er hat das Intervall unterbrochen, obwohl seine Beine die anschließenden Intervalle (sogar noch schneller) mitmachten.

Ich habe nach den vielen Jahren als Profiläufer gelernt, mich bei ungeplanten Zwischenfällen etwas mehr am *hakuna matata* der Kenianer zu orientieren und vielleicht gerade dadurch zu mehr Lust und Erfolg zu gelangen.

WORLDMARATHONMAJORS
BOSTON LONDON BERLIN CHICAGO NEW YORK

PAY TO THE
ORDER OF Martin Lel

Five Hundred Thousand and 00/100

FOR World Marathon Majors Series Champion

Warum nehmen immer mehr Kenianer gleich zu Beginn ihrer Karriere den Marathon in Angriff? Darum!

KILOMETER 40

DAS GROSSE RENNEN

DIE KENIANERINNEN und Kenianer dominieren ohne Zweifel sämtliche Laufstrecken der Welt vom 800-Meter-Lauf bis hin zum Marathon. Auf der Tartanbahn scheinen sie allerdings nicht ganz so unbesiegbar zu sein wie auf der Straße, und auch die im Stadion aufgestellten Weltrekorde fallen nicht ganz so rasch. Ab und zu sieht man auch tatsächlich einen Europäer oder Amerikaner vorne mitmischen, wenn es »nur« darum geht, zum Beispiel beim größten deutschen Leichtathletikmeeting (dem ISTAF-Sportfest in Berlin) viele kleine Stadionrunden zu drehen.

Für die Weltmeisterschaften und Olympischen Spiele werden zunehmend Kenianer oder auch Äthiopier durch andere Staaten eingebürgert, um für diese Medaillen zu erringen. An der Startlinie stehen dennoch aufgrund der Teilnahmebeschränkungen nur wenige Vertreter der großen Läufernationen bereit. Erlaubt sind bei WM, EM oder den Olympischen Spielen in jeder Disziplin drei Athleten pro Land. Dazu kommen außerdem noch einige andere Auflagen wie Qualifikationszeiten. Das ist insofern sinnvoll, als sich dadurch wirklich alle Länder präsentieren können. Oft genug starten dann natürlich doch beispielsweise fünf kenianisch-stämmige Läufer über 5.000 Meter, aber eben doch nur drei für das Land, in dem sie eigentlich aufgewachsen sind. Es kann dann sein, dass zwei weitere beispielsweise in Katar eingebürgert und für den Nationalitätenwechsel gut entlohnt wurden, um jetzt für das Land auf Medaillenjagd zu gehen. Da solch ein Nationalitätenwechsel recht aufwendig ist, sind dennoch selten mehr als fünf gebürtige Kenianer oder Äthiopier in einer Disziplin dabei. Haben von diesen Athleten noch ein paar einen schlechten Tag oder sind einige der Konkurrenten extrem gut, belegt am Ende nicht Kenia, sondern ein anderes Land den ersten Platz. Je kürzer die Strecken, so scheint es, desto größer die Chance für einen Sieger aus einem »Nicht-Läuferland«. Über 800 oder 1.500 Meter gehen die Kenianer sogar vergleichsweise oft leer aus.

Bei Leichtathletikmeetings verhält sich die Sache ein wenig anders. Hier entscheidet der Veranstalter, welche Wettkämpfe angeboten werden. Er muss nicht – wie bei den großen Meisterschaften – alle verschiedenen Sprung-, Wurf-, Sprint- und Laufdisziplinen ins Programm aufnehmen. Allein im Laufbereich gibt es neben dem Sprint mit den Wettkämpfen über 800, 1.500, 5.000 und 10.000 Meter, dem 3.000-Meter-Hindernisslauf und dem Marathon eine Vielzahl an Disziplinen, die bei Meisterschaften immer mit im Katalog sind. Bei einem organisierten Meeting ist das nicht immer der Fall. Der Veranstalter kann hier den Zeitablauf straffen und anbieten, was er möchte.

Aufgebaut mit Prämien, die der Besitzer bei einem Rennen in Köln gewann: die „Runners Point"-Filiale in Iten

Zusätzlich bestimmt der Organisator, wer starten darf und wie viele Teilnehmer pro Nation dabei sind. Es ist auch möglich, ausgesuchte Athleten explizit einzuladen. Wird etwa mehr Wert auf heimische Läufer gelegt, werden beispielsweise auf den Mitteldistanzen nicht ganz so viele Afrikaner ins Rennen geschickt. Wenn es über 5.000 oder 10.000 Meter geht, gibt es trotzdem bei europäischen Leichtathletikmeetings Läufe ohne einen einzigen Europäer. Insbesondere dann, wenn der Veranstalter des Meetings schnelle Siegerzeiten oder sogar einen Weltrekord plant. Denn dafür sind die Afrikaner offensichtlich prädestiniert.

Bei Marathonläufen und anderen Straßenrennen ist die Übermacht der Afrikaner am stärksten ausgeprägt. Dass in Berlin, Frankfurt, Hamburg, Rotterdam, Paris oder New York acht der zehn schnellsten Männer aus Afrika kommen, ist praktisch schon normal.

Am Start stellt sich die Verteilung übrigens noch extremer dar, da auch 90 Prozent der Tempomacher aus Kenia oder Äthiopien stammen. So sind die erste und meist auch die zweite Reihe fast ausschließlich mit afrikanischen Läufern bestückt.

Warum das so ist, erklärt mir der Coach Renato Canova: »Zu einem großen Stadion-Meeting eingeladen zu werden, ist ungleich schwerer und deutlich weniger attraktiv, als sich zu einem Straßenlauf anzumelden. Schon in das kleine Starterfeld eines Meetings zu kommen ist nicht einfach. Und selbst wenn du dann bei einem wirklich großen Leichtathletik-Meeting siegst, verdienst du vielleicht 5.000 Euro. Dort einen lukrativen Sieg einzufahren, ist verdammt schwer. Schon der Vierte bekommt nur noch ein Taschengeld. Das ist im Straßenlauf ganz anders«, fährt Canova fort. »Straßenläufe gibt es an jeder Ecke. Bei vielen lässt sich aufgrund der zahlreichen, oft auch lokalen Sponsoren gutes

Das Geschäft läuft gut: Schon nach drei Jahren wurden die Geschäftsräume erweitert.

Geld verdienen. Der 10.000-Meter-Lauf und der Halbmarathon sind die idealen Events: Hier rücken die kenianischen Teams mit einer großen Truppe an, und von denen läuft immer jemand auf die Preisgeld-Ränge.«

Die Preisgelder sind oftmals selbst bei kleineren Rennen höher als bei den großen Leichtathletikmeetings, wo ja an alle Sportler (nicht nur an die Läufer) Geld ausgeschüttet wird.

Am meisten gibt es natürlich in der Königsdisziplin zu verdienen: im Marathon. Bei Stadion-Events gibt es nur selten so große Preise für den Sieger wie etwa beim BMW Berlin-Marathon (40.000 Euro, plus etwaiger Zeitboni und Antrittsgeld). In einer ähnlichen Kategorie bewegen sich der New York Marathon in Boston oder andere populäre Großstadt-Marathonläufe.

Anders gesagt: Das Geld liegt auf der Straße. »Warum also sollte ein junger, ambitionierter Kenianer sein Glück auf der Bahn und nicht auf der Straße suchen?«, so Renato Canova.

TIPP DER WETTKAMPF ALS MOTIVATOR

Es muss nicht unbedingt ein Straßenrennen sein. Wer nicht wie die Kenianer aufs Geldverdienen angewiesen ist, kann sich auch mit einem Cross-, Landschafts-, Berg- oder eben Straßenrennen wunderbar motivieren, um sich besser zum Training aufraffen zu können.

Der Wettkampf ist ein fixer Termin, zu dem du fit sein möchtest. Das sorgt für einen greifbaren Motivationsschub. Am Tag des Rennens ist jeder Teilnehmer ein Sieger. Oftmals wird der Letzte im Ziel für seinen Einsatz mit besonders viel Beifall bedacht, wenn deutlich wird, wie sehr er sich anstrengt. Die vielen anderen Teilnehmer liefern einen weiteren Anreiz. Es ist einfach schön zu erleben, dass man nicht der Einzige ist, der wochenlang die Schuhe schnürt, Kilometer abspult und dann im Wettkampf eine gute Figur abgeben möchte.

Besonders Firmen- und Firmen-Staffelläufe erfreuen sich steigender Beliebtheit. Das kann ein hervorragender Einstieg in den Laufsport sein. Hier ist die einzelne Leistung nicht ganz so entscheidend. So verringert sich oftmals der empfundene Druck. Das Team gibt dir Rückhalt und du kannst deutlich lockerer an den Start gehen. Ich rate daher jedem, der es noch nicht versucht hat, unbedingt einfach einmal aus Jux und Tollerei an einem kleinen Wettkampf in der Umgebung teilzunehmen. Du wirst dich wundern, wie viele nette Leute du dort triffst und wie viel Spaß das Ganze macht.

Der klassische Weg in Deutschland, den auch ich eingeschlagen habe, führt den jungen Läufer zunächst auf die kürzeren Strecken im Stadion. Wer denkt bei uns mit 16 schon an den Marathon? Wozu auch? So etwas spielt einfach keine Rolle in den Überlegungen eines deutschen Nachwuchsläufers. Und falls doch, dann liegt die Königsdistanz noch verdammt weit weg. Das Risiko, sich dabei in jungen Jahren durch große Trainingsumfänge zu verletzen, wird als zu hoch angesehen. Ich halte es ebenfalls für richtig, zunächst in der Jugend eine gute Grundlage auf den kürzeren Distanzen zu schaffen. Wir haben hierzulande nicht die große Zahl an Talenten, die den Sprung zum Marathon sofort schaffen. Wir müssen unsere jungen Läufer daher strukturiert und behutsam aufbauen.

In Kenia, so scheint es, hat dieser Weg über die Bahn mehr und mehr seinen Reiz verloren. Wenn du per Zufall bei den Mittelstrecklern landest und verdammt schnell bist, mag es sich ja einigermaßen lohnen. Doch für viele der aufstrebenden Talente gibt es von Anfang an nur ein Ziel: viel Geld beim Marathon zu verdienen. Die Tempoläufe und Intervalle auf der Rundbahn gehören wie bei allen anderen auch zum Training dazu, aber im Wettkampf geht es auf die Teerpiste. Und da wäre es ein Umweg, erst durch die Stadien der Welt zu tingeln.

Vorbild für wohl fast alle kenianischen Läufer: VIP Eliud Kipchoge

KILOMETER 41

DER GLAUBE VERSETZT BERGE

GESTERN WAR WASCHTAG. Wir haben versucht, aus unseren Laufklamotten den Kenia-Staub herauszubekommen und sind gescheitert. Jedes Mal, wenn wir unsere Laufsocken oder Shirts durchwaschen, wird der Geruch zwar besser, aber der Farbton wechselt lediglich von Braun- zu Korallenrot. Weiß werden unsere Sachen wohl nie mehr. Wie bekommen die Kenianer das bloß hin? Ihre Kleidung ist so leuchtend weiß, dass sie uns im Sonnenlicht schon fast blendet. Ein weiteres Mysterium. Besonders, wenn man bedenkt, dass hier niemand eine Waschmaschine oder nur im seltensten Fall überhaupt fließendes Wasser hat.

Das ist jetzt kein Geheimnis, das uns schneller machen wird. Doch ergründen möchten wir es trotzdem. Der Versuch, von den kenianischen Mädels im Camp etwas Nachhilfe im Sockenschrubben zu bekommen, sorgt nur für allgemeine Erheiterung. Sie wollen uns ganz offensichtlich nicht in ihre besten Waschtricks einweihen. Daher beschließen wir, unsere eingefärbten Socken mit Stolz zu tragen, als Symbol für die unzähligen Laufkilometer im kenianischen Hochland.

Heute am Sonntag sticht die überlegene Waschkompetenz der Bewohner Itens besonders deutlich ins Auge: Unsere Freunde gehen in die Kirche, weshalb wir ohne kenianische Begleitung auf unserer Laufstrecke vor uns hintraben. Auf den Wegen begegnen wir jeder Menge gut gekleideter Menschen im Sonntagszwirn: Die kleinen Mädchen werden in Kleidchen gesteckt, die Jungs sind mit blütenweißen Hemden unterwegs und die Eltern begleiten stolz ihre Kids. Ein wirklich schönes Bild und wirklich beeindruckend, wenn man weiß, mit wie viel Mühe Kinder und Kleidung dermaßen herausgeputzt worden sind.

Wir kommen an einem Gebäude vorbei, aus dem Gesang nach außen dringt. Das muss eine Kirche sein. Ein Wellblechhaus, nicht sehr groß, und nicht sehr auffällig. Davon gibt es hier eine Menge. Die meisten Bewohner der Gegend sind Christen und an praktisch jeder Ecke steht

Wäsche waschen ist hier noch Handarbeit.

ein kleines Gotteshaus. Der Gottesdienst am Sonntag ist gut besucht. Praktisch alle Bewohner der ländlichen Gegend gehen in die Kirche. Gerne lädt man sich auch Gäste zum Gottesdienst ein. Hätten wir nicht mehrere dieser Einladungen dankend abgelehnt und stur auf unserem Trainingsplan bestanden, wären auch wir schon in einer der bis zu vier Stunden langen Andachten gelandet. Neugierig waren wir schon, nur viel zu stur und verbissen, um unser Training zu verschieben oder gar ganz ausfallen zu lassen.

Der Glaube gibt den Menschen in Kenia viel Kraft für das nicht immer einfache Leben und die Gemeinden leben von den Spenden ihrer Mitglieder. Wilson Kipsang zum Beispiel fördert mit einem Teil seiner Einnahmen seine Kirchengemeinde. Voller Stolz berichten uns viele Läufer von der Kirche des großen Vorbilds. Sie wurde mit einem Teil

Kids und stolze Mütter in Sonntagskleidung

INFO RELIGION IN KENIA

Etwa 82 Prozent der kenianischen Bevölkerung sind Christen, davon 26 Prozent Anglikaner und 23 Prozent Katholiken. Bei vielen der christlichen Gemeinden handelt es sich um sogenannte Afrikanische Kirchen, die sich unabhängig von europäischen Missionaren oder Kolonisten der Neuzeit bildeten. Die größte Gemeinde in Kenia stellen mit etwa 47 Prozent der Gesamtbevölkerung die Protestanten. Die muslimischen Kenianer, die etwa 11 Prozent der Bevölkerung ausmachen, leben meist an den Küsten des Landes. Nur 1 Prozent der Menschen des Landes sind Anhänger traditioneller Naturreligionen.

seiner Preisgelder erbaut, was recht deutlich zeigt, welchen Stellenwert der Glaube für ihn und viele seiner Landsleute hat.

Die hiesigen Lebensbedingungen lassen sich in vielen Bereichen aus unserer Sicht nur als absolut minimalistisch bezeichnen. In schwierigen Zeiten ist die Glaubensgemeinschaft da, um den Menschen Halt zu geben. Im Gottesdienst werden nicht nur Lieder gesungen, sondern auch unzählige aktuelle Dinge des Alltags besprochen. Wer hat welche Sorgen, wer heiratet und natürlich: Wer ist bei welchem Rennen erfolgreich gewesen. Ein höchst kommunikatives Ereignis. Gepredigt wird übrigens nicht unbedingt von einem hauptamtlichen Geistlichen, sondern oftmals von einem Farmer der Umgebung, der sich zu dieser Aufgabe berufen fühlt. Der nebenberufliche Pastor erhält so einen kleinen Zusatzverdienst zu seinen sonstigen Einnahmen. Gepredigt wird mit Herzblut und aus voller Kehle.

Für uns ist der Sonntag optisch und akustisch eine spannende Angelegenheit, obwohl wir uns vor dem Kirchgang drücken. Wir freuen uns über die Gesänge, die wir beim Vorbeilaufen an den Kirchen hören und über die interessanten Rituale. Auf diese Art genießen wir den langen Dauerlauf noch mehr als sonst.

Am nächsten Tag unterhalten wir uns mit unseren kenianischen Trainingskollegen über den Glauben, die Kirche und das Christentum in Kenia. Dabei erfahren wir viel Neues. Auch darüber, wie sich der Glaube auf die Lauferfolge der Kenianer auswirkt. Sie sind überzeugt davon, dass Gott ihnen ihre Ausdauer und Stärke gibt. Er hilft ihnen beim Training und bei den Wettkämpfen. Er trägt dazu bei, dass sie bei den oft schwierigen Lebensumständen doch stets das Positive sehen und immer wieder ihre sportlichen Grenzen nach oben verschieben können. Die Kenianer haben einen Weg gefunden, mit all den Unwägbarkeiten besser umzugehen: Sie glauben daran, dass Gott ihnen hilft.

Für uns ist die Vorstellung ungewohnt, dass wir Gott auch unseren Spaß und unsere Erfolge beim Laufen zu verdanken haben. Eher führen wir die Siege auf Leistungsdiagnostik, gute Trainer und vieles andere zurück. Doch wer weiß? Vielleicht liegen ja die Kenianer sogar näher an der Wahrheit als wir …

Herausgeputzt

KILOMETER 42

DIE LÄUFER-LAWINE

WIR SIND AM ENDE unseres Trainingslagers angekommen. Ein letzter frühmorgendlicher Dauerlauf erwartet uns. Diesen verdammten Hahn um 5:55 Uhr werde ich nicht vermissen. Das Gefühl, mich zu dieser Uhrzeit auf das gemeinsame Training freuen zu dürfen, das aber ganz bestimmt.

Wir sind körperlich völlig am Ende. Erstaunlich, wie ausgelaugt man sich fühlen kann. Am Ende eines Trainingslagers fit zu sein, wäre aber auch eine Katastrophe. Erholen müssen wir uns in den nächsten Tagen daheim. Doch auch mental haben uns die vergangenen Wochen ziemlich gefordert. Immer nur laufen, laufen, laufen – das geht auf Dauer ganz schön an die Substanz. Bei all den großartigen Erlebnissen und Eindrücken, die wir hier sammeln konnten: Wir freuen uns riesig, bald wieder nach Hause zu kommen. Freunde treffen, die Familie besuchen, auch mal wieder den Fernseher anschalten, ins Kino oder die Stadt gehen ... Trotz all des leckeren *Ugali* habe ich auch mein Nutella-Brot vermisst. Bei aller Liebe zum Laufen, zu diesem wunderbaren Land und seinen Menschen: Auf Dauer könnte ich hier nicht leben.

Wir haben heute bewusst eine kleine Gruppe gewählt. Gaaanz locker. Nur wir *mzungus* und zwei kenianische Freunde. Wir genießen die Ruhe, die frische Luft, die ersten Sonnenstrahlen auf der Haut, die sandigen Wege und den Geruch der Holzfeuer. Ab und zu werden wir wieder von Kindern auf ihrem Schulweg begrüßt und angefeuert. Alles wirkt noch herrlich entspannt, verschlafen und friedlich.

Kaum sind wir jedoch eine halbe Stunde unterwegs, spüren wir es schon wieder: das sanfte Beben der Erde, die elektrisierende Atmosphäre und das leise Rauschen in der Luft: Der Kenia-Express nähert sich.

Wir fühlen uns wie von einer Lawine überrollt. Es müssen um die Hundert sein und alle sind sie hoch konzentriert. Noch einer, noch einer und noch einer. Der Anfang der Gruppe ist längst über die nächste Hügelkette verschwunden, da stecken wir noch immer mitten im Pulk der Nachzügler. Es juckt verdammt in den Beinen, hier jetzt einfach mitzugehen. Einmal, wenigstens ein einziges Mal, diese Jungs so richtig abziehen. Einmal vorne dabei sein, das Tempo hochfahren und den großen Macker spielen – wenn auch nur beim Dauerlauf. Das wäre toll, für uns aber vermutlich auch gleichzeitig das Ende der Saison. Denn danach bräuchten wir einen Flieger mit Krankenliege zurück in die Heimat. Wir reißen uns daher am Riemen, joggen weiter still vor uns hin und lassen uns brav überholen. Beeindruckt sind wir natürlich trotzdem immer wieder aufs Neue.

Wir haben in den letzten Tagen einiges über die großen Geheimnisse dieses großen Läufervolkes herausgefunden. Ein letzter ganz entscheidender Punkt, der fällt uns auf, als uns diese Gruppe überholt: der Schneeballeffekt.

Die ersten Impulsgeber waren Athleten wie Kipchoge Keino und Henry Rono. Sie traten eine Lawine von gigantischem Ausmaß los. Sie zeigten ihren Landsleuten, wie sie mit dem richtigen Training und eisernem Willen aus ihren Möglichkeiten etwas Besonderes machen können. Schon

Aus meiner Sicht viel zu wenige Läufer am Start, wie so oft in Deutschland

Auch bei den Damen nur 20 Starterinnen – in Kenia undenkbar

bald wurden es mehr und mehr Läufer, die Medaillen und Geld nach Hause brachten. Einer nach dem anderen gründete nach seiner Karriere ein eigenes Geschäft und ermöglichte mit den erlaufenen Preisgeldern seinen Kindern ein besseres Leben. Der Effekt war überall, besonders in den ländlichen Regionen Kenias, unübersehbar. So rollt und wächst die Lawine auch heute noch immer weiter und nimmt dabei mehr und mehr an Fahrt auf. Und nichts kann sie aufhalten.

Der Leistungssport ist immer ein knallharter Ausscheidungskampf. Es ist wie im Rennen: Am Anfang stehen viele Sportler an der Startlinie, dann fallen die ersten zurück, das Spitzenfeld wird ausgedünnt. Nur ganz, ganz wenige schaffen es an die Spitze, oft setzt sich sogar ein Einzelner ab. So ist das auch im Training über die Jahre hinweg: Es beginnen relativ viele junge Sportler mit dem Laufen. Doch durch Verletzungen, mangelnde Motivation, berufliche Entscheidungen, zu viele Partys, mangelndes Talent und Ähnliches gelangt nur ein minimaler Bruchteil davon zu großen Erfolgen.

Jeder kann sich vorstellen, dass Kenia eine tausendmal breitere Basis an Läufern hat als wir. Genau wie bei uns in der Jugend fast jeder Junge einmal Fußball gespielt hat, versucht hier im Hochland jeder sein Glück im Querfeldeinrennen. Eine schier unerschöpfliche Masse an hochtalentierten, hochmotivierten und hochbelastbaren jungen Menschen trainiert jeden Tag aufs Neue gemeinsam. Im Fußball ist das bei uns auch so und da sind wir aktuell Weltmeister. Im Laufsport sind wir noch meilenweit davon entfernt.

Umso breiter die Basis ist, desto weiter nach oben geht es bei entsprechender Unterstützung auch für die Elitesportler. Die Sportler stacheln sich untereinander zu Höchstleistungen an und der Beste erklimmt den Gipfel. Wir in Europa können nicht so trainieren wie die Kenianer. Bei dem System würde von unseren Talenten keines überleben. Unsere Grundlagen reichen dafür nicht aus. Wir könnten es versuchen, wenn wir aus allen Fußballteams in unserem Land Laufgruppen machen würden. Wenn wir die Stadien von Fußballpalästen zu Leichtathletikanlagen umbauen würden. Wenn wir die Tartanbahnen zurück in die Arenen brächten und die Fußball-Stützpunkte in Laufschulen verwandeln würden. Dazu müssten wir auch alle Fernseher, Computer und Süßigkeiten aus den heimischen

Im Heimatland der Langstreckenläufer treten gerne auch einmal 500 und mehr Sportler gegeneinander an.

TIPP

Auch für dich ist der Schneeballeffekt eine gute Chance zur Leistungssteigerung. Je mehr Menschen wir für unseren Sport begeistern können, desto mehr reißen die Läuferkollegen wiederum auch uns selbst mit. Ohne meine Osnabrücker und Wattenscheider Trainingsgruppen hätte ich niemals den Spaß an den vielen Läufen in meiner Karriere gefunden und auch nicht meine volle Leistung abrufen können. Immer wieder hat jemand am Treffpunkt auf mich gewartet, damit wir gemeinsam zum Dauerlauf starten können. Nur so konnte ich mich jedes Mal vom Sofa aufraffen. Wieder und wieder sind wir gemeinsam über uns hinausgewachsen. Wir haben uns gegenseitig angestachelt, zusammen Erfolge gefeiert und Niederlagen weggesteckt. Vergiss das mit der »Einsamkeit des Langstreckenläufers«. Ab und zu auch eine Runde alleine zu drehen, ist durchaus praktisch und sinnvoll. In vielen Fällen jedoch treibt dich eine große Laufgruppe stärker voran. Mit der Gruppe kommst du deutlich weiter als im Alleingang.

Ganz subjektiv habe ich das Gefühl, dass auch bei uns eine kleine Lauf-Lawine Fahrt aufnimmt. Es gibt inzwischen an jeder Ecke kleinere und größere Straßenläufe, und insbesondere die Firmenläufe erfahren einen stetig wachsenden Zuspruch. Versuche selbst eine kleine Lawine loszutreten, indem du deine Freunde und Arbeitskollegen für den nächsten Firmen- oder Volkslauf begeisterst. Gib den Neu-Einsteigern den nötigen Impuls, damit die Läufer-Lawine richtig ins Rollen kommt.

Wohn- und Kinderzimmern verbannen, die Schulbusse abschaffen, weniger lukrative Arbeitsplätze haben … Dann würden wir vielleicht (und immer noch mit einem großen Fragezeichen) auch auf den Laufstrecken der Welt wieder vorne mitmischen. Wir wären dann aber vermutlich weder Weltmeister im Fußball, noch würden wir in den Statistiken der größten Wirtschaftsmächte auftauchen.

Gut, schrauben wir die Ansprüche zurück und denken wir realistisch: Wie wäre es, wenn in der Schule mehr Leichtathletik angeboten würde? Wenn mehr Eltern ihre Kinder im Sportverein anmelden und ihren Nachwuchs häufiger zum Herumtoben nach draußen schicken würden? Ich wünsche mir eine möglichst breite Basis an talentierten Nachwuchssportlern, die mit mir und allen Freizeitläufern die Begeisterung fürs Laufen teilen. Es muss ja auch nicht immer jeder Weg in den sportlichen Hochleistungsbereich führen. Die Chance, den Gipfel zu erkunden, die sollten wir aber den Jugendlichen geben. Wer weiß: Vielleicht löst einer von ihnen ja auch einmal zumindest eine kleine Lawine aus.

Die schnellsten und die meisten Läufer kommen aus Kenia.

KILOMETER
42,195

DER PERSÖNLICHE ERFOLGSMIX

DER FLIEGER HEBT AB und bringt uns zurück in die Heimat. Am Flughafen wird mein Passbild besonders gründlich kontrolliert, was vielleicht an den noch nicht ganz nachgewachsenen Haaren liegt. Ich habe das Gefühl, dass noch immer kenianische Höhenluft durch meine Lungen strömt, während an meinen Fußknöcheln die letzten Reste des roten Staubes kleben. Wie weit mir das Trainingslager formtechnisch geholfen hat, wird sich in den nächsten Wochen und Monaten zeigen, wenn ich mich wieder auf die Jagd nach guten Platzierungen und Zeiten mache. Ein Trainingslager mit Höhenluft ist auch immer ein Experiment. Ob es tatsächlich den erhofften Leistungsschub bringt, weißt du vorher nie. Du kannst nur hoffen, dass du alles richtig gemacht hast und im Training nicht zu hart an deine Grenzen gegangen bist. Zuhause angekommen schließe ich die Augen und erinnere mich an die lachenden, winkenden Kinder am Wegesrand, die in Kenia scheinbar mühelos barfuß neben uns hergerannt sind. Vor meinem geistigen Auge sehe ich endlose, hügelige Wege, magere Kühe und abgeerntete Maisfelder, genieße in Gedanken den Duft der Holzfeuer und spüre förmlich, wie ich schon wieder über die Sandpisten laufe. Es ist wunderschön.

Dann schweifen meine Gedanken ab: Wie genau sieht es denn nun aus, das Erfolgsrezept der Kenianer? Was macht sie so verdammt schnell, ausdauernd und überlegen? Bei allem, was ich in den letzten Wochen über die Geheimnisse der Wunderläufer in Erfahrung bringen konnte, ist ganz entscheidend: Es gibt nicht den einen goldenen Schlüssel zum Erfolg. Es sind eher viele kleine Mechanismen, die ineinander greifen, sich ergänzen und einander verstärken. Zunächst ist da die Ernährung aus biologischem Anbau mit geringem Fettanteil, wie etwa beim *Ugali* und *Sukuma Wiki*. Dazu kommt das harte Training mit seinen verschiedenen Belastungsformen vom extrem langsamen Dauerlauf über die unglaublich intensiven langen Läufe bis hin zu den Intervallen auf dem ausgetretenen Sportplatz. Weitere Faktoren sind natürlich die Höhenluft, die natürliche Belastbarkeit der Läufer, ihre Schmerzunempfindlichkeit sowie die Vorteile der Kräftigung durch jahrelange Barfußläufe auf sandigem Boden. Eine weitere entscheidende Rolle spielen der Körperbau der Wunderläufer, ihre Kultur sowie die (durch die Armut bedingte) Abwesenheit von Fernsehern und Computern.

Ich werde in den nächsten Tagen und Wochen über meine Erfahrungen nachdenken. Was die Lebensweise und den Trainingsaufbau angeht, habe ich noch Einiges zu verbessern, das haben mir die Kenianer gezeigt. Doch noch während ich ins Land der Träume hinübergleite, wird mir klar, was bei alledem seit jeher die wichtigste Komponente ist: Die Begeisterung fürs Laufen! Das ist für mich Geheimnis Nummer 42,195. Und zumindest in der Hinsicht bin ich mit den Wunderläufern aus Kenia auf Augenhöhe.

DIE 42 SCHLÜSSEL ZUM ERFOLG

Es ist nicht leicht einzuschätzen, welchen Einfluss jedes der 42 Geheimnisse kenianischer Wunderläufer auf den Erfolg hat. Noch schwieriger lässt sich sagen, welche Erfolgsrezepte wir Europäer am leichtesten kopieren können und welche uns den meisten Nutzen bringen (sprich: uns besonders schnell machen).

Ich möchte es versuchen und dir an dieser Stelle meine 42 Schlüssel zum Erfolg vorstellen. Dabei ist aber wichtig: Jeder Läufer ist anders. Jeder bringt andere körperliche und mentale Voraussetzungen mit und jeder läuft in einer anderen Umgebung.

TIPP

Stell dir dein eigenes, ganz persönliches Erfolgsrezept zusammen.
Leg dafür einfach eine drei Mal drei Felder große Tabelle an und überleg dir, wo du dir besonders leicht etwas von den Kenianern abschauen kannst und wo es eher schwierig bis ungesund/unmöglich ist.
Unten findest du meinen persönlichen Erfolgsmix als Beispiel. Zur Aufbereitung der Maßnahmen in Form einer solchen Tabelle hat mich übrigens der Schweizer Marathonläufer Christian Kreienbühl inspiriert, mit dem ich schon so manchen Trainingskilometer zurückgelegt habe.

UMSETZBARKEIT	FITSCHENS ERFOLGSREZEPT
EINFACH	10) Lockerer Dauerlauf 28) Barfußlaufen 36) Künstliches Schwitzen (möglicherweise aber negativer Effekt) 37) Frisur und Outfit (mentale Wirkung)
MITTEL	3) Matsch/Schnee (Spaßfaktor) 5) Ugali 40) Direkteinstieg in den Marathon (möglicherweise aber schädlicher Effekt)
SCHWER/UNMÖGLICH	
	NIEDRIG
	MÖGLICHE LEISTUNGSSTEIGERUNG

Das Doping scheidet natürlich als leistungssteigernde Maßnahme sogar theoretisch aus und wurde in der Tabelle gar nicht berücksichtigt. Ansonsten würde das Doping in die Gruppe der schwer umsetzbaren Mittel mit hohem leistungssteigerndem Effekt fallen.

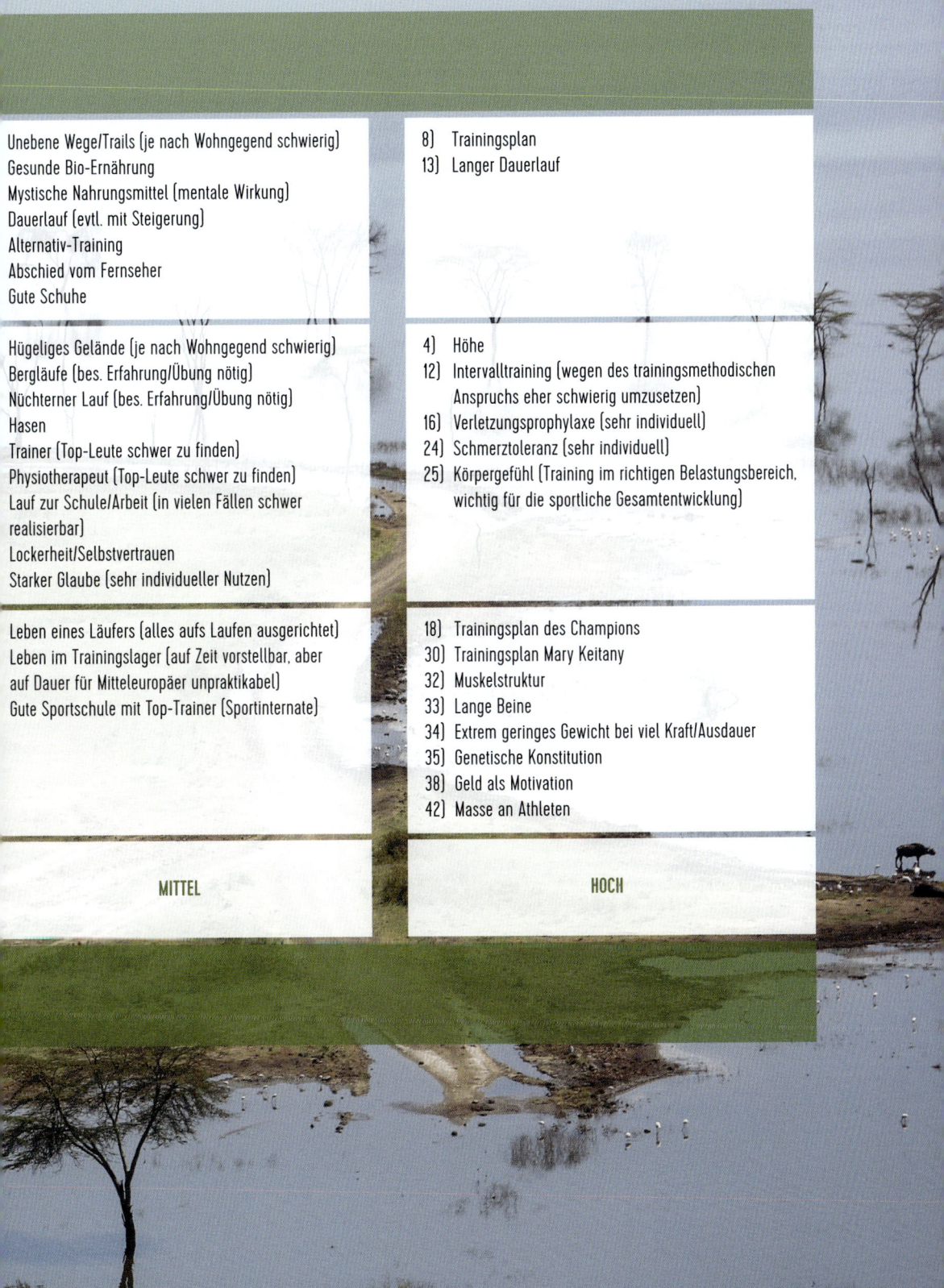

Unebene Wege/Trails (je nach Wohngegend schwierig)	8) Trainingsplan
Gesunde Bio-Ernährung	13) Langer Dauerlauf
Mystische Nahrungsmittel (mentale Wirkung)	
Dauerlauf (evtl. mit Steigerung)	
Alternativ-Training	
Abschied vom Fernseher	
Gute Schuhe	

Hügeliges Gelände (je nach Wohngegend schwierig)	4) Höhe
Bergläufe (bes. Erfahrung/Übung nötig)	12) Intervalltraining (wegen des trainingsmethodischen Anspruchs eher schwierig umzusetzen)
Nüchterner Lauf (bes. Erfahrung/Übung nötig)	16) Verletzungsprophylaxe (sehr individuell)
Hasen	24) Schmerztoleranz (sehr individuell)
Trainer (Top-Leute schwer zu finden)	25) Körpergefühl (Training im richtigen Belastungsbereich, wichtig für die sportliche Gesamtentwicklung)
Physiotherapeut (Top-Leute schwer zu finden)	
Lauf zur Schule/Arbeit (in vielen Fällen schwer realisierbar)	
Lockerheit/Selbstvertrauen	
Starker Glaube (sehr individueller Nutzen)	

Leben eines Läufers (alles aufs Laufen ausgerichtet)	18) Trainingsplan des Champions
Leben im Trainingslager (auf Zeit vorstellbar, aber auf Dauer für Mitteleuropäer unpraktikabel)	30) Trainingsplan Mary Keitany
Gute Sportschule mit Top-Trainer (Sportinternate)	32) Muskelstruktur
	33) Lange Beine
	34) Extrem geringes Gewicht bei viel Kraft/Ausdauer
	35) Genetische Konstitution
	38) Geld als Motivation
	42) Masse an Athleten

MITTEL   **HOCH**

ABENTEUER KENIA: SPORT, SAFARI UND STRAND

UM FASZINIERENDE EINBLICKE in das Land der Läufer zu bekommen und selbst den Geheimnissen der kenianischen Sportler auf die Schliche zu kommen, kannst du dein eigenes Trainingslager in Ostafrika organisieren.

Vieles, was du für eine Reise dorthin beachten musst, ist weniger kompliziert, als ich es vor meinem ersten Besuch in Iten befürchtet hatte.

Was denkt der Besucher vor seiner Reise nach Kenia, wenn er dort zuvor noch nie war? Er stellt sich unerträgliche Hitze, Menschengewimmel, Malaria-Mücken und organisatorisches Chaos vor.

Hat er sich zuvor anhand eines herkömmlichen Reiseführers informiert, hat er außerdem ein Bild von Gazellen, Wasserbüffeln, Gnus und wundervollen Stränden im Kopf.

Ein Laufsportler, der ins Trainingslager will, wird all das in den Hochebenen aber eher nicht antreffen. In den meisten Fällen muss er nur nach der Landung in Nairobi einmal kurz die Hitze und die Menschenmassen überstehen. Danach geht es (leider meist auch ohne jegliche Aussicht auf Gnus, Wasserbüffel, Gazellen oder Strände) nach oben ins Camp.

Der Leistungssport ist immer eine Gratwanderung. Wer nicht mit 100 Prozent trainiert, kommt nicht an die Spitze. Wer jedoch zu oft zu lange läuft, kann sich schnell verletzen. Natürlich kennt auch jeder Freizeitläufer die Phasen, in denen ihn verschiedene Probleme vom Sport abhalten. Genau eine solche Zwangspause habe ich genutzt, um entspannt und ohne strengen Trainingsplan nach Kenia zurückzukehren und mithilfe von Norbert Wilhelmi Bilder für dieses Buch zu sammeln. Außerdem konnte ich so noch einmal in aller Ruhe recherchieren, viele Gespräche führen und weitere Geheimnisse lüften. Auf einer Safari sowie am Strand habe ich dabei auch das Kenia gesehen, wie es der Durchschnittstourist erlebt.

Dabei kam ich zu der Überzeugung, dass das Land nicht nur etwas für Leistungssportler ist, sondern auch eine unvergessliche Erfahrung für jeden Freizeitläufer und Touristen.

Stellt sich die Frage: Wie lässt sich der Abenteuerurlaub mit dem Sport im Läufermekka Iten sinnvoll kombinieren?

Ich habe meine Gedanken und Erfahrungen zu einem kleinen Ratgeber mit Tipps für den Kenia-Urlaub niedergeschrieben. Der Leitfaden soll zwar keinen klassischen Reiseführer ersetzen, umgekehrt wirst du aber

An jeder Ecke wunderschöne Eindrücke: Das ist Kenia.

im normalen Reiseführer nicht alles finden, was dich als Läufer interessiert. Hier sind die Zusatzinformationen, mit denen dein kombinierter Sport-Safari-Strand-Urlaub etwas ganz Besonderes werden kann.

Aus meiner Sicht muss jeder Läufer einmal dort gewesen sein. Jeder interessierte und ambitionierte Kollege sollte einmal vor Ort erleben, was es bedeutet, von einer kleinen Strohhütte aus die Welt des Laufsports zu erobern.

Es ist ein einmaliges Erlebnis, mit den einheimischen Sportlern eine kleine Runde auf ihrem eigenen Heimatboden zu drehen. Mit diesen so leisen und schüchternen Läufern, die sich selbst gegenüber so unglaublich hart sind. Auch ein kenianischer Crosslauf mit tausenden Teilnehmern ist einfach ein unvergessliches Event. Nur den ganz Mutigen empfehle ich hier übrigens eine eigene Teilnahme.

Genau wie dich die Erinnerungen an den ersten überstandenen 10-Kilometer-Lauf oder den ersten Marathon ein Leben lang begleiten, wirst du nach deiner Rückkehr immer wieder an dieses einmalige Land zurückdenken. Die Eindrücke werden dir für immer im Gedächtnis bleiben!

So viel gibt es zu bestaunen: Schaftransport auf kenianisch.

Herrlich unkonventionell geht es auch im Transportwesen zu.

KEINE PANIK

»KEINE PANIK«, so lautet der Titel des Buches »Per Anhalter durch die Galaxis«. Kenia ist zwar durchaus eine spannende neue Welt, doch viele der gängigen Ängste und Sorgen bezüglich einer Reise nach Ostafrika sind unbegründet. Deshalb will ich an dieser Stelle einige Befürchtungen beschreiben, die auch mich vor meiner Keniareise beschäftigten, um dich zu beruhigen.

Um dir gleich die größte Angst zu nehmen: Malaria-Mücken gibt es im Hochland über 2.000 Metern praktisch nicht. Ich habe von keinem einzigen Läufer gehört, der beim Aufenthalt in Iten oder Eldoret an Malaria erkrankt ist. Und auch Nairobi gilt als malariafrei. Wir hätten also selbst vor den Mücken am Flughafen keine Angst haben müssen. Nur bei einer zusätzlichen Safari-Tour oder beim Strandurlaub solltest du dich genau erkundigen, ob du eine Prophylaxe einnehmen oder die Tabletten zumindest dabeihaben musst.

Auch in einem weiteren Punkt, der mir vor der eigenen Reise Kopfzerbrechen bereitete, kann ich eingeschränkt Entwarnung geben: Ich habe mich selten irgendwo auf der Welt so sicher gefühlt wie in Iten. Klar musst du in großen Städten wie Nairobi und Eldoret gut aufpassen und nicht unbedingt mit Geldbörse und Kamera vor den Leuten herumwedeln, doch das ist in Madrid oder Paris genauso. Und in Iten habe ich persönlich noch nichts davon gehört, dass man jemals einen ausländischen Läufer bestohlen hätte.

Alleine durch die Maisfelder zu rennen, ist ebenfalls kein Problem – auch nicht als Frau. Schon wegen der fehlenden Beleuchtung ist das allerdings nur tagsüber zu empfehlen. Selbst in dem Fall würde ich sagen, ist das Ganze in den Hochebenen Kenias immer leichter zu bewerkstelligen als in Rom oder Athen, wenn man sich nicht auskennt.

Dass sich sportliche Gäste in Iten so wohl fühlen, liegt womöglich daran, dass allen Läufern großer Respekt entgegengebracht wird. Egal, ob sie Profi- oder Freizeitsportler sind.

Ein dritter Punkt: die Hitze. Auf den ersten Blick scheint sich Afrika ja nur bedingt für eine Sportreise zu empfehlen. Aus eigener Erfahrung kann ich aber sagen, dass auch das kein echtes Problem darstellt. Im Gegenteil: In der Höhe ist es morgens sogar sehr angenehm. Wer nach dem Training noch Lust auf ein Sonnenbad hat, kann sich natürlich trotzdem in der Sonne aalen. Dennoch ist es eine gute Idee, Sonnencreme, ein leichtes Läufer-Cappy und nicht unbedingt nur schulterfreie Trikots und Tops einzupacken. Nur wer im Anschluss ans Lauftraining auf Safari oder am Strand weiter an seiner Form feilen möchte, wird tatsächlich erleben, wie sich das Training im Backofen anfühlt.

Zu beachten ist die Wahl der Reisezeit. Wie bereits beschrieben ist das Wetter in Kenia im Allgemeinen sehr verlässlich. Nur solltest du sehr darauf achten, nicht die Regenzeit zu erwischen. In dieser Periode schüttet es nämlich wirklich wie aus Eimern. Es wird dann außerdem unangenehm kühl. Wenn du dann aufgrund nicht vorhandener Heizungsanlagen die Trainingsbekleidung nicht mehr trocknen kannst, hält im Zimmer schnell ein muffiger Duft Einzug. Wir waren meist im Herbst (Oktober/November) und Frühling (Januar bis März) zum Trainieren in Iten und hatten dabei sehr gutes Lauf-Wetter – auch wenn der Herbst-Termin offiziell in die »kleine Regenzeit« fällt, zu der es vereinzelt Schauer geben kann.

Neben den schon genannten Überlegungen war bei allen meinen Trainingslager- oder Wettkampfreisen in aller Welt immer die Ernährung ein großes Thema. Ungeeignete Speisen können immer Probleme verursachen. Das weiß ich spätestens, seit ich die Europameisterschaft in

München 2002 zwei Tage vor meinem Start wegen einer Magenverstimmung absagen musste. Dennoch gilt es in Kenia natürlich, ganz besonders vorsichtig zu sein: Magen-Darm-Erkrankungen sind nicht auszuschließen, denn das Essen ist dort eben einfach anders – was ja auch gut so ist. Currywurst, Eisbein und Sauerkraut in Ostafrika? Eine schräge Vorstellung. Als Besucher will man dort ja etwas erleben und unter anderem ausprobieren, ob nicht auch das Essen schnell macht. Auch auf kulinarischem Gebiet hilft es daher zumindest offen für Neues zu sein (*Ugali* lässt grüßen). Halte dich andernfalls an die üblichen Reise-Regeln. Das heißt: kein Leitungswasser trinken, Obst stets schälen und rohes Gemüse nur in einwandfreien Hotels oder Camps essen. So kannst du das Erkrankungsrisiko sehr stark minimieren. Insbesondere bei den Unterkünften in Iten, die ich in Kapitel 4 des Reiseführer-Teils beschreiben möchte, wird großen Wert auf eine hygienische Zubereitung der Speisen gelegt. Die Hausherren wissen, wie empfindlich ein Läufermagen sein kann. Ihnen ist durchaus klar, dass eine kleine Magenverstimmung die Arbeit einer ganzen Saison zunichtemachen kann.

Trotz aller Entwarnungen hinsichtlich Malaria, Kriminalität, Wetter und Essen möchte ich doch eine dringende Empfehlung aussprechen: Vor der Reiseplanung ist es sinnvoll, auf der Homepage des Auswärtigen Amts nachzuschauen, ob Reisemeldungen für Kenia vorliegen. Steht nämlich etwa eine nationale Wahl an, würde ich nicht nach Kenia fliegen, dann kann die Sicherheitslage nämlich instabil sein. Da diese Wahlen jedoch nur etwa alle sechs Jahre stattfinden und beim letzten Mal (2013) friedlich abliefen, sind keine allzu großen Einschränkungen zu erwarten. Im Großen und Ganzen habe ich Kenia in den letzten Jahren als sehr sicheres Reiseland erlebt.

Der Safari-Dauerlauf. Anders als das vorherige Foto mit den Löwen ist dieses Bild echt!

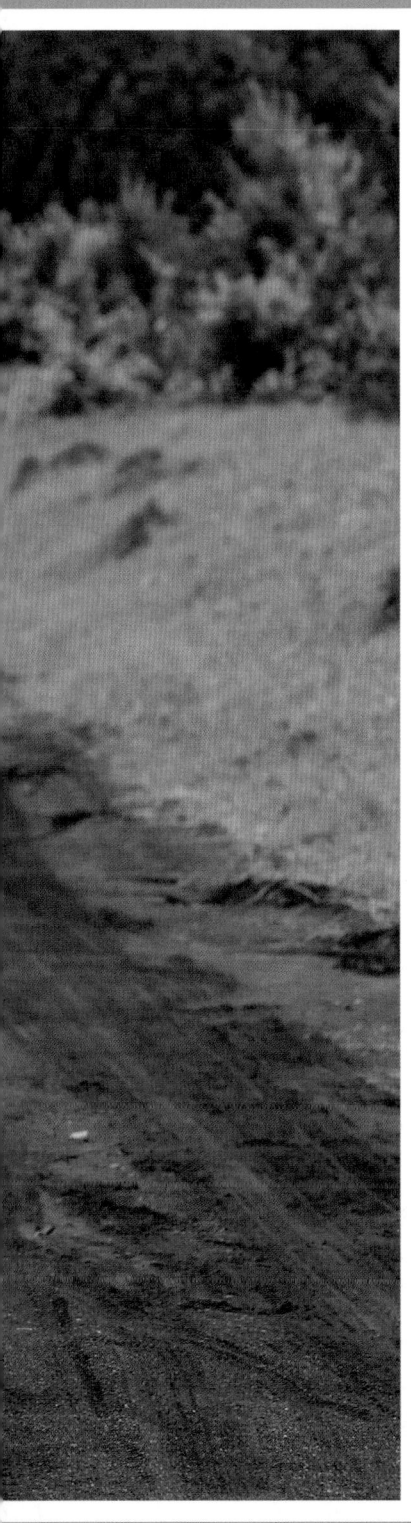

SAFARI-TIPPS

KENIA IST DAS LAND der Wunderläufer, das Land der Weltrekordler und Olympiasieger auf den Langstrecken, das Land unserer großen Vorbilder. Doch Kenia ist natürlich auch ein Land mit einer fantastischen Tierwelt, traumhaften Stränden und spektakulären Landschaften. Nirgends auf der Welt lässt sich der Aktivurlaub vielseitiger gestalten als hier. Ein Wettlauf mit Zebras, Antilopen oder sogar Giraffen? Barfuß über den blendend weißen Sandstrand joggen und anschließend mit den bunten Fischen durch die Korallen tauchen? All das ist dort möglich.

Beispielsweise lässt sich eine kurze Safari perfekt mit dem Trainingslager in Iten verbinden. Wir sind oft mit Kenya Airways (www.kenya-airways.com) oder mit der Lufthansa (www.lufthansa.com) nach Nairobi gereist. Von dort aus geht es weiter nach Eldoret (www.fly540.com oder www.jambojet.com/en) und im Anschluss mit dem *matatu* weiter nach Iten. Wer mehr als die Welt der kenianischen Laufsportler sehen möchte, kann auf dem Weg von Nairobi ins Hochland noch zwei oder drei etwas unbekanntere, aber dennoch sehr schöne Nationalparks besuchen. In dem Fall ist es ratsam, die Strecke mit dem Auto zurückzulegen.

Die Anreise nach Kenia führt »Nicht-Strandurlauber« gewöhnlich nach Nairobi. Dort kannst du individuell zusammengestellte Touren für Kleingruppen buchen, die dann beispielsweise in Iten enden. Das ist auch im Team zu zweit möglich. Infos und Broschüren dazu gibt es beim kenianischen Tourismusbüro: http://www.magical-kenya.de/.

Auf http://www.katokenya.org/ kannst du dir Angebote verschiedener Touranbieter nach eigenen Reisedaten, Nationalpark-Wünschen und Budget-Vorstellungen zusammenstellen lassen. Du wirst am Flughafen oder Hotel abgeholt, übernachtest in den Lodges, die du dir ausgesucht hast, und wirst von einem erfahrenen Guide im Auto auf die Besonderheiten der jeweiligen Sehenswürdigkeiten aufmerksam gemacht. Diese Fahrer haben oft einen viel besseren Blick für die Tierwelt als wir selbst und erkennen schneller, wo sich welche Antilope und welcher Löwe verstecken. Die auf dieser Seite gelisteten Anbieter sind seriös und werden vom Kenianischen Tourismusverband überprüft. Dazu bist du gegen einen Ausfall der Tour versichert. Im Angebot finden sich unter anderem Fahrten in die bekannte Masai Mara, zum Kilimandscharo und zu unzähligen weiteren Parks und Sehenswürdigkeiten. Letztere liegen jedoch zum Großteil nicht auf dem Weg nach Iten.

Für eine Sport-Safari-Kombination empfehle ich, von Nairobi aus zunächst zum Hell's Gate-Nationalpark zu fahren. Die Fahrt nimmt vom Flughafen oder vom Hotel in der Stadt aus etwa zweieinhalb Stunden in Anspruch. Wer sich einen Gefallen tun möchte, achtet darauf, nicht mitten im Berufsverkehr vom Zentrum Nairobis aus zu starten. Theoretisch ist es sogar möglich, sich direkt im Anschluss an einen Nachtflug aus Europa am Flughafen abholen zu lassen und schon wenige Stunden später im Nationalpark zu sein.

Schon beim Blick aus dem Auto gibt es bei der Anreise zum Hell's Gate so einiges zu entdecken. Mitten in Nairobi beispielsweise nisten Marabu-Störche in den Bäumen, während sich das tägliche Verkehrschaos unter ihnen ausbreitet. An vielen Ecken entlang der Straßen finden sich dazu Verkaufsstände mit exotischem, frischem Obst oder Dingen des täglichen Bedarfs.

Für eine Erholungspause nach den ersten Eindrücken und der langen Reise ist der Lake Naivasha wie gemacht. Er befindet sich in unmittelbarer Nähe des Hell's Gate. Hier gibt es verschiedene Hotels und Lodges mit Blick auf den See, gutem Essen und einer wundervollen Stille.
Ein einmaliges Erlebnis, das außer im Hell's Gate nur hier angeboten wird: Du kannst die dortige Natur mit dem Leih-Fahrrad erkunden. Das Naturreservat ist daher besonders für sportliche Besucher wie uns Läufer geeignet: Auf einer Höhe von 1.900 Metern über dem Meeres-

spiegel kannst du erste Höhenluft schnuppern, um dich langsam an die Zusatzbelastung anzupassen. Eine Leihstation für die Fahrräder findet sich direkt bei den Rangers am Parkeingang. Außerdem ist der Eintritt mit etwa 30 Dollar vergleichsweise günstig. Wenn gerade keine Wasserbüffel anwesend sind, bietet sich hier tatsächlich die Chance auf ein Wettrennen mit Zebras, Impalas oder Springböcken.

Darüber h inaus laden eine bizarre Schlucht und eine geothermische Quelle zur Erkundung per pedes ein. Etwas abseits des Parks wird die Hitze der Geysire sogar zur Stromerzeugung genutzt. An einigen Stellen musst du daher aufpassen, dass dir der heiße Boden nicht die Sohlen von den Laufschuhen schmilzt.

Für eine Besichtigung des Parks mit Radtour, Fotosafari, eventuell einem kleinen Dauerlauf und Besichtigung der Schlucht solltest du etwa vier bis sechs Stunden einplanen. Je nachdem, wann du in Nairobi aufge-

Teilnehmer der Lauferlebnisreise im Nakuru Nationalpark. Mit dabei auch Herbert Steffny, der gemeinsam mit Oliver Hoffmann und Jan die Tour leitet

brochen bist, bietet es sich an, eine Übernachtung in der Nähe des Hell's Gate einzuplanen oder sofort in Richtung des **Nakuru**-Nationalparks weiterzureisen.

Der Nationalpark befindet sich in einem ehemaligen Vulkankrater nahe der **Stadt Nakuru.** Er gehört neben der Masai Mara zu den beliebtesten Parks Kenias, und das völlig zu Recht. Auf einer relativ kleinen Fläche findet sich hier eine unglaubliche Dichte an verschiedensten Antilopen, Gazellen, Affen und Warzenschweinen. Auch Spitz- und Breitmaulnashörner sind fast immer zu sehen, ebenso wie die beeindruckenden Rothschildgiraffen. Besonders bekannt ist der Park für seine Flamingos, die zu Tausenden den zentral gelegenen See säumen. Ich hatte das große Glück, auf beiden meiner zwei Besuche auch Löwen aus nächster Nähe zu sehen. Womit auch schon klar ist, warum du in diesem Park eher keinen Dauerlauf planen solltest.

Mit dem Jeep kannst du aber die Gegend erkunden. Bis auf Elefanten kannst du hier fast alles erleben, was die afrikanische Tierwelt zu bieten hat. Am See darfst du sogar kurz aussteigen, um die Flamingos zu beobachten. (Hier sind die Löwen schon aus der Ferne gut zu erkennen, weshalb das Aussteigen erlaubt ist.) Danach geht es weiter zum **Baboon-Kliff,** dem Pavianfelsen, wo du gut darauf achten solltest, alle Fenster und Türen des Fahrzeugs verschlossen zu halten, damit dir die Affen nicht das Auto leerräumen. Von dieser Klippe aus bietet sich ein wunderschöner Rundumblick über den gesamten Park. Mit dem Fernglas kannst du am Rande des Sees die Wasserbüffel beobachten. Da sich auch der Lake Nakuru-NP noch in einer Höhe von 1.750 Metern über dem Meeresspiegel befindet, kannst du die gesamte Tour einschließlich der Landung im ca. 1.600 Meter hoch gelegenen Nairobi durchaus auch als Anpassung an die Höhenluft und somit als wesentlichen Bestandteil des anstehenden Höhentrainingslagers betrachten.

Wenn es sich zeitlich bewerkstelligen lässt, empfehle ich, direkt vom Hell's Gate zum Lake Nakuru zu fahren und dort im Park zum Beispiel in der **Sarova Lion Hill Lodge** zu übernachten. Die Fahrt vom Hell's Gate zum Eingang des Lake Nakuru-Nationalparks dauert in etwa zwei Stunden. Achtung: Der Park schließt um 18 Uhr. Du solltest also besser nicht zu spät anreisen, sonst kommst du nicht mehr zur Lodge. Übernachtest du im Park, kannst du am folgenden Morgen sehr zeitig zur Safari aufbrechen und hast dadurch eine gute Chance, sehr viele Tiere zu sehen.

Nach dem Besuch des Lake Nakuru solltest du dir unbedingt die Zeit nehmen, um über den Souvenirmarkt **SME Modern Curio** an der **Keniata Avenue** gegenüber des **Marcia Hotels** zu schlendern. Hier gibt es Schnitzereien, Bilder, Armbänder und weitere schöne Erinnerungen und Mitbringsel weit günstiger als in den Hotels und Lodges. Bist du erst einmal in Iten, suchst du einen größeren Souvenir-Shop vergeblich.

Auf dem Markt ist es ratsam, gut auf die eigenen Wertgegenstände aufzupassen. Stell dich darauf ein, schnell von einer Traube aus Händlern umringt zu werden, die dich umgehend in ihr kleines Geschäft ziehen wollen. Hier ist Lockerheit gefragt. Wer etwas für sich gefunden hat, sollte handeln, doch auch dabei den Humor nicht verlieren. Wer für mehr als 30 Prozent des ursprünglich angebotenen Preises etwas kauft, hat sich in den meisten Fällen ungeschickt angestellt. Auch über die Abnahme mehrerer Stücke lassen sich gute Nachlässe erzielen. Niemand versucht,

Mit dem Leih-Rad unterwegs
im Hell's Gate Nationalpark

einen böswillig durch überteuerte Preise auszunehmen. Wer jedoch freiwillig zu viel zahlt, ist selbst schuld.

Für alle, die sich besonders für die Vogelwelt interessieren, kann sich im Anschluss an diesen Park eine Weiterfahrt zum **Lake Bogoria** lohnen. Hier solltest du dich jedoch vorher genau erkundigen, ob die vielen Flamingos, für die der See berühmt ist, im Moment dort auch wirklich anzutreffen sind. Es kommt nämlich vor, dass dort Hochwasser ist, was zum Absterben der Algen führt, von denen sich wiederum die Flamingos ernähren. Ist das der Fall, ziehen die Flamingos einfach weiter zu den Seen in Uganda. Am Lake Bogoria ist dann außer den heißen Geysir-Quellen nicht viel zu sehen. Entscheidet man sich für den Besuch des Lake Bogoria, so bietet das **Lake Bogoria Spa Resort** neben den Übernachtungsmöglichkeiten einen Pool, der durch Erdwärme geheizt wird. Dazu gibt es dort Affen, die im Garten umhersausen, Marabus und Schwarzstörche in den Bäumen und eine Führung über die hoteleigenen Obst- und Gemüseplantagen. Hier habe ich auf einem Feld das sagenumwobene *Sukuma Wiki* entdeckt, ein wesentlicher Bestandteil einer jeden Läufer-Mahlzeit in Kenia. Auch Papayas, Mangos und Passionsfrüchte kannst du dort direkt vom Baum beziehungsweise Strauch ernten. Die

Mit dem Rad durch den Hells Gate Nationalpark: Vorbei an Zebras, Büffeln und Antilopen.

Fahrt vom Lake Nakuru zum Lake Bogoria dauert etwa vier Stunden. Reist man hingegen von Nakuru aus direkt nach Iten, so ist man etwa vier bis sechs Stunden unterwegs.

Den Lake Nakuru oder den Lake Bogoria kannst du, wenn du denn früh genug aufstehst (ca. 5 Uhr), auch in einer Tagestour von Iten aus besuchen und von dort aus organisieren. (Die nötige Hilfestellung dafür bekommst du in den jeweiligen Unterkünften in Iten). Wer sich also eher auf das Trainingslager konzentrieren will, fliegt am besten von **Nairobi** nach **Eldoret**, lässt sich dort abholen und plant während seines Aufenthalts im Läufer-Mekka spontan seine Safaris. Dazu kannst du dich auch gut mit weiteren Sportlern vor Ort absprechen. So fuhr ich bei meinem ersten Trainingslager in Iten beispielsweise mit Kenianern, Niederländern und einer Läuferin aus Kuwait gemeinsam nach Nakuru.

KLEINE PACKLISTE

IM LAUFE DER JAHRE habe ich für jeden Ort, an den ich zu Trainingszwecken gereist bin, eine spezielle Packliste erstellt. Die Listen unterscheiden sich stark von Ziel zu Ziel. Wenn ich Arizona besuche, wo auch im April noch mit Schnee zu rechnen ist, komme ich mit einem leeren Koffer, weil es sich dort so schön einkaufen lässt. Wenn es aber nach Kenia geht, ist der Koffer fast zum Bersten gefüllt, weil ich die Schuhe der kompletten heimischen Trainingsgruppe für die Läufer Itens dabeihabe.

Die allgemeine Packliste für Kenia
Alte Schuhe, Klamotten, Stifte und Papier für Kinder, Sonnencreme mit hohem Lichtschutzfaktor, leichte langärmlige Shirts, Impfungen, Malaria-Prophylaxe, Adapter für englische Steckdosen, Reiseführer, Jan Fitschens Kenia-Buch, Bargeld (auch direkt bei der Einreise fürs Visum), Sonnenbrille, Sonnenhut, Foto-/Filmkamera, Sandalen.

Packiste speziell fürs Trainingslager
Schwarze Socken, leichtes Läufer-Cappy, Pulsmesser, GPS-Uhr, auch wärmere Klamotten für abends, lange und leichte Stoffhosen (am besten mit abtrennbaren Beinen).

Blasenpflaster für die Füße gibt es hier nicht zu kaufen. Daher: besser von zu Hause mitbringen.

Kleine Zusatztipps

Die Klamotten solltest du nicht einfach verschenken, sondern gegen Armbänder eintauschen. Die Kleidung eignet sich auch gut als Dankeschön für die Hilfe beim Training bzw. für das Reinigungs- oder Küchenpersonal etc. Wenn möglich, die Laufschuhe etwa eine halbe Nummer größer oder zumindest Laufschuhe mit möglichst viel Zehenfreiheit mitnehmen. Durch die Wärme und den Trainingsumfang schwellen die Füße ein wenig an, wodurch die Zehennägel schwarz werden können.

Ein passendes Outfit kann man sich in Iten auch jederzeit schneidern lassen. So wie hier 2 unserer Reise-teilnehmerinnen und Herbert Steffny.

RELAXEN AM STRAND

WER GENUG ZEIT mit nach Kenia bringt, hat die Möglichkeit, sich nach einem anstrengenden Trainingslager und einer Safari auch noch an traumhaft weißen Stränden zu entspannen. Von Eldoret aus fliegst du dafür am besten zunächst nach Nairobi (www.fly540.com oder www.jambojet.com), und von dort weiter in die Küstenstädte Mombasa, über Malindi nach Lamu oder gar auf die Insel Sansibar. Hier finden sich zahllose Möglichkeiten zu baden, zu schnorcheln, zu tauchen, zu segeln oder einfach nur die Seele baumeln zu lassen. Nur zum Laufen ist es tagsüber meistens zu heiß.

Da meine Erfahrung mit Trainingslagern sehr viel größer ist als die mit Urlaub an kenianischen Stränden, kann ich nur sehr begrenzte Empfehlungen für einen Strandurlaub geben. Die Zeit für einen kurzen Ausflug von vier Tagen nach Watamu in der Nähe von Malindi habe ich dennoch gefunden. Und die Reise hat sich auf jeden Fall gelohnt. Natürlich gibt es an den Küsten Kenias weit mehr zu entdecken, als ich innerhalb der kurzen Zeit gesehen habe. Wenn tatsächlich ein kompletter Strandurlaub geplant ist, solltest du dich im Internet, im Reisebüro und in Reiseführern schlaumachen.

Ich wohnte bei meiner Tour in Watamu im Temple Point Resort (www.templepointresort.com/de/), etwas außerhalb des üblichen Trubels der Touristenorte im Marine Park von Watamu. Der kleine Strand direkt am Hotel ist sehr idyllisch und ruhig, das Wasser ist kristallklar. Vom sonnigen Watamu aus werden weitere Ausflüge zum Beispiel zur Delfintour und auf eine Schlangenfarm angeboten. Du kannst von dort aus auch eine Safari in den Tsavo-Nationalpark oder in ähnliche Schutzgebiete organisieren. Der Tsavo bietet unter anderem ein besonderes Highlight, das in den anderen von mir bereits vorgestellten Parks nicht zu finden ist: Elefanten. Und die sehen live noch besser aus als auf den vielen Bildern, wenn sie sich im Park in der oxidroten Erde wälzen. Sie sind dann nicht mehr grau, sondern richtig braunrot – besonders im Licht der untergehenden Sonne ein fantastischer Anblick. Die Ausflüge dorthin lassen sich problemlos als Tagestour organisieren, entweder direkt über das jeweilige Hotel oder etwas günstiger mithilfe der überall an den Stränden wartenden Beach Boys.

Die Beach Boys sind Jungs, die an den Touristenstränden Souvenirs und Ausflugsfahrten anbieten. Sie habe ich oft als sehr aufdringlich empfunden. Besonders nach den schönen und angenehmen Erfahrungen mit der ruhigen und zurückhaltenden Art der Läufer in Iten war das eine große Umstellung. Wer ihnen mit der nötigen Gelassenheit entgegentritt, kann oft Touren ergattern, die ihr Geld wert sind. Hier hilft es, sich bei anderen Hotelgästen zu erkundigen. Frag nach, was empfehlenswert ist und worauf du achten musst. Eine geführte Wanderung bei Ebbe durch die dann freigelegten Gezeiten-Pools hat mir persönlich beispielsweise sehr gut gefallen. In diesen kleinen Tümpeln, die nur bei Niedrigwasser zu sehen sind, verbergen sich Muscheln, Seeigel, Muränen und Oktopusse – wie in einem riesigen Aquarium.

Den Rückflug nach Deutschland organisierst du bei einem angehängten Strandurlaub am besten von Mombasa aus. Von hier starten Direktflüge in viele deutsche Städte.

Kenia ist ein unglaublich vielseitiges Land. Die ruhigen, idyllischen Läufercamps scheinen Lichtjahre von den überfüllten Großstädten entfernt. Die fantastische Tierwelt begeistert und wer gerne Strandurlaub macht, findet in Kenia ebenfalls alles, was das Herz begehrt. Wer dieses Land besucht, braucht einen guten Reiseführer, der beschreibt, was es alles zu entdecken gibt. Am besten ist es natürlich immer, auch genug Zeit mitzubringen.

Wenn du dich in Kenia in erster Linie an die Fersen der Wunderläufer heften möchtest, solltest du anschließend nicht zu lange am Strand liegen. Sonst ist die schöne, in Iten aufgebaute Form schnell wieder futsch. Dann kehrst du zwar mit großartigen Urlaubserinnerungen im Koffer zurück, wirst aber zu Hause keine neuen Rekorde aufstellen.

ALLGEMEINE RATSCHLÄGE

EGAL, OB DU aus Deutschland erst mit dem Flieger und danach dem *matatu* direkt anreist oder vorher noch auf Safari gehst: In Iten wird jeder Läufer standesgemäß begrüßt. Der Bogen an der Ortseinfahrt mit der Aufschrift »Welcome to the home of champions« weckt die größten Erwartungen. Und die werden hier nicht enttäuscht.

Champions gibt es hier reichlich und schnell hast du das Gefühl, als wärst du selbst auch einer. Läufer siehst du an jeder Ecke und im Zentrum des Ortes gibt es einen kleinen Markt mit typisch afrikanischem Gewusel. So kannst du auch den kenianischen Alltag abseits der Laufpisten bestaunen.

Iten entwickelt sich rasch weiter. Gut möglich, dass der »Runners Point-Shop« vor kurzer Zeit noch in einer Bretterbude untergebracht war, beim nächsten Besuch aber bereits expandiert hat und eine größere Fläche in einem solideren Haus einnimmt.

Ähnlich ist es bei den Sportlerunterkünften. Daher empfehle ich in erster Linie die Hotels und Camps, die sich bereits etabliert haben und von mir getestet wurden. Die meisten ausländischen Läufer wohnen im HATC, dem High Altitude Training Center, das von der sehr erfolgreichen kenianischen

Kraftraum im HATC, dem Trainingscamp von Lornah Kiplagat

Läuferin Lornah Kiplagat und ihrem belgischen Mann Peter betrieben wird. Hier findest du sehr schnell Anschluss an andere Sportler. Du kannst dir alles von ihnen zeigen lassen und lernst dadurch schnell die schönsten Laufstrecken kennen. Außerdem gibt es im HATC einen Kraftraum, eine Sauna und einen Pool, der trotz des kalten Wassers zum Aquajoggen und Schwimmen einlädt. Die Zimmer sind jeweils mit Dusche und WC ausgestattet und schlicht aber zweckmäßig einge-richtet. W-Lan gibt es nur im gemeinsamen Aufenthaltsbereich, damit sich die Sportler in ihren Zimmern auf die Erholung und nicht auf den Computer konzentrieren. Das HATC hat nach seinem neusten Umbau die meisten Zimmer in Iten. Es gibt gutes Essen, das hygienisch ein-wandfrei zubereitet wird, und man hilft gerne bei allen Fragen zum Aufenthalt. Die Kosten für eine Übernachtung inklusive Vollpension, zu der auch immer wieder *Ugali* gehört, hängen von der Länge des Aufenthalts ab, betragen aber bei einem dreiwöchigen Trainingslager in etwa 40–45 Euro pro Nacht. Gerne steht dir das Personal bei allen

Kenianisches Athleten-kamp – hinter diesen Toren hat man seine Ruhe.

Unsere Reiseteilnehmer beim Frühstück. Reichhaltige Auswahl, das frischeste Obst und ein wundervoller Blick übers Kerio Valley.

Fragen, zum Beispiel zur An- und Abreise, mit Rat und Tat zur Seite (http://www.lornah.com/hatc.html).

Die zweifellos schönste Unterkunft in Iten ist allerdings das Kerio-View Hotel. Es liegt direkt an der Klippe, die zum Kerio Valley hin abfällt. So hast du schon beim Frühstück einen fantastischen Blick über das weite Tal, das sich etwa 1.000 Höhenmeter unterhalb nach links und rechts ausdehnt. Aus der Vogelperspektive lassen sich die Maisfelder, Hütten und Kühe auf dem Zwischenplateau bewundern. Bei guter Sicht kannst du in der Ferne den Mount Kenya erspähen. Neben den Läufern wird das Kerio-View auch immer wieder von Gleitschirmfliegern aus aller Welt besucht, die hier die Thermik der Riff-Kante nutzen, um Rekorde im Langstreckenfliegen aufzustellen.

Das Essen ist sehr lecker und vielseitig. Du kannst mit Voll- und Halbpension buchen. Wer will, kann auch à la carte speisen. Wer sich hier im Kerio-View nach einer harten Trainingseinheit schon einmal bei einem »pancake micado« (Pfannkuchen mit Vanilleeis und frischem Obst) erholt hat, wird das Hotel nie mehr vergessen. Das Kerio-View Hotel bietet Zimmer im Hauptgebäude sowie unterschiedlich große, sehr schöne Hütten an. Auch hier findet sich ein etwas kleinerer Kraftraum. Das freundliche Personal um den belgischen Besitzer Jean-Paul Fourier (der auch deutsch spricht) und seinen Verwalter Joseph hilft gerne bei allen Fragen rund um die An- und Abreise, die Organisation von Physio-Terminen und ähnlichem. Das Kerio-View verfügt nur über eine begrenzte

Das Kerio View Hotel. Hier entspannt es sich nach einem harten Training am besten.

Zahl an Betten und hat daher leider nicht immer Plätze frei. Auf dem ganzen Gelände steht W-Lan zur Verfügung. Die wunderschönen Gebäude und die Gartenanlage mit den versteckten Ruheplätzchen sind sehr hübsch angelegt. Die Anlage ist selbst auf langen, harten Läufer-Camps der perfekte Rückzugsort, der dich vor dem Lagerkoller bewahrt. Neben dem Training kannst du von hier aus zu schönen Wanderungen und Touren etwa zum Vögel-Beobachten aufbrechen.

Spartanisch, aber für kenianische Verhältnisse schon sehr gut: Ein Zimmer im HATC.

Eine Übernachtung inklusive Vollpension ist nur unwesentlich teurer als im HATC und kostet bei längerem Aufenthalt etwa 55 Euro pro Nacht (ein typisches Trainingslager dauert drei bis vier Wochen). Weitere Informationen unter http://www.kerioview.com/.

Auch wenn die Trainingslager und Wettkämpfe den Profiläufer immer wieder an sehr schöne Flecken auf der ganzen Welt führen – das Kerio-View Hotel steht auf meiner persönlichen Hit-Liste ganz weit oben.

Wer es ein wenig abwechslungsreicher mag, der kann sich vor Ort auch im neuen Hotel von Wilson Kipsang einquartieren, in dem auch viele kenianische Läufer leben. Oder gar selbst einfach ein Zimmer in einem der ortsüblichen Wohnblocks mieten. Iten macht wie gesagt jedes Mal wieder einen großen Satz nach vorn. So finden sich immer wieder neue Wohnmöglichkeiten. Das HATC und das Kerio-View sind jedoch beständige und komfortable Anlaufstellen. Eine sichere Option ist meist auch ein eigenes Zimmer zur Miete. Ausstattung und Hygiene entsprechen bei dieser Variante allerdings oft nicht unseren europäischen Ansprüchen.

Jeder Läufer, der Iten besucht, sollte an einem Dienstag vor Ort auf dem Camariny-Track einmal die Superstars beim Bahntraining beobachten. Die Bahn liegt zu Fuß im Laufschritt etwa 10 Minuten vom HATC und 15 Minuten vom Kerio-View entfernt. Das eigene Training auf der Bahn solltest du aber vorsichtshalber auf einen anderen Tag verschieben. Auch, weil bei aller Rücksicht der kenianischen Läufer immer ein wenig die Gefahr besteht, unter die schnellen Füße zu geraten.

Wann und wo die Kenianer ihre Dauerläufe machen, kannst du leicht herausfinden, indem du an der Straße einen Sportler fragst, der sich gerade mit Dehnübungen beschäftigt. Du musst für solch ein Trainingserlebnis mit einer der großen Gruppen zwar sehr früh aufstehen. Doch dafür winkt das ultimative Laufsport-Erlebnis. Sei dabei nicht zu schüchtern. Du kannst gerne auch als Freizeitläufer versuchen, dich möglichst lange am Ende eines Pulks zu halten – was meiner Erfahrung nach meist nicht allzu lange klappt.

Da die Orientierung in dem hügeligen Gelände und zwischen den sich sehr stark ähnelnden Maisfeldern doch recht schwerfällt, hilft es, zunächst mit den dortigen Gruppen zu trainieren. Zumeist findet sich im Camp oder Hotel jemand, der einen zumindest ein Stück begleitet. Als Laufstrecken stehen unendlich viele Touren unterschiedlichster Länge zur Auswahl. Von der 5-Kilometer-Schleife bis zum 100-Kilometer-Lauf kannst du hier alles machen – nur eben nicht ohne einen Vorläufer, der sich ein wenig auskennt. Zur groben Orientierung helfen die Funkmasten der Polizeiwache in unmittelbarer Nähe zum HATC und Kerio-View, doch auch die verlierst du aufgrund der vielen Hügel schnell aus den Augen. Kommst du bei einem deiner Dauerläufe auf eine Teerstraße, kannst du dich daran orientieren. Es gibt nämlich nur eine einzige geteerte Straße in der Umgebung von Iten. Wenn du nicht gerade in die falsche Richtung läufst, führt sie dich sicher zur Unterkunft zurück.

Für die wenigen zusätzlichen Lebensmittel, die du brauchst, stehen dir in Iten mehrere kleine Geschäfte zur Verfügung. Eine Bank gibt es ebenfalls im Zentrum. Wer versucht, sich mit Souvenirs einzudecken, wird es allerdings etwas schwerer haben. Das typische Läufer-Armband zumindest gibt es im London-Marathon Store, einer kleinen Hütte direkt am Eingang des HATC. Du kannst das Band mit deinem Namen versehen lassen. Schnitzereien und Ähnliches, teils per Hand vom Künstler vor Ort angefertigt, finden sich im Souvenir-Shop des Kerio-View Hotels.

Einen eigenen Leihwagen für Ausflüge mietet man sich besser nicht. Der Linksverkehr, die abenteuerlichen Straßen und der rasante Fahrstil der Kenianer machen das Fahren zu einem unnötigen Risiko. Wer nicht mit dem öffentlichen matatu reisen möchte (obwohl auch das eine unvergessliche Erfahrung ist), bucht in der Unterkunft am besten gleich einen Wagen mitsamt Chauffeur.

Als Reisezeit für dein Kenia-Trainingslager sind die Monate November und Dezember zu empfehlen, die in der »kleinen Regenzeit« liegen, aber meist dennoch gute Bedingungen bieten. Am besten geeignet sind jedoch die Monate Januar bis April, in denen es extrem selten regnet. Ein zusätzlicher Bonus: Du kannst dich in dieser Phase besonders gut auf die heimatlichen Frühlingswettkämpfe vorbereiten.

INDEX

A

Alternativtraining 125, 126, 157
Anpassung 30, 33, 39, 64, 105,
    266, 333
Anreise 9, 11, 12, 328
Armut 312

B

Barfußlaufen 201, 312, 314
Beine 27, 178, 189, 238, 239, 241,
    253, 255, 258, 314
Berganläufe 84
Beruf 9, 10, 166, 231, 278
Bio-Ernährung 48, 314

D

Dauerlauf 33, 69, 185, 217, 221, 314
Dauerlauf, langer 95, 314
Dauerlauf, lockerer 75, 314
DNA 253
Doping 229, 314

E

Easy Jog. *Siehe* Dauerlauf,
    lockerer
Einkäufe 50, 166
Entspannung 63, 167
Erfolg 12, 15, 54, 77, 103, 116, 120,
    167, 168, 189, 196, 254, 263, 287,
    299, 304, 311
Ernährung 37, 42, 46, 55, 56, 250,
    312, 314, 324
Essen. *Siehe* Ernährung

F

Fahrtspiel 93, 126
Frauen 217, 223, 248
Frisur 217, 270, 274, 314

G

Geld 54, 89, 106, 118, 147, 158, 212,
    219, 231, 272, 277, 284, 291,
    304, 314
Glatze 269
Glaube 96, 142, 263, 295, 314

H

Hakuna matata 20, 282
Hasen 109, 314
Höhe/Höhentraining 3, 4, 12, 16,
    33, 157, 264, 266, 285, 312, 314,
    324, 328, 333, 347
Hügel 9, 16, 27, 82, 84, 85, 314,
    349

I

Impfungen 337
Intervalltraining 13, 86, 126, 314

K

Kinder 16, 64, 102, 117, 189, 195,
    196
Kirche 65, 142, 211, 295
Klima 25, 33. *Siehe auch* Wetter
Koordination 17, 18, 27, 205
Körperbau 179, 241, 255, 312
Körpergefühl 93, 116, 119, 186, 314
Kraftausdauer 81, 126
Krafttraining 18, 26, 27, 84, 206,
    239
Kriminalität 325

L

Landwirtschaft 11
Lauf-ABC 89, 244
Lawine 301

M

Malaria 263, 319, 323, 325, 337
Matsch 23, 314
Motivation 112, 119, 263, 266, 275, 278, 285, 292, 314

N

Nüchternlauf 107, 266

P

Pacemaker 111, 112, 113
Packliste 337
Physiotherapie 116, 118, 119, 157, 280, 347

R

Regeneration 54, 116, 165, 175
Regenzeit 25, 26, 324, 350
Rennen 83, 84, 91, 111, 202, 206, 221, 253, 278, 286, 289, 304

S

Safari 321, 323, 327
Schlafen 32, 33, 167, 169, 173, 174, 186
Schuhe 119, 201, 209, 314, 337, 338
Schule 64, 189, 195, 219, 306, 314
Schweiß 263
Sicherheit 323, 325
Sonntag 65, 96, 296
Spenden 264, 297
Sportplatz 88, 244, 312

Stabilisationstraining 18, 160, 162, 175
Staub 10, 16, 20, 23, 203, 295
Steigerungsläufe 88, 241, 244
Steine 201, 206
Strand 317, 321, 323, 327, 341
Sukuma wiki 45, 46, 49, 143, 312, 334

T

Tartan 89, 93, 218, 289, 305
Temperaturen 25, 26, 124, 264
Tempomacher 110, 220, 291
Trainer 20, 77, 82, 89, 117, 151, 161, 196, 198, 274, 299, 314
Trainingsgruppen 69, 70, 89, 198, 220, 306
Trainingsplan 66, 77, 97, 154, 162, 314

U

Ugali 39, 49, 141, 242, 312, 314

V

Verletzungen 20, 27, 115, 119, 125, 126, 127, 160, 162, 167

W

Wetter 25, 119, 264, 267, 279, 324
Wettkampf 1, 33, 83, 84, 87, 98, 100, 105, 110, 180, 221, 275, 292

DANKSAGUNG

Wir Läufer sind ausdauernd. Im Sport wie im Leben. Nichts kommt von selbst und vieles dauert länger als geplant. So war es auch mit dem Schreiben von „Wunderläuferland Kenia". Doch genau wie bei vielem, für das man lange gekämpft hat, bin ich schließlich auch besonders glücklich über das Ergebnis. Genau wie bei einem großen Rennen. Und genau wie im Sport, wo ich immer von Trainingskollegen, Trainern, Physiotherapeuten und vielen Freunden unterstützt wurde, haben auch bei diesem Buch viele, viele motivierte Menschen mitgeholfen, um es so zu gestalten, wie es euch jetzt vorliegt.

Einige dieser Menschen möchte ich euch kurz vorstellen und mich somit ganz herzlich bei ihnen für ihre Hilfe bedanken:

Zunächst hat meine Frau Heike mir sehr geholfen. Sie unterstützt seit vielen Jahren meine teilweise doch etwas seltsamen Ideen wie die, das Laufen zum Beruf zu machen und schließlich sogar das Projekt, im kenianischen Hochland auf Antwortsuche für dieses Buch zu gehen. Ebenso machen es meine Geschwister Uwe, Ulla und Katja und meine Mutter Anne, die immer mal wieder nachfragen, was ich so treibe, mich bei den übertriebenen Ideen bremsen und mich bei anderen bestärken. Auch meinem Vater Heinz möchte ich für alles danken, was er uns mit auf den Weg gegeben hat.

Viel Unterstützung bei der Recherchereise erfuhr ich auch durch das Kenya Tourism Board (www.magical-kenya.de) und hier besonders durch Birger Meierjohann und in Kenia durch Eric Omenda. Zu einem angenehmen Flug nach Nairobi verhalf uns Kenya Airways (www.kenya-airways.com).

Auf der Recherche-Tour waren der Einsatzwillen und die Leidenschaft von Norbert Wilhelmi, unserem Fotografen, einfach sensationell. Auch wenn meine Motivplanung nicht immer im Vorhinein feststand, haben wir dank Norbert doch spitze Bilder für alle Kapitel bekommen.

Und da diese Frage immer wieder kommt: Ja, ich habe das komplette Buch selbst geschrieben. Es gab keinen Ghost-Writer oder Ähnliches. Trotzdem bin ich heilfroh, dass Klaus Eickel und Anica Betz sich meiner Texte zu ersten Korrekturlesungen angenommen haben. Sie laufen beide mit viel Begeisterung, gerne auch mit mir gemeinsam, und haben daher einen tollen Zugang zu dem Thema. Buchbesprechung beim Training war keine Seltenheit und trotz meiner begrenzten Kritikfähigkeit haben sie mit viel Fingerspitzengefühl noch einiges verbessern und verständlicher machen können.

Angefangen hat der Weg zu diesem Buch eigentlich schon mit meinen ersten Trainingseinheiten als 12-Jähriger. So haben ihren Anteil an „Wunderläuferland Kenia" auch meine Trainer der vergangen Jahre, begonnen bei Mecki Tegeler vom Kinderturnen über die ersten echten Laufeinheiten bei Karl-Heinz Maronde, Wolle Riesinger und Reinhard Knoop bis hin zu meinem jetzigen Trainer, Tono Kirschbaum, der seit nunmehr 17 Jahren beim TV Wattenscheid 01 für mich da ist.

Mein ehemaliger Deutschlehrer Christoph Moser hat es geschafft, mir trotz meiner Leidenschaft für die Fächer Physik und Mathe, die Hermann Lamker geweckt hat, auch ein wenig Freude am Schreiben zu vermitteln. Dass daraus einmal ein Buch werden würde, hätten wir wohl beide nicht gedacht.

Danken möchte ich auch meinem Onkel Wolfgang Riemer, als einem meiner ersten Unterstützer im Sport, meinen Physiotherapeuten, insbesondere Morus Scholl, meinem Nachbarn und Ersatz-Opa Hermann Heits, der mir eine echte Goldmedaille verlieh und auch meinen vielen Trainingskollegen wie z. B. Alex Lubina, Christian Güssow, Carsten Schütz oder Ben Hetzler. Sie alle haben dafür gesorgt, dass ich mit viel Freude so lange und so weit gelaufen bin, dass es mich schließlich bis nach Kenia trug.

In Kenia haben mich dann mit ihren Ideen und Beobachtungen Sebastian Hallmann, Matthijs Künzel, Ruben Schwarz, Jeroen Deen, Paul Muigai Thuo, Falk Cierpinski, Martin Beckmann, Christian Glatting, Sabrina (Mocki) Mockenhaupt, Lisa und Anna Hahner und unzählige weitere Läufer unterstützt. Danke auch an euch!

Glücklich bin ich auch darüber, mit dem Narayana Verlag (Unimedica) ein Team gefunden zu haben, das meine eigenwillige und völlig neue

Kombination von Reisebericht, Laufbuch, Ratgeber und Reiseführer schließlich zur Druckreife gebracht hat, sodass ihr es nun lesen könnt.

Als Letztes, aber vielleicht Wichtigstes möchte ich mich nun noch bei euch als Leser bedanken. Danke, dass ihr das Buch gekauft oder ausgeliehen habt, danke, dass ihr es euch vielleicht schenken ließt und euch ins „Wunderläuferland Kenia" geträumt habt. Ich hoffe, ihr habt eure Reise genossen, euch das ein oder andere für euer Training abgeschaut und lauft nun mit kenianischer Leichtigkeit über eure Hausrunden.

Vielleicht sehen wir uns ja auch auf meiner Tour zum Buch in eurer Region und laufen gemeinsam ein Stückchen. Informationen zum Tour-Plan gibt es auf www.janfitschen.de.

Hakuna Matata, euer Jan

IMPRESSUM

Jan Fitschen
Wunderläuferland Kenia
Die Geheimnisse der erfolgreichsten Langstreckenläufer der Welt
Fotografie Norbert Wilhelmi

1. deutsche Ausgabe 2015
2. deutsche Ausgabe 2016
3. deutsche Ausgabe 2021
4. deutsche Ausgabe 2023
ISBN 978-3-944125-47-3
© 2015, Narayana Verlag GmbH
Satz und Layout: Nicole Laka
Coverabbildung (Vorderseite): Norbert Wilhelmi
Coverabbildungen (Rückseite): zweites von unten © Magdalena Paluchowska / Shutterstock.com, restliche Bilder © Norbert Wilhelmi
Herausgeber:
Unimedica im Narayana Verlag GmbH
Blumenplatz 2, 79400 Kandern
Tel.: +49 7626 974970-0
E-Mail: info@unimedica.de
www.unimedica.de

Weitere Abbildungen: S. ii © NEGOVURA – shutterstock.com, S. 151 © Christian Kreienbühl, S. 171 © Magdalena Paluchowska / Shutterstock.com, S. 189 © TONY KARUMBA/AFP/Getty Images, S. 216/217 © Nils Z – shutterstock.com, S. 328/329 © Andrzej Kubik – shutterstock.com

WUNDERLÄUFERLAND KENIA – DAS EVENT

Für alle, die noch mehr über Kenia und seine Wunderläufer erfahren möchten, gibt es jetzt auch das Kenia-Event zum Buch. Keine Lesung im klassischen Sinne, sondern ein Vortrag mit Bildern, Filmen und natürlich jeder Menge spannender und lustiger Geschichten rund um das Wunderläuferland und das Laufen im Allgemeinen.

Je nach örtlichen Gegebenheiten bereiten wir dieses Event mit einem gemeinsamen Dauerlauf vor. In diesem Fall im in Kenia „pole pole" genannten Tempo, also ganz locker.

Wenn sich die Chance ergibt, wird auch zusammen gekocht und gegessen. Was es dann gibt? Ugali natürlich! Das macht nicht nur die Kenianer schnell.

Für die Kenia-Events lasse ich mich von lokalen Veranstaltern buchen, die die Organisation und mein Honorar übernehmen. Ich biete dann bis zu 2 h Kenia-Spaß pur an.

Wenn ihr also einen Laufveranstalter, einen Laufshop oder sonst jemanden kennt, bei dem ihr euch das vorstellen könnt, empfehlt mich gerne.

Mit Spaß und Einsatz am Mikrofon

Gemeinsames *Läufchen* pole, pole

Vortrag, Bücher signieren und gemeinsam Spaß haben: Wunderläuferland Kenia - Das Event

Um zu sehen, wann ich mit „Wunderläuferland Kenia – Das Event" bei euch zu Gast bin, nutzt einfach folgenden QR-Code oder schaut direkt auf meiner Homepage www.janfitschen.de vorbei.

HELPAGE DEUTSCHLAND E. V. – »JEDE OMA ZÄHLT«

Besonders beeindruckt hat mich auf meinen Reisen nach Kenia immer die Lebensfreude der uns bei den Dauerläufen begleitenden Kinder. Diese Begeisterung, diese Energie, einfach fantastisch!

Oft mache ich mir jedoch Sorgen um die Zukunft dieser Kids. Die Bedingungen, unter denen sie aufwachsen, sind meist sehr schwierig.

Und was passiert generell auf dem afrikanischen Kontinent mit den Kindern, um die sich die Eltern plötzlich nicht mehr kümmern können? In manchen Regionen Afrikas hat beispielsweise Aids eine ganze Generation sterben lassen. Das ist nach wie vor ein riesiges Problem um das sich dann oftmals nur die Großmütter, die die eigenen Kinder an diese Krankheit verloren haben, kümmern können.

HelpAge mit seiner Laufaktion „Jede Oma zählt" unterstützt mit seinen Projekten im südlichen Afrika diese Großmütter und somit auch die Enkelkinder, die bei ihren „Omas" ein neues Zuhause gefunden haben.

HelpAge Deutschland e.V. hat seinen Sitz in Osnabrück, in der Stadt, in der ich aufgewachsen und meine ersten Trainingskilometer gerannt bin.

Schon seit längerem engagiere ich mich als Botschafter für die Aktion „Jede Oma zählt" und freue mich umso mehr, dass mein Verlag, ich als Autor und du als Leser meines Buches, nun gemeinsam die Aktion „Jede Oma zählt" mit einem Beitrag von insgesamt 50 Cent für jedes verkaufte Buch unterstützen.

Falls du mehr über HelpAge und die Aktion „Jede Oma zählt" erfahren willst oder auch Teil dieses tollen Lauf-Teams werden möchtest, so informiere dich unter www.jede-oma-zaehlt.de

Lange Wege zum Wasserholen. Auch hier unterstützt "Jede Oma zählt" die Großmütter beispielsweise mit Brunnenbau-Projekten

WUNDERLÄUFERLAND KENIA – DIE ERLEBNISLAUFREISE

Habt ihr genau wie ich schon immer, oder spätestens nach dem Lesen dieses Buches, davon geträumt, selbst nach Kenia zu fahren, um dort mit den Champions oder zumindest auf demselben Sportplatz und denselben Staubpisten zu trainieren? Wollt ihr euch vor Ort ein Bild machen, was es bedeutet, als kenianischer Jugendlicher seinen Weg in die Weltspitze zu erkämpfen? Wollt ihr vor Ort Ugali essen, euch beim ersten Hahnenschrei die Laufschuhe schnüren und euch in die Läuferkarawane einreihen? Wollt ihr von den Kids am Wegesrand mit „Mzungu, mzungu" angefeuert werden?

Wollt ihr dies alles und noch viel mehr erleben und dabei von mir unterstützt werden?

Gemeinsam mit Buchautor und Lauf-Legende Herbert Steffny und mit dem Ehren-Kenianer Oliver Hoffmann, der sogar Swahili spricht, bin ich auf der Lauferlebnisreise für euch da.

Dies ist keine Tour für Spitzensportler sondern ein Laufreise für Entdecker. Wir besuchen Schulen, machen Wanderungen, schauen uns eine Giraffenfarm an und vieles mehr. Natürlich wird auch trainiert und es gibt Vorträge zum Laufsport. Aber auch die Tierwelt und die kulturellen Besonderheiten erforschen wir.

Wer also regelmäßig läuft, und sei es auch nur ab und zu ein 10er in 60 oder 70 Minuten, der bekommt von uns eine Traumreise geboten.

Ein weiteres Highlight ist, dass uns Norbert Wilhelmi begleitet. Er hat die wundervollen Aufnahmen in diesem Buch gemacht und so bekommt ihr die besten

Die Reisedaten, Preise und weitere Infos findet ihr auf www.janfitschen.de

Laufbilder aller Zeiten von euch in der schönsten Umgebung, die sich ein Läufer wünschen kann.

Wer mag, kann im Anschluß an unser Laufcamp auch noch die 1-Tages-Safari dazubuchen oder sich eine individuelle Verlängerung anbieten lassen.

Derzeit findet die Reise immer im Februar statt und dauert etwa 14 Tage. Organisiert wird alles vom Laufreisespezialisten Interair.

Nähere Infos bekommt ihr dort (interair.de) oder über mich (jan.fitschen@gmx.de).

WUNDERLÄUFERLAND KENIA – DAS HÖRBUCH

Da mein ‚Laufen ist einfach'-Podcast so gut angenommen wird, habe ich mich entschlossen, dieses Buch auch als Hörbuch herauszubringen. Also ab ans Mikrofon und vorgelesen.

Auf laufenisteinfach-shop.de könnt ihr das Hörbuch jetzt erstehen. Damit die großartigen Bilder von Norbert Wilhelmi dabei nicht zu kurz kommen, wird das Hörbuch durch ein kostenloses E-Book und pdf mit vielen, vielen Kenia-Fotos ergänzt.

NORBERT WILHELMI –
DER FOTOGRAF

Nach seiner Ausbildung zum Fotografen und seinem Studium zur Kommunikationswirtschaft brauchte Norbert Wilhelmi viele Jahre, um zu seinen Ursprüngen zurückzukommen. Als Geschäftsführer bei Armin Kammer, Manager bei Bertelsmann und einer eigenen Werbeagentur begann er vor 11 Jahren wieder professionell zu fotografieren.

Er hat seitdem mit seinen Aufnahmen 17 Bücher, verschiedene Kalender und zahlreiche Zeitschriften illustriert und ist unter anderem der bekannteste Lauf-Fotograf Deutschlands. In seinen Portraits und Reportagen spiegelten sich auf einzigartige Weise die Emotionen, die Freude und die Leidenschaft der fotografierten Menschen wieder.

Weitere Beispiele seiner Arbeiten finden sich unter:
www.wilhelmi-fotograf.de

Tom Danielson, Allison Wetfahl

CORE-TRAINING FÜR RADSPORTLER

Durch Core-Power zum Erfolg

240 Seiten, geb., € 19,80

Das ultimative Core-Powerprogramm für Radsportler - von Brendan Brazier empfohlen

Profiradfahrer und Tour-de-France-Teilnehmer Tom Danielson hatte Rückenprobleme. Beim Fahren fühlte er sich unwohl und kämpfte gegen Schmerzen an. Revolutionäre Core-Übungen zur Stärkung der tief liegenden Halte- und Stützmuskulatur ließen seine Rückenschmerzen verschwinden und bescherten ihm eine effektivere Fahrtechnik und mehr Power am Berg.

Ein Radfahrer braucht mehr als nur Kraft in den Beinen. Danielsons Core-Übungen verleihen Kraft und Ausdauer ganz ohne Fitnesscenter. Der berühmte Radsportler und seine Trainerin Allison Westfahl entwickelten diese Übungen anhand realistischer Bewegungsabläufe beim Radfahren. Sie verbessern die Effektivität und beugen Verletzungen und Schmerzen vor.

- 45 Core-Übungen
- 5 dynamische Aufwärmübungen
- Trainingspläne in 3 verschiedenen Leistungsstufen, Anfänger bis Profi
- Für Ausdauer & Gleichgewicht
- Effektiv gegen Rücken-, Schulter- und Nackenschmerzen
- Trainingseinheiten für mehr Kraft am Berg und Treten im Stand

Tom Danielson, Kourtney Danielson

RADFAHREN IN HÖCHSTFORM

Mit der Formmethode schneller und erfolgreicher in den Pedalen

296 Seiten, kart., € 19,80

Das ultimative Muskelaufbauprogramm von Deutschlands Die ReFORMation für Radfahrer

Dieses Radsport-Buch erweitert Ihre Erfolgszone:

In RADFAHREN IN HÖCHSTFORM zeigen TOM DANIELSON und seine Frau KOURTNEY DANIELSON die ultimativen Gründe auf, wie Sie Leistungsplateaus dauerhaft überwinden. Der Clou: Wer Radsport aktiv betreibt, muss unbedingt mentale Prozesse in seine Gleichung mit aufnehmen. Zu diesem Zweck entwickelte Danielson das 360°-Grad-Training FORM, das auf seiner langjährigen Profi-Erfahrung auf dem Rennrad beruht.

Brendan Brazier

VEGAN IN TOPFORM – DAS FITNESSBUCH

Das vegane Trainingsprogramm für maximale Leistung und Gesundheit

272 Seiten, geb., € 24,-

Brendan Brazier, kanadischer Profi-Triathlet und Autor der Bestseller-Serie Vegan in Topform, ist einer der Pioniere der veganen Ernährung. An seinem eigenen Körper testete er über 25 Jahre die optimale Ernährung für sportliche Höchstleistungen aus und entwickelte die Thrive-Diät.

In seinem neuesten Werk zeigt er, wie man in kürzester Zeit mit der Thrive-Diät und ausgewählten Übungen gesund und fit wird und überragende Ergebnisse erzielen kann.

Sowohl für Anfänger als auch erfahrene Sportler ist dieses Buch ein unverzichtbares Werkzeug für den Aufbau einer kräftigen, effizienten Muskulatur und den gleichzeitigen Abbau von Körperfett. Brendans Methode verbessert darüber hinaus die Schlafqualität, beugt Erkrankungen vor, verhilft zu mehr Energie und geistiger Klarheit, verhindert Heißhungerattacken, verkürzt die Regenerationsphase und reduziert das Verletzungsrisiko.

Brendan Brazier

VEGAN IN TOPFORM – DAS ENERGIE-KOCHBUCH

150 pflanzliche Rezepte für optimale Leistung und Gesundheit

320 Seiten, geb., € 29,-

150 vegane, vollwertige, auf der Grundlage der Thrive-Philosophie entwickelte Rezepte mit hoher Nährstoffdichte: Dieses Kochbuch erweckt die von Brendan Brazier so erfolgreich ausgerufene Ernährungsrevolution zu neuem Leben. Alle Rezepte sind frei von Allergenen (oder enthalten in jedem Fall glutenfreie Optionen). So können Sie Weizen, Hefe, Gluten, Soja, raffinierten Zucker und Milchprodukte auf Wunsch ganz leicht aus Ihrer Ernährung streichen.

Die von erfahrenen Profi-Köchen zusammengestellten Rezepte sind im Handumdrehen zubereitet. Alle steigern spürbar die Leistungsfähigkeit, denn jede einzelne Zutat erfüllt einen auf dieses Ziel gerichteten Zweck. Zusätzliches Plus: Die Gerichte verleihen nicht nur Kraft und Energie, sie vereinen diese Wirkung auch mit köstlichem Geschmack.

Vom basenbildenden, vor pflanzlichen Proteinen nur so strotzenden und die Motivation ungeheuer anheizenden Vanille-Mandel-Mokka-Smoothie bis zur Süßkartoffelsuppe mit geröstetem rotem Paprika – mit diesem Kochbuch werden Sie innerhalb kürzester Zeit in der Lage sein, die köstlichsten und nährstoffreichsten Gerichte der Thrive-Diät selbst zuzubereiten. Sie reduzieren damit den Energieaufwand bei der Verdauung, lassen Müdigkeit und unproduktiven Stress hinter sich und gewinnen lang anhaltende Energie: Thrive-Energie!

Brendan Brazier

VEGAN IN TOPFORM

Der vegane Ernährungsratgeber für Höchstleistungen in Sport und Alltag - Die Thrive-Diät des berühmten kanadischen Triathleten

400 Seiten, geb., € 26,00

Brendan Brazier, kanadischer Triathlet und Ironman, ist ein führender Pionier für vegane Ernährung. Dieses Werk ist ein Kultbuch der weltweiten Veganbewegung.

Bereits im Alter von 15 Jahren entschied er sich, Profisportler zu werden. Im Laufe seiner Karriere erforschte er minutiös, welche Ernährung seine Leistung und vor allem die Regenerationsphase optimierte. Das Ergebnis ist die legendäre Thrive-Diät, die bereits viele Spitzensportler zu einer olympischen Medaille geführt hat. Die Thrive-Diät richtet sich nicht nur an Profisportler, sondern an jeden, der optimale Gesundheit und Leistungsfähigkeit erlangen und Krankheiten vorbeugen möchte.

Brendan Brazier hat die vegane Ernährung revolutioniert und achtet dabei auf eine ausgewogene Kost mit ausreichend Proteinen und anderen Nährstoffen. Hier setzt er auch auf Superfood wie die Andenwurzel Maca, die legendäre Alge Chlorella oder das nahrhafte Hanfprotein.

Buch mit den 4 wichtigsten Superfoods - Maca gelatiniert, Hanf Protein, Chlorella und Chia Samen

Die Thrive-Diät führt zum Abbau von Körperfett und Aufbau von Muskelmasse, zu Leistungssteigerung, weniger Stress und Heißhunger auf Junkfood, geistiger Klarheit und besserem Schlaf.

Mit 100 veganen, gluten- und sojafreien Rezepten, von schnell zubereiteten Energieriegeln, Gels und Drinks über Suppen und Pizza bis zu leckeren Desserts. Mit einem praktischen 12-Wochen-Plan zum Einstieg in die Thrive-Diät.

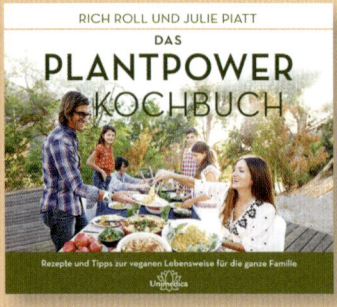

Rich Roll

DAS PLANTPOWER KOCHBUCH

120 Rezepte und Tipps zur veganen Lebensweise für die ganze Familie

336 Seiten, geb., € 34,-

Ein Familienkochbuch über die Kraft der veganen Ernährung - mit 120 Rezepten vom berühmten veganen Ultraman Athleten Rich Roll und seiner Frau Julie Piatt.

Ein Buch voller Inspirationen und praktischen Anleitungen für mehr Lebensfreude und blühende Gesundheit. Die Rezepte sind einfach in der Herstellung - vom herzhaften Frühstück über schmackhafte Hauptgerichte und ungewöhnliche Desserts bis zu gesunden Smoothies und Säften. Das Buch geht jedoch noch weit über Rezepte hinaus und gibt Impulse, wie eine moderne Familie heute eine vegane Lebensweise umsetzen kann - mit köstlichem Essen und einfachem, nachhaltigem Leben.

Bharat B. Aggarwal

HEILENDE GEWÜRZE

Wie 50 heimische und exotische Gewürze Gesundheit erhalten und Krankheiten heilen können

512 Seiten, geb., € 29,-

Gewürze sind wertvolle Küchenfreunde und sorgen für den guten Geschmack. Gewürze können jedoch noch viel mehr – sie verfügen über eine enorme Heilkraft.

Dr. Aggarwal erforscht seit Jahren am renommierten M. D. Anderson-Krebszentrum der Universität Texas die Heilwirkung von Gewürzen. Viele Gewürze sind echte Kraftpakete bei der Verteidigung des Körpers gegen Mikroben – Bakterien, Viren und Pilze. Sie wirken entzündungshemmend und können sogar den Alterungsprozess aufhalten.

In seiner Gewürzbibel beschreibt der erfahrene Forscher ausführlich und äußerst lebendig die wichtigsten 50 Gewürze, deren Anwendungsgebiete sowie wissenschaftliche Belege für deren Wirkung und nicht zuletzt leckere Rezepte. So reguliert Zimt den Blutzucker, Kurkuma schützt vor Krebs, Oregano hilft bei Infektionen, Mandeln bei Bluthochdruck und Curryblätter bei Alzheimer.

Ein Buch zum Nachschlagen und Anwenden – vom Kauf der Gewürze bis zur Aufbewahrung und Verwendung in Gerichten, in außergewöhnlichen Gewürzmischungen oder direkt als präzise gewähltes Heilmittel.

Eric und Jessica Childs

KOMBUCHA!

Der natürliche Energydrink, der vitalisiert, heilt und entgiftet

216 Seiten, kart., € 19,80

Der komplette Kombucha-Ratgeber mit allen wichtigen Hintergrundinformationen zu dem beliebten probiotischen Tee

Kombucha wird schon lange von Therapeuten, Spitzensportlern, Yogis und anderen Gesundheitsexperten für seine beeindruckenden gesundheitsfördernden Kräfte gepriesen. Jetzt erobert er auch den Rest der Welt. Kombucha, ein fermentiertes Getränk auf Teebasis, wirkt vitalisierend, heilend und entgiftend.

Eric und Jessica Childs, Gründer von Kombucha Brooklyn und erfahrene Kombucha-Experten, teilen in diesem umfassenden Ratgeber ihr wertvolles Wissen. Dabei gehen sie nicht nur auf den wissenschaftlichen und kulturellen Hintergrund des so gesunden wie schmackhaften Getränks ein, sondern zeigen auch anhand von 50 leckeren Rezepten die kulinarische Seite von Kombucha – vom schmackhaften Kombucha-Brot über Wraps und Superfood-Smoothies bis zu spritzigen Cocktails. Auch als Verjüngungskur in selbst hergestellten Kosmetika kommt er zum Einsatz. Ein Buch, das inspiriert – man kann kaum warten, den ersten Kombucha selbst zu brauen und zu kosten.

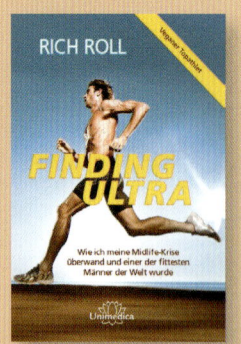

Rich Roll

FINDING ULTRA

Wie ich meine Midlife-Krise überwand und einer der fittesten Männer der Welt wurde

384 Seiten, geb., € 16,80

Finding Ultra ist Rich Rolls unglaublicher Bericht, wie er mit 40 Jahren von einem unsportlichen, übergewichtigen Durchschnittsamerikaner zu einem der weltweit besten Ausdauerathleten wurde.

Zuvor bestand Rich Rolls Alltag aus Arbeit, Stress, Junk Food und TV-Abenden auf dem Sofa. Fast 25 Kilo Übergewicht und seine schlechte Kondition führten dazu, dass er kaum Treppen steigen konnte.

An seinem 40. Geburtstag beschloss er, sein Leben komplett zu ändern. Er wechselte zu einer veganen Lebensweise und fing an, ein äußerst intensives Trainingsprogramm zu absolvieren. Wenige Monate später wurde er von Men's Fitness zu einem der 25 fittesten Männer der Welt gewählt.

Durch seine radikale Lebensumstellung konnte er unmöglich scheinende Leistungen erbringen, wie die Teilnahme am Ultraman World Championship, bei dem sich die fittesten Menschen der Welt bei einem 515-Kilometer-Martyrium in den Disziplinen Schwimmen, Radfahren und Laufen miteinander messen. Und im Anschluss an diese Bewährungsprobe meisterte er eine noch größere: den Epic5 – fünf Triathlonwettkämpfe hintereinander.

Dr. Stacy T. Sims

PEAK - PERFORMANCE FÜR FRAUEN

Wie Sie Ernährung und Fitness perfekt auf den weiblichen Organismus abstimmen

368 Seiten, kart., € 22,80

„Frauen sind keine kleinen Männer. Hören Sie auf zu essen und zu trainieren, als wären Sie einer."

Mit dieser Aufforderung ruft Dr. Stacy Sims eine Revolution ins Leben.

Ihr Bestseller Peak-Performance für Frauen rückt den Menstruationszyklus sowie den Stoffwechsel des weiblichen Körpers in den Fokus und wird zu den besten Sportbüchern aller Zeiten gezählt.

Viele Ratgeber zur Wettkampfvorbereitung wurden für Männer entwickelt – da ist es vorprogrammiert, dass Sportlerinnen meist nicht ihr volles Potenzial ausschöpfen können. Mit diesem Trainingsleitfaden für Frauen arbeiten Sie mit Ihrem Körper – nicht gegen ihn! Dr. Sims zeigt Ihnen, wie Sie auf die Hormonschwankungen während der 1.?Phase (Follikelphase) und der 2.?Phase (Lutealphase) Ihrer Periode reagieren und wie Sie Ernährung, Flüssigkeitszufuhr und Training an Ihre einzigartige Physiologie anpassen.

Shalane Flanagan und Elyse Kopecky

RUN FAST. COOK FAST. EAT SLOW.

Schnelle Rezepte für Sportler auf der Überholspur

280 Seiten, geb., € 26,00

Lassen Sie sich inspirieren von den Erfolgsrezepten der Gewinnerin des New York City Marathon.

Das Autoren-Dreamteam Shalane Flanagan / Elyse Kopecky setzt in seinem neuen Kochbuch für Sportler auf der Überholspur auf schnell und einfach zuzubereitende Gerichte, ohne auf Geschmack und Nährstoffe zu verzichten. Mit ihren Pre-Run-Snacks, Post-Run-Mahlzeiten zur Regeneration und Abendessen, die sich in unter 30 Minuten zubereiten lassen, kochen Sie sich an die Spitze! Und das Beste ist: Die Energie-Bowls, Chipotle-Burger und Superhelden-Muffins schmecken einfach fantastisch.

Doch die geniale Fortsetzung des New York Times Bestsellers Run Fast. Eat Slow. hat noch mehr zu bieten: Mit Flanagans Profi-Tipps für effektives (Lauf-)Training steigern Sie Ihre persönliche Bestzeit, und durch die Kunst des Schlafens und das richtige Stretching regeneriert Ihr Körper nach einer anstrengenden Trainingseinheit schneller. Somit liefert dieses einmalige Kochbuch nicht nur die richtige Power-Ernährung, sondern auch unverzichtbare Trainingstipps für Läufer und Ausdauersportler auf jedem Level.

Dr. Michael Greger und Gene Stone

HOW NOT TO DIE

Entdecken Sie Nahrungsmittel, die Ihr Leben verlängern und bewiesenermaßen Krankheiten vorbeugen und heilen

512 Seiten, geb., € 24,80

Bereits über 166.000 verkaufte Exemplare der Deutschen Ausgabe.

Die meisten aller frühzeitigen Todesfälle ließen sich verhindern – und zwar, so überraschend es klingen mag, durch einfache Änderungen der eigenen Lebens- und Ernährungsweise.

Dr. Michael Greger, international renommierter Arzt, Ernährungswissenschaftler und Gründer des Online-Informationsportals Nutritionfacts.org, lüftet in seinem weltweit außergewöhnlich erfolgreichen Bestseller das am besten gehütete Geheimnis der Medizin: Wenn die Grundbedingungen stimmen, kann sich der menschliche Körper selbst heilen.

In How Not To Die analysiert Greger die häufigsten 15 Todesursachen der westlichen Welt, zu denen z. B. Herzerkrankungen, Krebs, Diabetes, Bluthochdruck und Parkinson zählen, und erläutert auf Basis der neuesten wissenschaftlichen Forschungsergebnisse, wie diese verhindert, in ihrer Entstehung aufgehalten oder sogar rückgängig gemacht werden können.

Darüber hinaus erklärt er auf verständliche und enorm fesselnde, aber stets wissenschaftlich fundierte Weise, welche Lebensmittel besonders wertvoll und gesund für die verschiedenen Organe und Funktionen des menschlichen Körpers sind, und wie diese am besten kombiniert und verzehrt werden können.